O Encanto do Mar e o Som do Trovão

O Amor e as Tradições Afro-Brasileiras

L. Batista

O Encanto do Mar e o Som do Trovão

O Amor e as Tradições Afro-Brasileiras

MADRAS

© 2014, Madras Editora Ltda.

Editor:
Wagner Veneziani Costa

Produção e Capa:
Equipe Técnica Madras

Revisão:
Silvia Massimini Felix
Arlete Genari
Francisco Jean Siqueira Diniz

Dados Internacionais de Catalogação na Publicação (CIP)
(Câmara Brasileira do Livro, SP, Brasil)

Batista, L.
  O encanto do mar e o som do trovão : o amor e as tradições afro-brasileiras / L. Batista. --
São Paulo : Madras, 2014.

  Bibliografia.
  ISBN 978-85-370-0880-5

  1. Afro-brasileiros - Religião 2. Candomblé (Culto) 3. Candomblé (Culto) - História I. Título.

13-10311   CDD-299.6

Índices para catálogo sistemático:
  1. Candomblé : Religiões afro-brasileiras   299.6

É proibida a reprodução total ou parcial desta obra, de qualquer forma ou por qualquer meio eletrônico, mecânico, inclusive por meio de processos xerográficos, incluindo ainda o uso da internet, sem a permissão expressa da Madras Editora, na pessoa de seu editor (Lei nº 9.610, de 19.2.98).

Todos os direitos desta edição reservados pela

MADRAS EDITORA LTDA.
Rua Paulo Gonçalves, 88 — Santana
CEP: 02403-020 — São Paulo/SP
Caixa Postal: 12183 — CEP: 02013-970
Tel.: (11) 2281-5555 — Fax: (11) 2959-3090
www.madras.com.br

Índice

Prólogo 7
Capítulo I – O Som do Trovão 10
Capítulo II – A Escola da Vida 13
Capítulo III – As Raízes do Conhecimento 20
Capítulo IV – Olhares que se Encontram 28
Capítulo V – O Renascimento 37
Capítulo VI – A Volta do Filho Amado 45
Capítulo VII – O Respeito e o Amor 49
Capítulo VIII – Escolhas 56
Capítulo IX – O Difícil Recomeço 65
Capítulo X – A Lei do Retorno 71
Capítulo XI – Conversa de Mãe e Filha 85
Capítulo XII – A Jornada 90
Capítulo XIII – A Compaixão 108
Capítulo XIV – Responsabilidades 115
Capítulo XV – Novo Tempo, Novas Preocupações 122
Capítulo XVI – A Chegada do Arco-íris 130
Capítulo XVII – A Força da Fé 149
Capítulo XVIII – As Bênçãos dos Orixás 167
Capítulo XIX – O Intercâmbio 184
Capítulo XX – De Volta às Origens 191
Capítulo XXI – A Entrega às Águas 200

Capítulo XXII – A Magia dos Ancestrais 211
Capítulo XXIII – Um Presente para a Árvore Sagrada..................220
Capítulo XXIV – Enfrentando a Lei dos Homens.....................226
Capítulo XXV – Frustrações..235
Capítulo XXVI – O Poder da Promessa..241
Capítulo XXVII – A Esperança de um Novo Início 252
Capítulo XXVIII – O Encanto do Mar 262
Glossário 272
Apêndice 288
Bibliografia...296

Prólogo

A coletividade era herança da vivência dos que foram tirados de suas casas em outros países, sendo forçados ao repatriamento e ao trabalho escravo em um novo território. Regavam com o sangue a terra que tanto produzia em favor de pessoas coniventes com um crime hediondo, cometido contra uns, que tiveram sua cultura ignorada por outros.

Eram impedidos de perpetuar suas crenças, sua filosofia e seu modo de vida, tendo de manter acesa a chama de sua identidade cultural na clandestinidade. Conviviam com o medo constante de serem delatados ou descobertos, e assim sofrerem as consequências da desobediência.

Não lhes fora dado o mínimo de respeito. Sua dignidade era rabiscada pelos caprichos dos senhores de escravos e daqueles que não davam nenhum valor à história de homens, mulheres e crianças retirados a torque de sua morada. Muitos, dos até então brasileiros, observavam, mas não conseguiam entender os negros fortes, que padeciam pela saudade da alegria do viver.

Graças a toda intempérie que acabou juntando os povos de diversas nações e etnias em uma mesma causa, com perseverança se congregavam diversos ritos, em uma só organização denominada *Candomblé*.

A luta pela liberdade e o direito de coexistir em um novo mundo ditado pelas regras cristãs – o Brasil –, repleto por um cenário antropológico mixado pela bagagem trazida por muitas culturas ocidentais diferentes, forçando o cativo a assumir as características da sociedade que lhe era imposta em prol da sobrevivência de seus costumes, foram determinantes para que essas pessoas se adaptassem ao novo modo de vida e nele inserissem, também, traços e fragmentos de suas características.

Em um novo mundo de tons claros e escuros estampados na mesma carne que habita sobre os ossos do homem, que é parte de todo um consciente coletivo, o individual de cada ser humano, de acordo com suas percepções e julgamentos, o forçava a se misturar entre os demais para que pudessem ludibriar as atenções acerca de suas práticas religiosas.

Formavam-se então as comunidades de negros fugidos ou mesmo alforriados, em lugares específicos onde cada um trouxe seu traço de conhecimento – que algumas pessoas tentaram fazer com que morresse na escuridão da ignorância –, proporcionando um trabalho de integração e resgate de suas tradições religiosas.

A vontade do divino se fez presente e a luta foi reconhecida, fazendo com que os que nunca perderam a fé a mantivessem viva e intacta, ainda que precisando adaptar certos ritos à geografia, à fitografia e à fauna das regiões – onde se abrigaram foragidos dos escravagistas, em áreas conhecidas como *quilombos*.

Uma falsa sensação de alegria chegava com as articulações dos abolicionistas. As leis do Sexagenário, do Ventre Livre e vários outros movimentos de ativistas que lutavam por uma sociedade igualitária poderiam ser interpretadas como boas intenções, porém utópicas, e trouxeram ainda mais problemas. O negro tornava-se marginalizado – no primeiro caso, aquele que completava 60 anos era liberto, mas já não servia para o trabalho e não teria alternativa que fosse contrária a permanecer sob a custódia do senhor de escravos; no seguinte, a criança nasceria livre, porém seus pais continuariam cativos e permaneceria com eles na casa de seus senhores até que encontrasse um emprego que o subsistisse.

A assinatura da Lei Áurea em 13 de maio de 1888, pela princesa Isabel, inseria o ex-escravo no povo brasileiro, do qual já fazia parte. Destarte, sua inserção se torna deveras complicada, pois seriam libertos, mas ainda haveria a dificuldade de se estabelecerem economicamente. E nesse passo, aqueles que não encontravam acalento em suas tradições e costumes, que já se sentiam maculados pela cultura alheia que lhes era imposta, partiam para a criminalidade como última alternativa que lhes abrisse os caminhos.

Havia muitos problemas por causa da falta de emprego, não adiantaria ser livre e não ter uma residência nem de onde retirar seu sustento.

Algumas comunidades se desfizeram e os negros tomaram rumos diversos, passando a integrar mais efetivamente a sociedade, e conquistaram à pena de muito sofrimento o direito de praticar sua cultura e religião abertamente aos olhos de todos.

Os adeptos dos cultos às divindades africanas no Brasil possuíam uma união muito grande, tanto dentro como fora de seus terreiros. Todos se consideravam irmãos, independentemente da raiz à qual pertenciam; tinham os mesmos ideais e militavam, defendiam-se uns aos outros para que pudessem ter uma vida digna. Eram organizados em uma grande comunidade que participava ativamente de atos e decisões que favorecessem seu povo, elo forte mantido desde os tempos da escravidão, em que muitos dos negros libertos trabalhavam arduamente para juntar dinheiro e comprar a alforria dos ainda cativos.

Por muito tempo foram reprimidos como contraventores da lei que marginalizava o *Candomblé* e a *Capoeira*; mesmo assim se manteve a resistência, conservando essa religião e os costumes daqueles que lutaram por sua cultura até os dias de hoje.

Muitos dos ocidentais também tiveram posição de destaque nessa história, em que vislumbraram e admiraram a cultura e a religiosidade afro-brasileira, e em muito contribuíram para as fundações e a manutenção dos primeiros terreiros, sendo lembrados e aceitos nessa religião sem preconceitos.

Muitas foram as ações que ajudaram na construção e conservação das chamadas "Casas Matrizes", onde o *Candomblé* se firmou em sua forma mais pura, assegurando-se de que grande parte das tradições não se perdessem ao longo dos anos – algumas pessoas levaram para o mundo espiritual uma fatia do saber, que vez ou outra é resgatado por meio principalmente do intercâmbio com os mais velhos.

Todos os que hoje são ancestrais dignos de culto, os *Esá,*[1] tinham em seu tempo a preocupação de que as crianças soubessem dessa trajetória, para que fossem reconhecidas a trabalhar de maneira mais dura e com mais eficiência, de forma que fossem incentivadas por seus méritos e a imagem do preconceito sofrido contra elas fosse abrandada.

No cenário posterior a todos esses acontecimentos, podemos acompanhar a vivência das pessoas que fazem parte do *Candomblé*, habituadas pelas nuances do sobrenatural, que estão presentes no dia a dia, sendo percebidas apenas pelos que sabem o que e onde encontrar.

Aquele que não conhece a própria história, viverá através da história contada pelos olhos e ouvidos dos outros.

Axé![2]

---

1. Ancestrais. Ver glossário. Para melhor didática do texto, todas as palavras em *Yorùbá* serão escritas de maneira que não haja erros de prosódia; sua grafia correta será apresentada em notas de rodapé, ou mesmo no glossário e apêndice ao fim da obra.
2. Do *original em Yorùbá, Àṣẹ*. Tem as mesmas propriedades da palavra "amém" dos cristãos. Ver Apêndice.

Capítulo I

O Som do Trovão

O tempo abafado que rondava a cidade naquela noite quente, onde o cotidiano das pessoas era cheio de maneirismos e rotinas incessantes em função de uma vida de simplicidade e união, era refrescado pela brisa úmida que adentrava no salão, eriçando os sentidos até do mais distraído.

O som de passos arrastando-se pelo chão de terra assentada ecoava pelo barracão, misturando-se com as batidas dos instrumentos, que em tempo reverberavam e preenchiam os espaços do ambiente bem iluminado, ainda que precariamente, por velas e candeeiros.

O êxtase dos iniciados era estimulado pela louvação e a cadência rítmica que se harmonizavam. Cada passo da dança, daqueles cujos corpos cheios de vitalidade abrigavam o divino ali em terra, valorizava a fé e a crença das pessoas.

Percebia-se a *fermata* silenciando os *atabaques*,[3] ao sinal de quem os regia, exigindo a perfeição dos que tocavam. Todos se admiravam. Visualizavam a imagem mais perfeita da manifestação de emanações sagradas, frações das energias vindas do mundo espiritual.

Em meio aos sussurros pelo barracão, a respiração ofegante dos músicos e daqueles que compunham o coral respondendo aos cânticos, ouviu-se um trovão!

Uma voz, um som meio gutural iniciava a comunicação em uma língua diferente das já ouvidas pelos leigos que também participavam da celebração. Pessoas olhavam apreensivas à sua volta, e aquele que parecia ser o mais velho de todos utilizou-se de seu saber e traduziu para que todos entendessem.

Poucas eram as palavras que pudessem mexer tanto com os sentimentos dos que estavam envolvidos; faziam-se presentes os simpati-

---
3. Tambor de origem africana. Ver apêndice.

zantes e os iniciados. Vestidos de branco, com o pescoço adornado ou não por belos fios de contas de diversos tamanhos e cores, brilhantes ou opacos; alguns manifestando o poder dos ancestrais em seus frágeis corpos, e os que estavam lúcidos vibravam e reverenciavam ao ouvirem a tradução feita pelo velho – passavam a saber que o filho do Rei havia pisado em terra.

Poucas frases seriam recebidas com tal intensidade; o fervor e alegria tamanha a uma grande conquista inesperada, que estava sendo presenciada pelos homens e mulheres naquele *candomblé*.[4]

Em um bairro afastado, o mesmo som estremecia as paredes do quarto, onde uma criança expressava seus primeiros gestos ao mundo que se abria diante de seus olhos. O choro preenchia o vazio. As mulheres velhas, após examinar minuciosamente a saúde do recém-nascido, agradeciam às divindades pelo vigor e virilidade do novo filho da casa.

Faziam-se reverências e saudações verbais, em seguida a criança foi apresentada à sua mãe. Com o pesar da solidão e do abandono, sentia a falta de um consorte que a acompanhasse. Era felicitada, mas passava a imaginar como seria difícil conduzir seu filho pelas estradas do mundo.

Os vizinhos, cheios de complacência, ajudavam como podiam na criação do novo rebento. Umas lavavam enquanto outras passavam e compartilhavam os afazeres da casa; outros ainda contribuíam com algum dinheiro para que os dois não passassem necessidade.

Fraldas e mais fraldas decoravam os varais das vielas do bairro, de ruas estreitas que viam poucos carros, tanto pelo difícil acesso quanto pelo nível de renda inferior da grande maioria; porém, apesar de todas as dificuldades, a felicidade ainda imperava nos momentos de descontração no dia a dia do povo.

Com suor e sangue estava presente a vontade de labutar por uma condição de vida digna, em que os humildes não precisassem depender da boa vontade dos estranhos à sua comunidade.

Os dias formavam os meses e os anos se passavam. O garoto, ainda pequeno, mal falava, mas ouvia – ouvia com o coração.

Sentado ao pé dos instrumentos, enxergava os mais velhos tocarem com maestria. Analisava cada batida, que era correspondida ritmicamente pelo *Orixá*[5] manifestado à sua frente no corpo do iniciado;

---

[4]. Será grafado com a primeira letra "minúscula" quando for mencionado a respeito das festas religiosas que possuem o mesmo nome da religião.
[5]. Do original em *Yorùbá, Òrìṣà*. Tem o significado da divindade no panteão *Yorùbá*.

as passagens faziam com que a divindade bailasse, conduzida pelo estalo da vara no couro do *atabaque*.

O som metálico do *agogô*[6] se misturava aos outros instrumentos e, em meio àquela bagunça rítmica, podia compreender toda a trama musical que se formava.

Aquele emaranhado de sons tomava forma em sua mente e tentava reproduzi-los com as mãos no banco que sustentava os três tambores.

Cada passo, cada batida. Um mundo de sons e gestos encantavam a criança. A familiaridade com o som era imensa e, ainda assim, toda vez lhe soava como se fosse algo novo.

Os homens que subiam naquele *atabaque* que conduzia os passos de quem dançava, o que destoava dos outros dois, o maior; tinham sua particularidade, porém, era nítida a base harmônica que deixava em destaque apenas algumas variações – presentes da individualidade de cada um.

O *Orixá* manifestado podia sentir o fascínio expresso pelos olhos e ouvidos atentos do menino, e ao som de seu toque, o toque da caça que tanto embriagava a mente de todos com sua cadência repetitiva, em um êxtase de emoção tomou a criança nos braços e se pôs a dançar.

As pessoas olhavam maravilhadas por um gesto tão lindo de carinho e afeição.

A mãe incorporada não podia ver o que se passava naquele instante, mas com certeza sentira como seu filho era especial. Uma linda imagem que ficaria guardada na lembrança daqueles que puderam ser agraciados por vivenciar o ocorrido.

---

6. Instrumento percussivo metálico. Ver glossário.

Capítulo II

A Escola da Vida

Brincava pelo terreiro com as outras crianças. Mesmo ainda menino, aplicava-se em aprender as lições do dia a dia. O terreno era cercado, existia um grande barracão de portas e janelas simples; de madeira com dobradiças e tramelas de metal e todas essas peças pintadas na cor azul céu.

As paredes externas, do branco que tanto dava trabalho para ser mantido limpo; o mesmo alvo que se estendia pelas paredes de seu interior e sob desenhos dos elementos da natureza – pintados com o maior carinho e a atenção de um artista amador e autodidata –, todas aquelas imagens davam vida ao lugar, que se animava ainda mais quando repleto pelos adeptos.

A imagem formada pelas bandeirinhas coloridas, que penduradas no teto prendiam realmente a atenção dos pequenos; o arco-íris, o símbolo que poderia ter vários significados e um deles era união entre o céu e a terra.

O altar abrigava as imagens dos santos católicos, ficava no canto e podia impressionar qualquer leigo que as visse – nem todos entenderiam que em tempos não muito remotos se fazia necessário para ludibriar os olhos dos fiscalizadores da lei, que ali pudessem vir a interromper a execução das obrigações religiosas, bem como as festas de *candomblé*.

Em momentos de louvação do povo reunido, quando da chegada dos policiais, todo o teor do evento era alterado dando lugar a preces e cânticos oriundos do Catolicismo, pois eram proibidos por lei a prática e o culto do *Candomblé*.[7] Naquele tempo era considerado primeiramente como desobediência e, com o passar dos anos, crime, e a resistência

---

7. *Candomblé* aqui citado com a primeira letra em maiúsculo representa a religião afro--brasileira. Ver apêndice.

poderia resultar na danificação dos materiais do terreiro e a prisão dos que ali estivessem.

O barracão era rodeado das casas onde os *Orixás* – as representações materiais – moravam nos ferros, pedras, louças e o barro que eram reverenciados por aquele povo, assim como também as árvores em seu exterior.

Entre os espaços sagrados também havia todo tipo de planta utilizada na ritualística da religião. Os homens e mulheres cresciam aprofundando-se na semântica e nos dogmas de seu povo, o respeito pela terra, fogo, água, ar, animais e plantas – todos os elementos da natureza tinham seu papel em uma escala de importância e neles depositavam sua fé – era realmente sagrado.

Consideravam todos os mais velhos como tios e tias, mesmo não tendo laço sanguíneo: faziam parte daquela sociedade e eram mesmo como parentes. Lecionavam de forma oral aos mais novos preservando a manutenção de seu culto, para que não se perdessem as tradições e a educação que com tanto custo fora preservada. Todo aprendizado se dava por meio da minúcia e morosidade. Cada um, de acordo com suas habilidades reconhecidas e estimuladas pelos Orixás, se focava em um ou mais assuntos, porém existia uma sabedoria coletiva do simples e o básico para todos.

Ao longo dos dias, sua admiração pelos velhos que juntos tocavam, cantavam e mantinham a ordem e o respeito na casa crescia. Todo aquele *Ebé*,[8] como eles chamavam em sua língua nativa, era digno de um estudo antropológico rico em informações.

Havia vários elementos a ser analisados, os homens se organizavam em uma espécie de conselho, em que apenas os *Ogans*[9] – os "Senhores do *Candomblé"* – participavam.

Somente os homens, mesmo que ainda jovens mas já consagrados, adentravam aquele meio e discutiam sobre diversos assuntos ligados à ritualística do terreiro, e também as particularidades de cada membro.

Falavam sobre os cânticos e toques ou mesmo os atos litúrgicos, várias discussões entravam em foco e o consenso daquele núcleo chefiado pelo mais velho vogava no final.

Por mais que houvesse divergências entre eles, nada era transpassado aos demais e suas brigas se tornavam fechadas. Os iniciados

---

8. Sociedade, ou o terreiro de *Candomblé* propriamente dito. Ver glossário.
9. Posto masculino dentro do *Candomblé*, daquele que não manifesta/incorpora as energias do *Òrìṣà*. Ver glossário.

rodantes,[10] como eram chamados aqueles filhos de santo[11] das casas que recebiam *Orixá* em seu corpo, nem imaginavam o teor dos assuntos tratados.

Naquele tempo, há quem diga que o sacerdote da casa possuía poderes limitados e quem ditava as regras no *Candomblé* eram realmente os *ogans*, que tinham as palavras finais e suas decisões tomadas a portas fechadas. As mulheres, mesmo que *Equede*,[12] não tinham o direito de participar.

Os meninos sentiam aquele desejo latente de se tornar um *ogan*, sonhando com a oportunidade de participar ativamente dos conselhos em meio aos mais velhos que dele faziam parte. Imaginavam de todas as formas o que poderia se passar dentro das paredes da varanda onde se reuniam, servidos de comida e bebidas fartas de acordo com as posses econômicas de sua sociedade. Era um sonho estar naquele meio, e somente depois de muito tempo, quando se efetivavam em seus devidos postos e cargos depois da confirmação, é que percebiam a responsabilidade a ser assumida diante da *Ebé*.

Como qualquer criança, ele gostava da bagunça, do riso e da alegria. Passava muito tempo brincando e correndo. Fazia suas traquinagens e era disciplinado por todos os que fossem de idade mais avançada – e não eram poucos em sua casa.

A hierarquia e disciplina eram muito rígidas, pois o melhor de cada um era sempre exigido, a fim de que as crianças se tornassem adultos de respeito dentro e fora dos terreiros e, assim, tivessem sua dignidade e integridade nunca abalados pelos dizeres de pessoas maldosas, que pudessem vir a interferir nas vidas daqueles pequenos, futuros homens e mulheres.

Uma única coisa podia prender sua total atenção – o som dos *atabaques*. Onde quer que fosse, largava tudo em que estava se ocupando para poder manter seus olhares voltados aos detalhes da musicalidade, das pancadas harmoniosas ecoando pelo ar, que o inspirava a um dia ser um tocador.

Qualquer rito do qual se participavam os instrumentos, era por ele apreciado da mesma forma. Sentava bem próximo do banco que os sustentava e reproduzia as batidas já memorizadas na madeira gasta pelos anos, restaurada outras vezes, e que abrigou o peso e as vibrações

---

10. Maneira popular, dentro do *Candomblé*, de se referir a um iniciado que manifesta/incorpora as energias do *Òrìṣà*. Ver glossário.
11. Uma das denominações do iniciado no *Candomblé*. Ver glossário.
12. Posto feminino dentro do *Candomblé*, daquele que não manifesta/incorpora as energias do *Òrìṣà*. Ver glossário.

sonoras que soavam por debaixo da extremidade inferior, amplificadas ao toque das notas músicais com o chão de terra assentada à sua volta.

Todo garoto sonhava em poder se expressar no mundo místico e mítico de sons e gestos tão poderosos, que seriam emitidos pelos seus toques no couro que cobre os desejados tambores.

As crianças não podiam participar efetivamente, só lhes era reservado o direito de observar. Os pequenos, naquele tempo, eram iniciados somente por motivo específico. Mesmo os *Orixás* relutavam em reclamar a cabeça infantil para se tornar um *Elegún*[13] – como é denominado dentro do *Candomblé* aqueles que tiveram a oportunidade de renascer para uma nova vida – nos mistérios escondidos por trás das portas e paredes dos quartos e salas guardadas a sete chaves, os quartos dos segredos, morada das representações materiais dos *Orixás*, as divindades africanas que possuem o elo entre os seres humanos e o Senhor todo-poderoso, o Deus único de todas as nações e crenças, possuidor de muitos nomes entre vários territórios da terra e que na terra dos *Iorubás*[14] – dos *Nagô*[15] descendentes de *Oduduwa*[16] – é chamado de *Eledumare.*[17]

A capoeira era a brincadeira comum entre as crianças. A ginga do corpo e a malandragem faziam com que desenvolvessem a malícia nas horas certas e respeitassem seus limites, além de seus oponentes, ao mesmo tempo que os preparava para se defenderem das adversidades do mundo. Admiravam-se todos, com os elaborados saltos e movimentos encaixados uns com os outros.

O som do berimbau, do pandeiro e do *atabaque* cadenciava uma diversidade de golpes e gestos ricos em sua elaboração, que de tanta prática saíam naturalmente formando um balé de pernas e braços ritmados, decorando o ambiente por onde se praticasse.

A leveza dos golpes precisos, que poderiam matar ou ferir gravemente qualquer ser humano atingido e eram desferidos sem que ninguém se machucasse, se desdobrava com uma rítmica improvisada que parecia combinada pelos pares. Uma coreografia de chutes e pontapés, saltos e gracejos de corpos que se balançavam para um lado e para o outro, olhos que se mantinham atentos a cada entrada e saída de passadas

---

13. Maneira mais ortodoxa dentro do *Candomblé* de se referir a um iniciado que manifesta/ incorpora as energias do *Òrìṣà*. Ver glossário.
14. Nação de um grupo étnico originário da atual Nigéria.
15. Maneira popular dentro do *Candomblé* de denominar os iniciados no culto originário da nação *Yorùbá*. Ver glossário.
16. *Òrìṣà* do panteão *Yorùbá*. Ver apêndice.
17. Deus Todo-Poderoso, de acordo com a cultura e religião dos *Yorùbá*. Ver apêndice.

largas ou curtas. Braços serpenteando pelo ar em defesa dos possíveis ataques desferidos – a chamada *mandinga*,[18] que se usava para confundir o inimigo.

A esquiva era denotada em todas as circunstâncias em que um golpe se fazia, saídas que pareciam impossíveis eram calculadas de acordo com a circunstância, e delas um novo golpe se iniciava, e todo aquele ciclo de ataque e defesa às vezes era interrompido pela experiência de quem já teria presenciado todas as suas possibilidades, e os menos experientes aprendiam uma nova lição com a queda.

Tudo aquilo era ensinado pelos grandes mestres da arte marcial de origem africana, que era aperfeiçoada. E as crianças, ao aprenderem a capoeira brasileira, quando adultos se tornavam verdadeiros guardiões dos terreiros, tendo como armas seus pés e punhos para defenderem a integridade de quem necessitasse.

Meninos e meninas partilhavam das mesmas brincadeiras. Enquanto elas sonhavam em dar morada física ao divino com seus corpos puros e inocentes, para que os *Orixás* se tornassem presentes entre seu povo, eles aguardavam ansiosos por conduzirem sua dança.

Não era comum ainda naquele tempo que um homem abrigasse os *Orixás* em terra publicamente, mas os velhos sabiam que tudo é mutável e dinâmico, sendo que um dia fosse natural homens incorporando a beleza do santo, da mesma forma que as mulheres que para isso eram preparadas.

Haviam raras manifestações em homens, que eram vetados de dançarem conscientes junto às divindades – função específica das mulheres; somente quando em transe, seu corpo tomado dançava pelo salão, pois era respeitado como sendo ali o santo, e não a pessoa.

Os cânticos que tantas vezes foram repetidos pairavam em suas mentes e eram colocados para fora no tom de bagunça, os meninos batucavam em tudo que geria sons e as meninas tentavam dançar entre a mistura dos barulhos e murmúrios. Imitavam seus toques e danças. Assim surgia seu próprio *candomblé*. Os mais velhos passavam as vistas de longe e esboçavam certa aprovação, eram remetidos ao seu próprio tempo de infância.

Havia graça em toda a traquinagem, era como se a própria descendência colocasse naquelas crianças a harmonia. Seu desejo de participar daquilo tudo era imenso e fazia com que a graça no balanço

---

18. Molejo de braços e mãos, ou mesmo do corpo, que tem a finalidade de ludibriar a intenção dos golpes a ser desferidos contra o adversário em um jogo de capoeira.

de suas pernas, ao som de seus toques descarreirados, fosse notada pelas pessoas à sua volta.

Os antigos os ouviam cantando e, enquanto se empenhavam nos afazeres, repetiam as músicas sussurrando. Cantavam como se fosse um resgate de suas memórias mais antigas. Os momentos em que aprenderam, assim como as crianças.

Ele, que tantas vezes ouviu as batidas em contratempo do *atabaque* que regia os outros, se empenhava em repetir ao seu modo e era olhado atentamente pelo velho sentado a distância. Seus olhos podiam perceber que o garoto tocava com naturalidade certas passagens, mas ainda não dominava completamente a execução das escalas músicais pela falta de prática e a *fermata* era desajeitada, porém deixava a promessa de um dia se enquadrar no término da harmonia.

Interrompidos bruscamente pela pessoa que presidia a sociedade, cada um toma seu destino, e o menino que queria ser um músico, ali sentado agora ao pé da grande árvore, sonhava acordado.

Queria expor sua felicidade arquitetada em sons, as melodias que demonstrassem seu sentimento e o contentamento pelo regalo de receber o conhecimento ancestral.

Após um tempo, o velho que de longe apenas o olhava fez sinal para que o garoto sentasse junto a ele. Ali no chão, diante de seu grande ídolo, o menino ouvia as histórias de outrora. As outras crianças observavam e eram atraídas como formigas em direção ao açúcar, iam uma após outra até estarem à volta do senhor. E em pouco tempo estava formada uma roda e todos ali ouviam com atenção.

As tardes quentes eram maravilhosas e ricas em informações. As crianças nada falavam, a palavra pertencia apenas ao mais velho.

Assim, muitos dias se passavam cumprindo a mesma rotina. A escola, os afazeres de casa e depois as tardes desejáveis perto dos antigos, que às vezes os cobriam com seu manto de conhecimento e contavam como tinha sido sua dura caminhada, e também a chegada de seu povo nesta terra.

As histórias de suas divindades e ancestrais eram misturadas ao dia a dia das pessoas que participavam da comunidade. Muitas lições eram aprendidas e aos poucos, de acordo com o amadurecimento e o mérito, o chamado do divino talvez viesse a uma ou outra criança que atingisse certa idade – já tendo noção da responsabilidade e missão que devesse cumprir – sendo iniciada nos mistérios do *Candomblé*.

Todos aguardavam ansiosos por sua vez, mesmo que se iludissem na espera achando que fosse abreviado seu tempo de acordo com o crescimento, mesmo assim tudo era cada vez mais excitante.

Os antigos pensavam em como seria bom se o empenho demonstrado na juventude fosse mantido ao longo dos tempos; tornar-se-ia menos pesaroso exercer as atividades do terreiro. Porém, o tempo ninguém ainda conseguiu segurar e as pessoas envelhecem com ele, tornando-se morosas nas tarefas. As crianças, que demonstram sua inocência diante de todas as coisas que ocorrem à sua volta, são sempre amadas e reconhecidas mesmo que refreadas e doutrinadas de maneira enérgica, são logo perdoadas e não ficam ressentidas por muito tempo, pois inconscientemente sabem das dificuldades que porventura podem vir a ter um dia.

E o velho sempre lhe dizia que nenhuma boa atitude em prol de uma comunidade seria bem vista de pronto, as pessoas são tão receosas de boas intenções que inicialmente tendem a renegar toda e qualquer ação positiva. Somente depois de algum tempo a confiança era alcançada e merecida; durante esse tempo de juventude tudo era observado e analisado, assim cada um vai encontrando seu espaço para cumprir com seu papel na jornada da vida.

Vivência e aprendizado são coisas que se adquirem com o tempo, tornando hábil aquele que cai e se reergue diante das intempéries; eles aprendem, pois para seu povo tudo se torna mais difícil e somente os de bom coração, que desenvolvem a capacidade de melhorar com os erros, conseguem lidar com as dificuldades da vida e aproveitar a lição que era passada.

Em tudo isso a maioria deles se esforçava, pois possuíam boas referências a serem seguidas. Espelhavam-se em pessoas que davam tudo de si para que a manutenção da fé não fosse perdida e perdurasse. Incansavelmente suas rotinas se repetiam e ensinavam a cada passagem histórica um novo detalhe que antes não fora percebido.

Capítulo III

As Raízes do Conhecimento

Quando aquele garoto começava a se interessar pelas garotas e a se afastar um tanto do sagrado, era o momento em que seus passos começariam a se enroscar durante sua jornada.

Ele já participava das festividades profanas, o samba de roda e o *afoxé*.[19] A bagunça de criança somente havia amadurecido, tomando um tom de descontração boêmia e interação com os amigos que acompanharam sua adolescência. Todos à sua volta o adoravam, começava a dominar os sons mundanos que conduziam as bagunças da noite, porém seu coração ficava agoniado ao imaginar que sua ânsia somente se aplacaria quando tivesse a oportunidade de demonstrar o empenho pelo sagrado.

O som do *afoxé* era produzido pelos toques das mãos no couro dos *atabaques*, no ritmo do *Ijexá*.[20] Aquele toque de cadência lenta guiava os poetas a improvisarem belas músicas para que os presentes dançassem por horas, muitas das músicas atravessariam barreiras e seriam repetidas por vários outros grupos pela cidade.

Havia conhecido toda uma vida de farras das quais jamais imaginava, enquanto vivia apenas na barra das saias de sua mãe. E naquele momento o mundo lá fora tomou sua importância, seria surpreendido por coisas às quais antes não dava nenhum valor. As visitas ao terreiro já eram bem reduzidas, quase não participava das festas – o menino estava se transformando em homem –, já não tinha mais a obrigatoriedade de acompanhar sua mãe pelos ritos e obrigações da casa.

Àquela altura, dava preferência por acompanhar seus amigos nas aventuras da vida, que ia sendo desbravada a cada passo, a cada samba, a cada dança. E certo dia, ao iniciar a caminhada para a folia acompanhado de seus amigos, o coração apertou, comprimindo a vontade de

---

19. Um ritmo musical do *Candomblé*, não litúrgico. Ver glossário.
20. Um ritmo musical do *Candomblé*, litúrgico. Ver glossário.

continuar e palpitando lentamente a imensa necessidade de desviar seus passos em direção ao terreiro. Sentiu-se envergonhado pelo que deveria dizer aos companheiros, nenhum tipo de justificativa surgia cm sua mente. Decidiu utilizar-se da franqueza e expôs o quanto seu coração se agoniava e pedia que fosse ver os *Orixás* amados.

Alguns não entenderam e fizeram até chacota, porém a maioria já tinha mais contato com a vida de obrigações e necessidades do *Candomblé* e as palavras dos antigos ecoavam em seu julgamento, levando-os a crer na importância de seguir suas intuições.

Tomou rumo para o território, onde se sentiu em casa. Sua chegada foi coberta por olhares de aprovação. Próximo dos tambores que tanto adorava, aquele senhor, seu ídolo, em meio aos toques e cânticos entregou-lhe nas mãos o *agogô*, que foi recebido com um misto de espanto e felicidade. O velho apenas assentiu com a cabeça, como se dissesse que ele saberia o que fazer. O som agudo do instrumento de metal tomou forma. Seu sorriso imenso contagiava a todos que o olhavam. Não só a expressão facial impressionava os demais, mas parecia que seu coração estava alinhado com as batidas ritmadas dos toques.

Naquele momento, lembrou de uma das palavras que havia ouvido de seu mestre, ainda em seus tempos de criança, em seus primeiros momentos juntos entre as histórias do aprendizado – se quisesse aprender a tocar o *Hun*,[21] devia aprender a tocar o *Gan*[22] primeiro.

Sentia-se privilegiado em ter recebido, e poder tocar o instrumento vindo diretamente das mãos de um grande mestre.

Encheu-se de emoção e, como se o santo à sua frente pudesse ler em seu interior o que acontecia, ouviu-se um som vindo de dentro da essência do *Orixá;* uma expressão vinda da fração da energia manifestada no íntimo daquele corpo que bailava à sua frente transpassava de sua boca para os ouvidos de todos, seguido de uma reverência. O tempo parou e o rapaz congelava junto com ele. O velho cortou o silêncio dando instruções em seu ouvido.

As pessoas ao redor presenciaram uma sequência simples de ações, que demonstravam todo o respeito que tinha pelo sagrado naquele instante: seus joelhos vão ao chão e sua garganta se fecha sem deixar que nenhuma palavra seja dita; os olhos enchem-se de lágrimas misturadas ao sorriso, e a fronte de sua cabeça toca o solo.

Ao se levantar, um abraço caloroso; a mesma intensidade de uma mãe abraçando o filho adorado. Vários foram os olhares comovidos que

---

21. Um dos três tambores que compõem os *atabaques* do *Candomblé*. Ver glossário.
22. Instrumento percussivo metálico. Ver glossário.

se dirigiam aos dois. As mãos maternalmente foram colocadas na cabeça daquele jovem adepto e depois levadas ao peito do *Orixá*, que retornou ao centro do barracão, dançando como se flutuasse.

Muitos gritos de louvação e reverência eram proferidos. O êxtase tomava conta das pessoas que sempre frequentavam as festas como simpatizantes e nunca antes haviam esboçado nenhum tipo de manifestação; estavam sendo irradiadas pela energia sagrada e eram levadas ao chão pela presença do divino em seus corpos – bolavam no santo.[23] Os já iniciados foram tomados firmemente pelos *Orixás* que chegaram em terra e foram recebidos pelos ali preparados a acolhê-los e paramentá--los, podendo assim fazer parte da grande festa.

Ele sentia-se uma pessoa diferente, uma pessoa que estava se lapidando para encarar uma grande responsabilidade. No decorrer da festa, percebia a felicidade de seus amigos por verem que estavam começando a conquistar seu espaço. O sol já raiava e a festa continuava. Nunca havia visto antes tantos *Orixás* de casa e mesmo dos visitantes manifestados, prolongando a festa até o momento em que eles todos tivessem sido homenageados.

Mesmo os santos dos mais velhos não iam embora e ficavam ali sentados, fazendo sinais de respeito por estarem presentes em terra em meio aos seus descendentes. Cada santo, de acordo com sua sua idade correspondente ao tempo de iniciação do neófito, tomava lugar no barracão e os *ogans* cantavam para eles, até que se fazia necessário findar seu tempo dando lugar a outro santo, que vinha e bailava, e as sequências se estendiam até o fim da festa. Ao término, era o momento da brincadeira, do samba de roda. Ele já mostrava sua perícia naquele ritmo que dominava graças às bagunças pela noite. Começara ali a aprender outros toques, os de *Angola*,[24] de onde nascera esse ritmo afro--brasileiro, o samba.

Os corpos cansados não retrocediam, e na brincadeira a união se concretizava. No momento de descontração, olhos e ouvidos ficavam atentos aos mais velhos na varanda onde sempre sonhou estar. O lugar em que somente os *ogans* se reuniam e faziam sua confraternização estava agora também habitado por sua presença.

De canto e um tanto afastado, observava e aprendia. Tentava adquirir postura moral semelhante à que eles tinham ali naquele espaço. Confraternizaram até o entardecer. Os mais debilitados, talvez pela idade

---

23. Ato da pessoa manifestar a energia do *Òrìṣà* em seu corpo pela primeira vez, sem haver uma possessão completa.
24. Outra nação do *Candomblé*, originária dos povos *Bantus* da África.

já avançada, começavam a ir embora deixando apenas os mais novos, que continuavam festejando e disseminando sua alegria com os irmãos e convidados.

No outro dia, iniciava-se uma nova semana e já se sentia diferente. Acordou cedo e parecia que nunca havia tido a mesma vontade para cumprir seus afazeres. Tomou seu banho, vestiu as roupas brancas e foi reverenciar os quartos dos santos da casa. Passou depois a varrer a parte externa do terreiro. As *Iaôs*[25] juntaram-se a ele e cumpriram com sua rotina diária. Depois do almoço, reuniram-se aqueles *ogans* mais antigos no barracão e iniciaram um novo *candomblé*. Embora agora somente os filhos da casa participassem, o clima de alegria e festa era o mesmo da noite anterior. Novamente o velho o olhava nos olhos, perguntava se queria tentar tocar o *Hun-lé*,[26] o terceiro *atabaque*, e lhe dizia que a hora de aprender seria aquela.

Muitos erros no começo, a ansiedade tomava conta, enquanto o mestre começava a repensar sobre a oportunidade de deixá-lo tocar, porém, devagar o toque ia se acertando. As varadas doloridas na mão serviam para doutrinar e fazer com que surgissem a perfeição. Após repetir vários toques, a cadência que tanto sonhava em fazer o mundo ouvir fluía naquelas duas varinhas.

A vontade era tanta que tocou do início ao fim sem parar para descansar; os velhos observavam e brincavam dizendo o quão bom era ter sangue jovem em cima dos atabaques. Era uma cena das mais belas, ver o divino bailando pelo barracão ao som dos tambores e cânticos; e outras pessoas, todas ali como um coral, respondendo às cantigas entoadas pelo ancião.

Seus olhos deslumbravam agora por outro ângulo tudo o que acontecia e, quanto mais via, mais vontade sentia de tocar. As roupas simples dos iniciados da casa e seus pés no chão, a demonstração da humildade; eram coisas que emocionavam e podiam impressionar qualquer expectador. Sentia a angústia de ter de deixar tudo e retornar para casa, a cena não abandonava sua cabeça. Mal conseguira dormir aquela noite e o som das batidas martelavam sua mente enquanto o tempo passava.

Começava a ir em todos os *candomblés* onde sabia que os velhos estariam; sempre os observava atentamente. Quando era convidado, tocava; e aquilo para ele se tornava um grandioso presente.

---

25. Iniciado(a) rodante dentro do *Candomblé*. Ver glossário.
26. Um dos três tambores que compõem os *atabaques* do *Candomblé*. Ver glossário.

Suas mãos já estavam ficando grossas e calejadas com o bater disciplinador das varinhas sobre elas, e delas sobre o couro. Muitos eram os gritos e resmungos que recebia quando errava e, por mais que aquilo o deixasse bravo no momento, entendia depois e em seu inconsciente agradecia, pois sabia que serviam para ensinar e fazer com que atingisse a perfeição na execução do toque. Amadurecia a cada nova lição e se tornava perito na arte de fazer a base para os virtuosos compassos ditados pelo *atabaque* principal, o *Hun*, seu tão sonhado objetivo.

Sua adolescência esvaía-se lentamente, formando o homem por quem as mulheres começavam a se interessar. Todos os lugares aonde ia eram propícios a algum flerte, porém sempre algo muito sútil – por causa de sua timidez e compostura.

Em uma de suas idas a um dos locais de festa favoritos, entre todas as pessoas se divertindo, o som dos tambores profanos o fazia dançar com a multidão. Quando tocava, mostrando toda a sua perícia naquele instrumento, encantava; e como encantava ali naquele lugar, um verdadeiro palco para seu show. As mulheres eram atraídas pelo som produzido ao bater de suas mãos. Turistas participavam da festa e maravilhavam-se com a alegria regional.

O tempo parou! Parecia perceber tudo à sua volta em câmera lenta; o reflexo de uma belíssima negra sambando podia ser visto em seu olhar. Os cabelos afro balançavam com uma leveza impressionante, seu corpo parecia ter sido esculpido pelo mais hábil artesão divino. Após analisar cada centímetro de sua extensão, seus olhos se encontraram com os dela. O perfume que exalava parecia deixá-lo embriagado. Podia quase sentir seu gosto espalhando-se pela boca.

O coração acelerava e era muito difícil não se perder nas batidas do instrumento. Nos poucos instantes em que se fitaram, sua mente se esvaziava, tendo lugar apenas a imagem da figura misteriosa à sua frente.

O ambiente parecia ser colorido por tons brilhantes que confundiam a cabeça de qualquer pessoa, e o mormaço o fazia suar, porém o suor escorria de seu corpo não só pelo clima, mas também pela ansiedade que o abalava. Seus desejos estavam todos voltados à deusa do ébano. A música parou, ele saiu para procurar a garota, quando então ela parecia ter se embaralhado no meio da massa.

A multidão escondia a pessoa por quem tanto se interessara; seus olhos se entristeceram e caminhava sem rumo, procurando alguém que talvez nunca mais fosse encontrar. Cada passada ecoava em sua mente como um barulho alto que desnorteava seu caminhar, os olhos atentos a todas as mulheres presentes não encontram seu alvo no meio da multidão. Seu grande amigo e parceiro de infância chega até ele envolvido pelo recomeçar dos tambores nas mãos de outras pessoas. Foram ditas palavras para tentarem levantar o ânimo, mas de nada adiantava. Era interrompido quando narrava aquilo que sentiu enquanto tocava e vislumbrava a beleza do feminino.

O outro tentava entender todo o ocorrido, buscava na mente quem pudesse ser tal mulher que cativou o coração de seu parceiro.

Vencido pelos argumentos acerca da festa e da felicidade ali espalhadas, ele resolve se render novamente aos encantos do samba – acompanhado pela cerveja tudo se tornava mais prazeroso. E eles cantavam, dançavam e brincavam rodeados de amigos e também por um contingente enorme de pessoas desconhecidas.

Chegava a hora de retornar para casa e a imagem daquela mulher requebrando, parando e virando o rosto de encontro ao seu, sua visão atenta àqueles lindos olhos castanhos repassava várias vezes como um filme. Era só mais um final de noite de sexta-feira. Despedia-se de todos e se enterrava no vasto dos lençóis de sua cama.

O sábado era dia de encontrar com os amigos de infância no terreiro, havia vários afazeres. A casa sempre precisava de uma manutenção aqui e ali. Todos trabalhavam, cantando e se divertindo, fazendo da lida uma coisa menos monótona.

Ele subiu ao telhado e passou horas com mais um irmão repondo as peças quebradas pelo tempo. O sol escaldante acima de suas cabeças os faz permanecer com o corpo e o pensamento mole. A vontade de trabalhar para a coletividade do terreiro, assim como o contentamento dos *Orixás*, era grande e não os deixa descer antes de completarem os reparos. Eles então terminavam e a comida os aguardava, necessitavam recobrar as forças após as longas horas sob o sol quente. Muitos olhavam, porém poucos realmente eram os que não se faziam de rogados a desempenhar o serviço braçal, que pudesse esgotar as forças dos homens que se animassem a fazê-lo.

Na hora do descanso, os *atabaques* antigos que haviam sido colocados do lado de fora começaram a ser tocados pelos jovens. Iniciava-se primeiramente o samba. Dois meninos dão vida às músicas cantadas pelas velhas "mocotonas"[27] enquanto elas trabalhavam e se divertiam com a brincadeira. As mulheres mais novas dançavam e a alegria contagiante tomava conta do lugar.

---

27. É a denominação utilizada no *Candomblé*, por algumas pessoas, para se referir às senhoras mais antigas da religião, não sendo um termo pejorativo.

Uma ideia percorre seu consciente e o faz caminhar em direção à antiga goiabeira no quintal. Ele examina detalhadamente cada galho e retira aqueles que estão mais retos e fortes, os que aparentam não se quebrarem diante da força exercida sobre o toque no *atabaque*.

Houve a entrega sorridente de alguns nas mãos dos outros meninos, ficando somente com aquele que separou para si. Tomava sua posição no *Hun* e iníciou um toque de *Agueré*,[28] o toque da caça.

Todos se espantaram. Os meninos o acompanharam com sorrisos despejados ao povo. A dificuldade no começo era evidente – havia risadas e brincadeiras feitas pelas pessoas em volta –, mas eles continuaram e logo as pancadas foram se acertando. Conforme a empolgação, algumas pessoas até tentaram dançar e a brincadeira foi fluindo.

Aquelas batidas simples, apenas o básico do toque, ia levando os poucos que dançavam à felicidade evidente em seu rosto. Seus amigos todos ficaram ali deslumbrados como se fosse algo que nunca tinham visto antes – bem verdade que nunca antes eles tivessem participado de algo assim, daquela forma – um *candomblé* só deles.

Sem que percebessem o senhor se aproximando, continuaram a tocar. Confiante, ele arriscava passagens mais complexas cheias de pequenos erros, que ele mesmo ia acertando aos poucos sem parar. De repente, ouviu-se o estalo da varinha em sua mão, seguida de uma frase de forte entonação – aos ouvidos do mestre estava tudo errado!

Aquilo colocava por água abaixo suas aspirações momentâneas. Todos pararam e olhavam com espanto aguardando a desaprovação e a ordem do cessar da brincadeira. Silêncio! Nenhum som por alguns instantes. Até mesmo as velhas demonstravam o grande respeito para com aquele homem, que estava prestes a chamar a atenção de todos.

Somente dizia que estava tudo descarreirado; que o som devia ser mais compassado; que quando se toca deve-se tocar com o coração aberto, pois os *Orixás* enxergam dentro de sua alma e sentem suas emoções. Em um breve movimento, empurrou o jovem gentilmente para o lado, mostrando como deve se fazer. Iniciava o toque novamente.

Sua feição era rude, um ar de pessoa ignorante mas que queria demonstrar sua preocupação acerca do melhor aprendizado dos meninos, sem quebrar a imagem de doutrinador sério e moralista que tinha.

Os rapazes o acompanhavam enquanto ia ensinando e os regendo com palavras. Dava as coordenadas e passava segurança a todos, até as senhoras sorriam umas para as outras com alegria. Algumas começa-

---

28. Um ritmo musical do *Candomblé*, litúrgico. Ver glossário.

vam a dançar de onde estavam e eram acompanhadas pelas mais novas que acertavam seus passos – era assim que elas aprendiam.

Ele atentamente observava as mãos do velho e ouvia sua instrução. Meticulosamente ensaiava em pensamento todas as passagens e, quando menos pôde esperar, o senhor mandou que assumisse seu lugar no *atabaque*. Executava os passos um após o outro. A cada erro, um novo golpe dolorido nas mãos. As falhas iam diminuindo, enquanto que as poucas lágrimas pela persistência iam aumentando.

Passou bastante tempo ali, como se fosse mais uma brincadeira. Os toques meio que formavam uma teia em sua mente e as batidas complexas que ele agora expressava no couro faziam sentido. E o velho mandava que, enquanto tocasse, observasse os passos de quem estava dançando. Acompanhava com os olhos o bailado das mais velhas.

Todos recebiam a explicação de que os santos mais velhos ensinavam a tocar dando as passagens do *Hun* em sua dança e que cada passo tem um significado – o *ogan* tem de estar atento ao *Orixá*.

A base é o mais importante de tudo, o resto era apenas floreio. Quando o *ogan* estivesse pronto e soubesse executar as frases, era onde o *Orixá* dançaria de acordo com o toque.

Um verdadeiro jogo em que um conduz o outro pelo salão. O mais importante era tocar com o amor e, sendo assim, ainda que o tocador execute as passagens mais simples dentro de toda harmonia, o divino vai reconhecer e o respeitar.

Aquelas palavras ditas de maneira direta, vindas de um senhor de aparência tão dura, marcaram para sempre o rapaz. Tanto ele quanto seus amigos naquele momento aprenderam uma nova e valorosa lição. Passaram semanas ali tomando suas aulas, aprenderam a importância de tudo; os nomes dos toques e significados dos cânticos executados para os *Orixás*, para qual divindade e em que momento o fariam.

Todos os rapazes passaram pelos três *atabaques* e aprenderam sua importância – o *Hun* sem o *Hun-pi*[29] e o *Hun-lé* de nada servia: somente a harmonia dos três faz com que haja um *candomblé*. Não somente eles, o *Gan* ou o *Agogô* eram da maior importância. Maestros dessa sinfonia. Eram quem devia trazer o compasso para os outros três.

Todos os instrumentos eram também representação de *Orixá* em terra, abrigando-o dentro de si, e possuíam sua consagração com rito próprio, mas isso era uma lição a ser ensinada a eles tempos depois.

---

29. Um dos três tambores que compõem os *atabaques* do *Candomblé*. Ver glossário.

Capítulo IV

Olhares que se Encontram

Naquele tempo, os mais jovens se dividiam entre os estudos e os ritos da casa, também suas brincadeiras e os *candomblés* em que podiam acompanhar os mais velhos. Às vezes lhes eram dadas oportunidades de tocarem e fazerem a base para os outros. Um aprendizado de grande valia, já que tocar com pessoas de outras casas era uma boa oportunidade de se acostumar com diversos estilos individuais. Foi em uma dessas oportunidades, em uma casa onde o velho mestre do terreiro era muito bem-vindo, que o destino faria o rapaz sorrir. Enquanto ele estava lá nos *atabaques* fazendo a base – um *ogan* da casa dobrava[30] o *Hun* com suas passagens bonitas –, encantava as pessoas na sala com um toque não muito elaborado, sem muitos floreios, porém bonito de se ouvir em uma base simples e bem afinada.

Os *Orixás* dançavam e as pessoas, como sempre, cantavam e reverenciavam. O mestre era a visita bem recebida e conduzia os cânticos, fazendo com que tudo se harmonizasse. Os olhos do discípulo se voltaram para um dos *Orixás* no barracão. *Iemanjá,*[31] a grande mãe, era quem dançava e alguma coisa naquele santo lhe chamava muita atenção. Algo além do que era visto pelos outros lhe prendia mais os olhos que o costumeiro.

Os detalhes das vestimentas e as paramentas colocadas no *Orixá* não permitiam que se identificasse a pessoa a quem pertencia o corpo dando morada ao divino em terra.

Os humildes e belos capacetes chamados de *Adê*[32] possuíam sua frente coberta por uma cortina de miçangas ou material que cobria o rosto do santo. Notava-se mais esse material nos *Orixás* femininos, ou

---

30. *Dobrar Hun* é o modo como costumeiramente é falado, entre as pessoas do *Candomblé*, o ato de tocar o *atabaque Hun*.
31. *Òrìṣà* do panteão *Yorùbá*. Ver glossário.
32. Capacete ou espécie de coroa que o *Òrìṣà* usa. Ver glossário.

Iabás,[33] como eram chamadas. Por mais que se tentasse romper com os olhos o véu que cobria o mistério da identidade de uma ou outra pessoa, era muito difícil de se fazer com sutileza, e os que se utilizavam daquele detalhe sobre a face permaneciam incógnitos.

O ar de suspense era algo que incentivava ainda mais a chance de poder se encontrar uma bela mulher por debaixo dos arranjos e, mesmo que com total respeito dentro da casa de *Candomblé*, podia-se ainda nutrir a esperança de um dia esbarrar com ela durante os caminhos a ser seguidos ao longo da vida.

Foi assim até o término. A curiosidade tomando não só a ele, mas outras pessoas também. E todo aquele mistério se espalhava pelo ambiente de maneira mágica, instigando os pensamentos e imaginações do povo.

Durante a confraternização, após a festa – em meio aos *ogans* mais antigos –, amigos de casas diferentes se reuniam. O jovem a tudo observava sem emitir uma só palavra. Seus olhos cruzaram novamente com os lindos olhos castanhos, que lhe fizeram certa vez parar no tempo durante um instante, o suficiente para que pudessem ser guardados eternamente na lembrança.

A moça ainda estava com seus pés descalços no chão e colocava as comidas em travessas de louça para os homens na mesa, vestida com seus trajes simples – as saias e o *camizú*[34] –, o que a tornava a coisa mais bonita que já tivesse admirado. Ela sorria com satisfação por poder servir aos homens que haviam feito uma bela festa. O alvo de seu mais forte desejo até o momento era a garota do samba, ela mesma quem estava lá, diante dele.

Não sabia como reagir. Apenas pôde perceber que era visto de forma diferente dos demais. Os belos e grandes olhos como doces jabuticabas podiam enxergar dentro dele a criança que habitava o corpo de um homem. Faziam tentativa da discrição, pois muitas pessoas poderiam perceber o clima instalado.

Trocaram pouquíssimas palavras um com o outro e olhares de interesse por várias vezes. Encaravam-se por um certo tempo, porém sem nenhum dos dois tomar nenhuma iniciativa. Mesmo que por breves instantes, aquele contato fora algo intenso.

---

33. Como são consideradas todas as divindades femininas dentro do *Candomblé* brasileiro. Ver glossário.
34. Peça do vestuário das mulheres do *Candomblé*. Também conhecido como camisa de crioula ou camisa de baiana.

No caminho para casa, seus amigos não podiam deixar de comentar o fato. Diziam que todos perceberam o laço estreito de afinidade que talvez se formasse. Aquilo o inquietava, mas deixava de lhes dar atenção, queria apenas descobrir a identidade da moça que voltaria a habitar seus pensamentos. Mas o retorno para o lar foi acompanhado da interrogação.

As semanas haviam sido completas pela rotina que não se quebrava. Chegava uma nova noite de festa pelo subúrbio bem frequentado. Desde o proletariado e pessoas mais conhecidas da cidade a grandes músicos e artistas em ascensão; escritores romancistas e compositores; todo tipo de intelectual indignado com a estagnação do consciente político e cultural frequentava os mesmos bares repletos da alegria popular.

Pessoas que sabiam que tanta coisa estava acontecendo no mundo longe das linhas limítrofes de suas casas viriam a compor esses encontros ricos em poesia, verso e prosa, música e algazarra. O som do *afoxé* fazia com que todos agitassem os corpos e dançassem. Homens e mulheres dividindo o mesmo espaço que se fez destinado ao público reunido com o intento da diversão.

Entre toda a festividade, à multidão de corpos suados pelo agito da massa no mormaço da noite e à maresia, não longe da praia, onde muitos também frequentavam para assistir as rodas de capoeira compostas apenas pelos grandes mestres – ou mesmo para poderem aproveitar um passeio romântico iluminados pela luz da lua, envolta pelo lindo céu estrelado –, a deusa do ébano caminhava.

Ele se enchia de alegria e a empolgação talvez pudesse atrapalhar qualquer tentativa de aproximação; por causa disso levou ainda alguns instantes de respiração profunda e pensamentos de calma antes que fosse abraçar a oportunidade que precisava para tentar se relacionar.

Repentinamente todos os seus desejos foram por água abaixo, ela se abraçava aos beijos com outro homem – pensou em como poderia ser tão sarcástico o terrível destino.

Seu coração se apertava com a decepção, o desapontamento pôde ser lido em letras garrafais no seu semblante. Sentia-se traído por uma mulher que nem efetivamente era sua, mas esse sentimento de egoísmo – talvez chamemos de amor não correspondido – era precoce e descabido, mesmo tendo essa certeza não podia deixar de vivenciar a sensação.

Ela surpreendeu seu olhar. O som do ambiente se tornou melancólico para os dois, a trilha sonora narrava a tristeza em seu rosto sem que nenhuma palavra fosse ouvida, porém podendo ser entendida por qualquer pessoa – desapontamento!

Entristecido, seu sentimento foi correspondido por ela. Os dois cabisbaixos. Ambos sendo arrastados gentilmente por seus acompanhantes para lados opostos; amigos de um lado, homem e mulher de outro. Foram levados a uma distância em que já não conseguiam mais se ver, deixando-os apenas com a imagem de desolação refletida.

O clima de festa continuava apesar de tudo, somente a cerveja e o tocar dos *atabaques* o confortariam – não completamente. O nível de álcool no organismo ia aumentando e suprimindo os sentidos, deixando o cérebro por alguns instantes em uma forma que não pudesse pensar com lógica. Ele se tornava mais alegre e participando mais e mais da folia, entregando-se à diversão sem remorso, tanto que ainda desfrutou do doce beijo de outras mulheres.

Seu grande amigo lhe trouxe uma valiosa informação. As pessoas que o conheciam diziam que a moça era sobrinha da senhora mãe de santo[35] do terreiro que eles haviam visitado anteriormente, porém era filha de santo[36] de uma outra casa e namorava o *ogan* do santo[37] de sua tia.

Dizia a informante que todas as outras amigas especulavam que ela o namorava apenas para agradar os olhos da velha, não havendo nenhum forte sentimento. Na mente preconceituosa dos rapazes pairava uma ideia – o que chamava atenção da moça e de todas as outras mulheres de *Candomblé* talvez fosse o fato de o rapaz ser *ogan* confirmado,[38] tendo o direito de tocar e cantar nas festas mais livremente. Era notório o prestígio e aceitação que possuíam os confirmados no meio do povo de santo.

Aquilo só o deixava cada vez mais entristecido, pois nunca antes passaria por sua cabeça a ideia de tocar a não ser que fosse em louvor ao *Orixá*. A sabedoria que aos poucos começava a ganhar sempre fora voltada ao sagrado, tocar para a diversão dos homens era apenas nos momentos de descontração. Seguindo a ideia do impressionismo que poderia causar aos olhos e ouvidos de outras pessoas, estaria ferindo a real intenção de ser um bom *ogan*.

Como jovem que era, ficava confuso facilmente, e sua razão embaralhada começava a perder para a emoção, não sabia sinceramente como proceder, apenas tinha para si naquele momento que seria capaz de qualquer coisa para conquistar o coração da moça.

---

35. Sacerdotisa, ou zeladora de um terreiro de *Candomblé*.
36. Denominação do iniciado no *Candomblé* em relação a seu sacerdote. O mesmo que Ìyàwo.
37. Entre as pessoas do *Candomblé*, costuma-se dizer "*Ògá do santo de tal pessoa*" referindo-se ao santo da pessoa para quem ele foi confirmado. Ver glossário.
38. Que passou pelos atos iniciáticos completos.

Passou semanas estudando com afinco e praticando seus toques e passagens. Suas mãos tornavam-se hábeis, já começava a se destacar entre os tocadores da casa. Era permitido dobrar o *Hun* no *Sassain*³⁹ – o rito que naquela casa precedia o *Orô*⁴⁰ de sacrifício para os *Orixás*, quando a energia do sangue animal era oferecido junto com outros elementos e comidas consagradas para a equalização das energias entre mundo físico e mundo espiritual. Agora, raramente lhe eram aplicados corretivos enquanto tocava. Os mais antigos já faziam gosto em vê-lo executando, com maestria, os ritmos do *Candomblé* juntamente com seus amigos e irmãos da mesma casa. Cada vez mais ele se aplicava e seus toques encantavam qualquer um que os ouvia.

No momento em que sua mão, juntamente com a varinha na outra, batia no couro em contratempo, sua mente se esvaziava e seu coração se abria. Nenhum pensamento atrapalhava a imaginação de sons virtuosos, que seriam traduzidos em toques firmes e compassados, apenas os cânticos fluíam por sua boca em resposta a quem estivesse cantando.

Vez ou outra, a imagem da mulher que habitava seus sonhos aparecia em uma fração de segundo, a dificuldade de se manter firme era muito grande e esforçava-se para não errar. Fazia o revezamento com seus amigos, todos participavam do toque no *atabaque* principal daquela sinfonia, porém nenhum estava perto do estágio de aprendizado e prática ao qual se encontrava.

No final, após o ritual completo, na hora da descontração enquanto todos procuravam seus afazeres –, as mulheres enchiam os latões de água e um ou outro homem preparava a fogueira; e a água era fervida para nela serem mergulhados os bichos de pluma, proporcionando uma facilidade na retirada das penas manualmente, para que preparassem o *Axé* desses animais a ser oferecidos ao santo, diante de suas representações físicas nos seus locais próprios.

Os *ogans* confirmados carregavam os *"animais de quatro pés"*⁴¹ – como eram chamados no dia a dia os bodes, cabras e cabritos; talvez até carneiros – e os penduravam em algum lugar para que pudessem retirar-lhes o couro – que seria curtido, para que um dia cobrisse algum *atabaque* –, e as partes do corpo que constituíam os *Axés* também seriam retiradas e oferecidas ao *Orixá*.⁴²

---
39. Cântico de encantamento das folhas. Ver glossário.
40. Ato sagrado. Ver glossário.
41. Como é falado popularmente dentro do *Candomblé* a respeito dos animais quadrúpedes; os bodes, cabras e carneiros, por exemplo.
42. Partes da anatomia dos animais sacrificados nos atos sagrados, essas "*Aṣés*" são retiradas e preparadas liturgicamente, e oferecidas de maneira ritualística às representações

E lá ele permanecia. Sentado embaixo da árvore sagrada – como não era confirmado, ainda não podia lidar com os animais do ritual, mesmo já tendo acompanhado várias vezes o processo e entendido teoricamente como se fazia –, preferiu apenas procurar aquietação para seus sentimentos. A sombra da árvore não podia esconder suas inquietações, tampouco refrescar a mente para que não se desviasse do ato que acabavam de concluir.

O mestre novamente chegou perto e disse que podia imaginar o que se passava. Elogiou rispidamente a evolução no *atabaque* e o cobriu com sua sabedoria antiga. Não se devia tocar pelos motivos errados, tudo que acontecia na vida tinha alguma explicação, algo que nós não sabíamos, apenas o *Orixá*. Em determinada altura da vida, as respostas chegariam. Quando lhe disse que nenhuma folha caía de uma árvore se não fosse pela vontade de *Deus*, magicamente uma grande folha verde soltou-se do galho e veio flutuando lentamente até pousar em seu colo. "Tão certo assim", afirmariam as palavras do velho naquele instante.

Ainda dizia que, quando nascemos, nosso destino era traçado e não cabe a outro, senão a nós mesmos, conduzir as coisas para que ele se cumpra. Devíamos procurar viver nossa vida corretamente e fazendo boas ações, assim as coisas boas nos aconteceriam.

Se fosse uma pessoa boa, Deus colocaria pessoas boas em seu caminho. Se fosse uma pessoa má, Deus colocaria pessoas más em seu caminho; porém, se fosse uma pessoa boa e Deus quisesse testar sua fé, Ele colocaria pessoas más em seu caminho, mas o protegeria de toda a maldade. Sentia como se aquele homem tomasse o lugar do pai que nunca conheceu. Ninguém se importava tanto a ponto de lhe dar os ensinamentos que dele sempre vinham. Parecia que a toda hora em que mais precisava, lá estava ele, com suas palavras.

Findadas as obrigações do dia, enquanto o sol abaixava lentamente no horizonte, dando lugar a um céu turvo que destacaria o brilho intenso das estrelas e o clarão de uma perfeita lua cheia, o jovem discípulo era chamado para tocar o rito do *Padê*.[43]

As pessoas todas eram proibidas de estar fora do barracão nessa hora e abandonavam seus afazeres a fim de participar do rito. Ele somente tocava o terceiro *atabaque* e prestava total atenção às variações que o mestre fazia em determinados momentos. Algumas mulheres possuíam o posto necessário para dançarem o ritual e carregarem os elementos que faziam parte dele para fora do barracão, depositando-os

---

físicas dos *Òrìṣà*.
43. Ritual realizado antes da festa do *candomblé*. Ver glossário.

nos lugares sacramentados, e tinham a variação do toque do *Hun* como sinal para prosseguirem sua saída através dos batentes da porta do salão.

Somente elas possuíam o direito de sair, dizia-se que naqueles momentos os ancestrais vagavam pelo espaço do terreiro e as oferendas feitas eram para que eles soubessem que ali haveria um *candomblé* e tudo corresse bem. Durante a noite, mais uma festa transcorria naturalmente e as pessoas no final confraternizavam como de costume.

Passados alguns dias, o sol quase se punha no horizonte entre as águas do mar, o calor esquentava os corpos das pessoas na areia. Sentado ali com seus mais fiéis amigos, enquanto uns conversavam e outros brincavam de capoeira, ele olhava o mar. As ondas o hipnotizavam. Tentava imaginar o porquê de as velhas *ebomis*[44] sempre dizerem que não era bom os iniciados para *Orixá* banharem seu corpo todo no mar.

Sempre lhe foi dada a justificativa de que as águas recebiam tudo que era de ruim; a negatividade retirada das pessoas, por meio de atos como os *ebós*,[45] era geralmente conjurada para que fosse levada para a maré de vazante. Tinham notícias de que até mesmo os próprios africanos, até os que não eram iniciados no culto, evitavam as águas do mar. Levantou-se e foi molhar seus pés e mãos no raso da praia. Enquanto refrescava seu rosto com as águas, em sua direção aquele corpo negro, dourado pelo reflexo dos raios solares nas águas que desciam passeando por ele, tomava sua atenção. Os cabelos afro sacudiam-se, respingando pelas laterais. Pouco a pouco, emergia com aquele mínimo de roupas. Todos a olhavam, porém sua visão era privilegiada. Estava no ponto mais próximo admirando aquela beleza e isso fazia com que o resto do ambiente não importasse mais.

Metros adiante dele, o que mais desejava chegava cada vez mais próximo e seus pensamentos se embaralhavam sem dar espaço a palavras que poderiam ser ditas. O silêncio foi quebrado, ela queria saber se era ele mesmo o *ogan* que havia visitado a casa de sua tia naquele *candomblé*. Com a graça de sua timidez, após tropeçar em algumas palavras conseguiu manter uma boa conversa – com certa ternura expressava sua resposta.

Passaram um bom tempo conversando e descobrindo afinidades. Seus olhos penetravam nos dela, podia enxergar a doçura naquela mulher.

---

44. Do original em *Yorùbá*, *Ẹ̀gbọ́n*. Palavra que significa irmã ou irmão mais velho.
45. Do original em *Yorùbá*, *Ẹbọ*. Significa oferenda. É o ato litúrgico realizado com o intuito de limpar o corpo das energias negativas por meio de objetos e alimentos determinados. Ver glossário.

Via como era linda e frágil por fora; ao mesmo tempo forte e segura por dentro. Sentia receio em mencionar o relacionamento que ela possuía e ela também em momento algum entrou no assunto.

Sem perceber, tocaram suavemente as mãos enquanto falavam e um elo um pouco mais forte se firmou. Os olhares eram tímidos, mas objetivos. Despediram-se e foram embora. Ao menos ficou no ar o convite para um encontro no samba, aquele que frequentava toda semana.

Os dias pareciam mais longos, as horas não passavam e seus afazeres intermináveis. O bico esporádico com seu tio nas obras era cada vez mais maçante. Chegada a hora, sentia-se como uma criança em seu primeiro dia de aula. Seu coração parecia uma bateria de escola de samba. O estômago borbulhava, da ansiedade que lhe tomava conta. Inquieto, perdia-se ao arrumar-se para o encontro, andava de um lado para o outro sabendo o que tinha de fazer, porém se atrapalhava todo sem ao menos imaginar por onde começaria. A distância era como se tivesse triplicado. Caminhando com os amigos, ele seguia somente pensando no que poderia ou não acontecer no destino para o qual estavam indo.

Participava vagamente das conversas e brincadeiras no caminho. Conversas que lhe eram naquele instante muito fúteis e sem interesse.

A cerveja era como um combustível para os passos que desperdiçavam pela rua e compartilhada entre todos que acompanhavam o rumo que tomavam. Ouve-se de longe o som da música no ar. Os ânimos se alteram e sobem contagiados pela folia. Chegam naquele mar de gente. Mas a pergunta que se fazia era a de como encontrá-la naquele meio.

Seus amigos entregam-se à festa e ele compartilhava do momento. Horas passavam naquele lugar e a esperança começava a partir. No último minuto, enquanto apreciava o som do *samba reggae*[46] e deixava seu corpo viajar pela poesia, ia caminhando de costas e, quando parecia ter sido parado por uma parede macia, ao virar-se lentamente, seu rosto estava de fronte e quase colado ao rosto de sua amada.

Não haveria outra explicação se não o destino. Parecia que fogos de artifício eram estourados propositalmente fazendo o céu brilhar. Tudo parou naquele instante, um beijo selou o momento. Seus corações batiam em uníssono, palpitando cadenciados pela batida dos instrumentos. Os braços se entrelaçavam pelo corpo um do outro – era um momento só deles.

Em meio à grande quantidade de pessoas, ninguém notara a união dos dois. A fina garoa começava a cair e os separava do tão esperado

---

46. Gênero musical nascido no estado da Bahia, nascido da mistura do "samba duro" (uma variante do samba de roda) com o *reggae* e o *funk*.

instante. O sorriso recíproco podia se destacar pela multidão na noite quente. Aquele beijo tão breve parecia ter durado horas e ficaria marcado no coração do casal.

A felicidade era enorme e foi interrompida pelas amigas que a retiraram dali com certa dificuldade. Olhava imóvel enquanto seu amor se afastava. Sentia-se impotente diante da situação, mas era confortado pela nova relação que havia estabelecido. Pela primeira vez amou alguém e foi amado. A multidão se dispersava em sentidos diferentes. Tomava rumo à sua casa entre devaneios, apenas aguardando que as coisas pudessem ser favoráveis a ele a partir de agora.

Os dias passavam e somente podia pensar naquele beijo. Seu coração agora tinha uma dona que o correspondia. À chegada de uma das festas periódicas da cidade, saiu para comemorar à noite com os amigos e irmãos. Regados de muita música e cerveja, a felicidade era notória e as pessoas se relacionavam e brincavam com muita alegria e descontração. No meio da folia, ele se encontra com ela repentinamente – era como se tivessem combinado estarem no mesmo lugar – e comentava como o destino sempre dava um jeito de se esbarrarem.

Como um casal que há muito tempo estivesse junto, caminharam de mãos dadas para longe do olhar das outras pessoas. As areias macias da praia abrigavam suas pegadas lado a lado e, naquele contagiante fervor da multidão, a imagem deles ia diminuindo a cada passo que davam.

Somente conversavam sobre como era muito mágico os poucos momentos que passaram juntos e chegaram às grandes pedras, banhadas pela água do mar na orla da praia. Resolveram subir e contemplar o horizonte ali de cima. Um clima romântico, beijos e carícias. Os corações dispararam novamente clamando um pelo outro. O cheiro do perfume dela se misturou à maresia, tornando-se inebriante e mais atraente. As mãos estremecidas e suadas se tocaram e se espalharam pelos corpos simultaneamente.

Foram despindo pouco a pouco o pudor. Naquele momento, o menino se tornou efetivamente homem e a mulher o conduziu para o ápice do êxtase, que ele nunca havia sentido antes. Como se o tempo tivesse outra vez parado, nada mais importava. Queriam apenas permanecer juntos, sem se separarem por motivo algum.

Os amigos já deveriam ter notado a falta do casal – haviam se passado muitas horas. Apressaram-se então em partir, retornando à festa separadamente.

Capítulo V

O Renascimento

A noite se foi, dando lugar ao recomeço das rotinas. Chegando cedo no terreiro, ainda cansado e com os sentidos meio entorpecidos, foi surpreendido ao receber a notícia de que não mais poderia sair. Seu coração se apertou. A reprimenda pela folia da noite anterior era recebida em silêncio, enquanto foi encaminhado para o banho que o purificaria e refrescaria sua mente e corpo. Estava sendo recolhido[47] e deveria agora cumprir com os mais longos dias de sua vida – os dias que precederiam sua iniciação –, e não haveria mais como encontrar a mulher que estava tão certo de amar por um bom tempo. Era tomado por um misto de felicidade e desapontamento.

Tentava manter seus pés firmes no chão. Dormia tarde e acordava cedo. As madrugadas eram interrompidas pelo banho frio na fonte. As manhãs de rezas e cânticos; vários atos particulares de sua casa eram praticados em dias incontáveis que pareciam não ter mais fim. Passou por todos os rituais nos dias que precederiam a confirmação – os *ebós* e o *bori*.[48] Seu corpo era purificado pelo banho de folhas – todos os dias e antes dos atos sagrados –, necessário para que iniciasse sua nova vida de maneira pura.

Acordou cedo com o som dos *atabaques* rompendo a aurora, era a alvorada saudando a casa. Foi preparado e enquanto isso podia ouvir os cânticos do *Sassain*. Levaram-no pela primeira vez para dentro do quarto de santo, onde seus olhos se abriam para os preceitos secretos e tão bem guardados durante anos por aqueles que o faziam. E de tudo se maravilhava e aprendia enquanto examinava meticulosamente cada ato.

---

47. Reclusão litúrgica daquele que está prestes a ser iniciado ou a cumprir obrigações periódicas do *Candomblé*.
48. Fortalecimento da essência espiritual do iniciado. Ver glossário.

Passadas horas ali dentro, com poucas pessoas e todos os outros cantando e rezando do lado de fora, sentia o fio da navalha lhe trazendo para um novo começo. A criança se tornava o homem diante do *Orixá*.

Nascia um novo *ogan*, da palavra que tinha um só significado – "Senhor" – o novo protetor dos costumes e da religião. Um novo pai para os filhos de santo da casa. Jurou guardar segredo sobre todas as coisas que lhe haviam sido colocadas à mostra lá dentro. Sabia que jamais trairia seus votos e sua sociedade. Seria bom de coração com seus irmãos e manteria a ordem e a hierarquia. O momento tão sonhado desde sua infância se concretizava. E, em seu pensar, a satisfação por melhor poder servir à sua fé. No coração, dividindo o espaço com o sagrado, havia a imagem do amor de sua vida. A noite chegava e dentro do quarto eles o preparam para o que estava a acontecer. Vestiram-no de branco dos pés a cabeça – o terno e os belos sapatos; fios de conta e a boina branca também foram colocados.

Excitação era a palavra que podia exprimir toda a novidade pela qual passava. O medo e a ansiedade tomavam conta de qualquer um que estivesse prestes a ser apresentado no barracão. Da antessala, conseguia ouvir nitidamente o *candomblé* em execução. Os Orixás estavam ali todos vestidos, até divindades que havia muitos anos não vinham em terra, no corpo das pessoas. Não entendia a grande importância que tinha; aquele montante de velhas com o corpo tomado pelo sagrado o deixava confuso. Não sabia como procederia até que uma faixa foi colocada, atravessada sobre seu peito – mal podia ler as palavras de tão grande que era sua emoção, só pensava no que poderia ocorrer a seguir.

Foi dado o sinal e aquele Orixá mais simples, o que mais havia lhe chamado atenção em meio a todos os outros, se aproximava. Suas roupas humildes, porém muito bem limpas e engomadas, eram sobrepostas pelos adornos de metal. Parecia que flutuava coberto pela imensidão de saias e panos. Saía com poucas paramentas e um capacete com as miçangas que lhe cobriam o rosto; além da pequena espada que carregava na mão direita. Era Iemanjá. A senhora que também reinava naquela casa. Tomou o braço do rapaz e o conduzia ao som do *Batá*[49] – um toque calmo, lindo e emocionante – para dentro do barracão.

O velho mestre cantava e todos respondiam com muita emoção. A procissão da entrada era conduzida por não menos que *Ogum*,[50] o *Orixá* da mulher mais velha da casa. Ele abria os caminhos para a nova vida daquele rapaz, e todos os santos mais antigos o seguiam. Um momento

---

49. Um ritmo musical do *Candomblé*, litúrgico. Ver glossário.
50. *Òrìṣà* do panteão *Yorùbá*. Ver glossário.

comovente que fez muitas pessoas explodirem em êxtase. Lágrimas eram derramadas aos montes, fazia muitos anos que não se via um *candomblé* tão repleto pelas energias espirituais. Um momento único em que não há palavras que possam expressar o que tomava conta de seu coração. Seus passos desajeitados tentando acompanhar a dança vinham um a um tomando espaço no chão, que já era de ladrilhos de barro.

Deram voltas em torno do pote grande e enfeitado no centro, foi feito o silêncio dos *atabaques* e das pessoas para que então o anúncio do *Orixá* se seguisse. O santo gritou forte o posto dado ao rapaz. A partir daquele momento, o novo *Alabê*[51] passava a entender sua grande importância e estava chancelada sua função de espalhar o encanto no barracão. O rapaz foi conduzido até a cadeira, e ali, *Iemanjá* em terra o sentou, consagrando como *ogan,* como seu *Alabê*. Um a um os *Orixás* o reverenciaram e lhe trocaram as bênçãos. Logo após, a figura que zelava pela casa tomava a mesma atitude; os *ogans* mais velhos e as *equedes*; os *ebomis* mais antigos, seguidos dos mais novos que não estavam em transe; os *Iaôs* que permaneciam acordados e, por fim, os *Abians*[52] e os convidados da casa. Todos reverenciavam e trocavam suas bênçãos com o mais novo Senhor.

Seu coração disparou quando em sua frente viu o *Iká,*[53] era a das pessoas de *Orixás* femininos; *Iká Osí* e *Otún*, um gesto leve onde a pessoa se prostra no chão e volta seu corpo para esquerda e direita.

Ao se levantar, o olhar de espanto. Era sua amada quem lhe pedia a bênção, que foi logo trocada. Naquele momento, ele sabia que estava em suas mãos, porém algo o amargurava e trazia a tristeza para dentro de si. Passada a festa, foi conduzido novamente para o quarto de santo de onde passava a imaginar o motivo de ter se entristecido. Houve muito tempo até o término dos atos de sua confirmação – dias de rotina. Desde a saudação à porta de todos os quartos de santo pela manhã até a hora do banho e o sono na esteira de madrugada, só deveria ter bons pensamentos; seu corpo, todos os dias, tinha de ser purificado.

A inquietação permanecia nos dias e mais dias em que treinava aperfeiçoando seus toques e cânticos. Seu mundo estava reduzido ao espaço físico do terreiro, nenhum contato com o mundo exterior podia ser feito. Chegava a semiliberdade, mas por um certo período ainda tinha de cumprir com algumas obrigações. Fora apresentado a todos os

---

51. No *Candomblé* brasileiro, é o posto dado aos tocadores de instrumentos. Ver glossário.
52. *Abian* é a condição do adepto do *Candomblé* brasileiro que frequenta uma casa, porém ainda não é iniciado.
53. Saudação. Ver glossário.

seus mais velhos, aqueles de grande importância para o *Candomblé* de sua cidade. Estava na hora de ir à primeira festa em outra casa, chegava como *ogan* confirmado. Na presença de seus mais velhos foi convidado a tocar o *Hun*, o instrumento que tanto praticava.

Sentiu certo receio por tocar pela primeira vez logo em outra casa. Foi então que, ao subir no *atabaque* incentivado por seu mestre, ele para. Ouve as primeiras frases vindas de onde estava o velho e sente o instrumento como extensão de seu corpo – naquele instante, *atabaque* e homem são um só. Ele sabe que ali dentro vive um *Orixá* e em suas passagens quer externar seus sentimentos, sua fé, seu amor e honrar os conhecimentos passados, louvando-o. As primeiras pancadas surgem e chamam as batidas do *hun-pi* e do *hun-lé*, o *agogô* entra na sequência. A *Hamunha*[54] foi tocada com tamanha perfeição que até os mais velhos se espantaram.

Os *Orixás* expõem seus *ilás*[55] – o grito de manifestação de sua energia. Outras pessoas têm o corpo tomado. Seu som é ouvido e sentido por todos – e há quem diga que poderiam ser ouvidos a centenas de metros dali. Os velhos se emocionavam e sentiam que a missão havia sido cumprida, as lições acerca da musicalidade tradicional do *Candomblé* não se perderiam com o tempo. Todas as passagens foram executadas com perfeição, e os floreios – cada um mais lindo e virtuoso como não se ouvia há tanto tempo. O rapaz dominava aquele couro, tocava como se já nascesse praticando o som. Era alvo da admiração e curiosidade dos presentes. Tornava-se agora objeto de aspiração dos mais novos.

Músicas e mais músicas eram tocadas, vários santos dançaram ao som que era extraído daquele *atabaque*. Até que então, tocando para o mesmo santo que o havia confirmado, porém em corpo diferente daquele de sua casa, seus olhos se prenderam no laço azul céu na cabeça do *elegún*. Aquela *Iemanjá* linda que dançava no barracão estava presente no corpo de sua amada. A surpresa foi tamanha que pela primeira e única vez na noite errou o toque. Terminou a música e pediu para ser substituído. Ao sair do barracão, sua vontade era chorar, mas engolia as lágrimas como se fossem pedras e não as deixou rolarem. Seu mestre veio saber o que estava acontecendo e foi então que percebeu toda a cena.

---

54. Um ritmo musical do *Candomblé*, litúrgico. Ver glossário.
55. É a manifestação da energia do *Òrìṣà* por intermédio do iniciado de maneira sonora. Como um grito ou som particular de cada divindade.

Estava fadado a nunca mais poder expressar o sentimento que sentia por uma mulher daquele santo. Como confirmado, ele se tornara (simbolicamente) o pai dos iniciados para *Iemanjá*, nunca podendo manter uma relação incestuosa com uma mulher cuja cabeça fosse pertencente a esse santo. Seu mundo desmoronou. O coração ficou partido pela obrigatoriedade de cumprir com as tradições e os ensinamentos. Foi consolado novamente e passou a ouvir as palavras sobre o destino, vindas de seu mestre tão experiente. Não podia aceitar, mas sua fé, amor e respeito pelo sagrado o fariam pensar muito. E sabia que seria implicado lamentavelmente a ter de aceitar o que lhe foi imposto.

O coração doía e não sabia realmente o que fazer. Só restava ir para casa e tentar aplacar o sofrimento. Sempre acreditou que onde há fé não existe dúvida, porém, enquanto tentava dormir, começava a pensar se poderia manter seus juramentos. Tudo aquilo em que acreditava estava sendo posto à prova. Passou a noite em claro imaginando sua infelicidade nas ironias do destino. Pela manhã ainda não havia encontrado nenhuma saída. Os dias se passavam e somente a angústia tinha seu espaço. Não mais saía com os amigos e pouco visitava o terreiro. Entristecido, cumpria com suas obrigações ajudando seu tio na construção, e seu coração sempre amargurado. Rezava todos os dias pedindo a *Xangô*,[56] seu *Orixá*, que lhe desse sabedoria e aplacasse sua dor, porém nenhuma resposta aparecia diante de seus olhos. O ardor da chama do amor proibido o consumia a cada dia. A tristeza tomava conta do rapaz, seus olhos já não mais brilhavam intensamente de alegria.

Parecia que enquanto algo lhe era dado, outra coisa lhe era tomada e sentia-se como se tivesse de fazer uma escolha irônica; de um lado sua fé, e de outro seu grande amor. Estava em um impasse, podendo deixar tudo de lado para viver com a mulher que habitava seus pensamentos, mas sabendo que algo muito significativo lhe seria exigido em troca; ou podia simplesmente tentar viver sua vida, uma vida comum de exaltação, amor e fé pelos *Orixás* e, quem sabe, receberia algum presente em retribuição.

A situação parecia ser um jogo sarcástico do destino. De qualquer forma, tudo era muito sofrido. Pensava no quanto já havia conquistado, o quão árdua tinha sido sua caminhada até o momento e como as coisas não lhe caíam do céu. O tanto que lutara para alcançar o que já possuía e mesmo assim sabia que, se lhe fosse pedido, seria complicado não pensar em negar a oportunidade de deixar tudo para trás. O momento

---

56. *Òrìṣà* do panteão *Yorùbá*. Ver glossário.

era de muita confusão em sua cabeça. Passou vários dias e noites em reflexões sobre sentimentos que não podia dominar.

A moça entendia a situação, mas ficava cada vez mais decepcionada ao não encontrar seu amado por onde quer que andasse. Ela sabia da infelicidade que o destino colocava em seus caminhos, mesmo assim queria pelo menos contemplar a imagem dele; sabia que no momento em que seus olhos se cruzassem novamente, estariam dominados pela paixão, o amor os consumiria.

Certo dia, enquanto ela cumpria com seus afazeres, já com as mãos e pés cansados pela sobrecarga de funções às quais sua mãe de santo lhe delegava, sentou-se no chão ao lado de um banco onde a velha descansava. Sábia, a anciã iniciou uma conversa e o teor da mesma era pesado e intenso. O sol escaldava o corpo e, mesmo estando debaixo da sombra de uma grande árvore, as irradiações ainda aqueciam a pele. Explicava que às vezes o destino brinca com as pessoas e nos testa, tira de um lado enquanto dá alguma coisa pelo outro.

A filha recosta sua cabeça sobre as pernas da mãe e nada faz a não ser chorar emocionada, pensando em uma maneira de contrariar as palavras que viriam a seguir, provavelmente seriam uma tentativa doce e direta de demovê-la de seus sentimentos e vontades. Nesse momento, os ventos sopraram e pareciam cantar um som que acolhia, que confortava; era o som do mar. O mar ali distante tentava amenizar todos os pormenores que porventura viessem a soar desagradáveis aos ouvidos de quem os recebesse. E somente o som das ondas quebrando após a rebentação, reverberando, carregadas pelo vento por toda aquela distância e chegando sutilmente, sendo percebido por poucos que pudessem sentir suas notas músicais, acalentariam o coração pesaroso pelas proibições que uma vida toda de dedicação poderia trazer.

A mãe disse que a menina tinha uma uma função muito importante nessa vida, que daria continuidade a tudo que estava sendo feito, que o destino exigia demais dela, pois ela teria de ser forte e dura no futuro. Sua fé passaria por momentos de muito abalo, mas teria de se manter firme, existia toda uma sociedade em que muitas outras pessoas, muitas outras vidas e destinos dependeriam dela.

Tantos trabalhos e obrigações por ela haviam de ser executados e um dia chegaria a necessidade da prática, a destreza dela seria posta em xeque e somente a fé não seria bastante para o contentamento ser atingido durante a vida religiosa. Estaria agora em constante treinamento e somente assim, com a experiência, um dia seria uma grande mãe de santo, vindo a cumprir com seu destino a tanto tempo desvendado pela velha. Nenhum caminho seria seguido sem que os olhos de *Orixá* estivessem presentes.

Ali, ela somente expressou que nunca foi de sua vontade, que apenas queria viver uma vida simples e feliz. Iniciada ainda criança, não queria nenhuma grande responsabilidade, apenas estar ao lado da pessoa amada em uma vida digna. Porém, a velha disse à sua filha que não somos nós quem escolhemos, somos escolhidos pelos caminhos. Nós até escolhemos como daremos esses passos até o destino e a caminhada poderá ser feita de pedras e espinhos, nós desvendamos e modificamos a cada passo, de acordo com a sensibilidade que se desenvolve.

E ela havia sido escolhida; explicou-se novamente a importância do *Iaô* e que, assim como ela, um dia seus maridos e esposas seriam apenas os *Orixás*. Essa palavra tinha o significado real da esposa que se entrega ao marido, o *Orixá*; a ele se deve a devoção, com ele se casa na iniciação devendo fazer de seu corpo receptáculo divino das frações de emanações da energia cósmica do santo e durante todas as etapas de uma – digamos – maioridade perante o sagrado, atingida com as obrigações do *Odun Ijê*.[57] Somente após isso, talvez lhe seriam entregues os direitos de mãe de santo, podendo dar tudo aquilo que recebera a outras pessoas, podendo iniciá-las nos mistérios do *Candomblé*.

Essa obrigação, como era sabida, só podia ser realizada depois que o iniciado possuísse os sete anos completados após a iniciação e que, mesmo tendo a idade de santo necessária – e as outras obrigações de tempo requeridas antes dessa etapa, as obrigações de um e três anos –, nem todo mundo possuía caminho para o sacerdócio.

Como a jovem já havia passado desse tempo, não estaria apta ainda a receber seus direitos, porém esses dias estariam chegando em breve e o motivo de todo o aprendizado se revelaria. Quando atingiu seus sete anos, muitos anos atrás e mesmo tendo realizado suas obrigações tardiamente, ao cumprir com a obrigação dos sete anos, somente recebeu o direito a algumas regalias dentro da religião, não sendo mais obrigada a andar reclusa, descalça e de cabeça baixa diante de todos, podendo se portar como um igual a outro *ebomi* – que era a denominação dada a quem chegava nesse estágio –, porém ainda assim mantendo o maior respeito aos seus mais velhos.

---

57. Obrigação dos sete anos. Ver glossário.

A dor tomou seu coração. Sua expressão foi a da maior desaprovação – o destino estava selado – e o santo de sua *Ialorixá*[58] se manifestou ali. O cair das águas foi ouvido e em seguida o silêncio novamente toma conta do local. As mãos ásperas e enrugadas, calejadas pelo trabalho e pela idade, afagam os cabelos em seu colo ao mesmo tempo que as lágrimas sagradas escorrem pela face de linhas esculpidas pelos anos; em cada uma delas podia-se ler as passagens de uma história de sofrimento, resistência e luta.

A menina também se derrama em pranto. Não consegue nem entender o motivo de seu próprio *Orixá* não se manifestar – haja vista a presença do santo de sua mãe em terra. Talvez fosse a vontade de *Oxum*[59] que sua filha a visse, para tentar entender a importância da mensagem passada.

Mesmo que relutante, ela sabe que não poderá jamais fugir do que lhe fora escolhido. A presença do *Orixá,* talvez, veio mesmo para confirmar as palavras da senhora. A jovem enxerga a imagem de seu amor e seu coração dilacerado clama por ser aplacado. Ela levanta-se e faz os sinais de respeito para com o santo, e recebe um forte abraço – talvez de consolo. Sentimentos são compartilhados entre mãe e filha.

E ela observa *Oxum* caminhando lentamente em direção ao espaço sagrado interno, deixando-a refletir mais sobre o acontecido. Por onde passa, os outros iniciados que possuem a mediunidade vão recebendo seus *Orixás* em terra e juntos a acompanham para a entrada do terreiro, seguindo-a para o quarto grande – onde os mistérios acontecem –, onde as pessoas em transe são acordadas pelas *equedes* aptas a fazê-lo.

Tristes eram as histórias de amor que acabavam sendo interrompidas pelas obrigações de uma fé que é tão ardente nos corações daqueles que a têm, mas o destino sempre se encarregou de pregar peças, encontros e desencontros a todos. Várias foram as desventuras a que as pessoas foram levadas, porém o sentimento de que as coisas sempre mudem é grande e os motivou a continuar.

A perseverança sempre foi dádiva de poucos e é recompensada aos de bom coração. Não temos como saber qual será a paga que o destino nos dará depois de uma vida de desapego e fé, mas deve haver constância, pois a tentação se fará sempre presente e devemos resistir, por mais difícil que seja; mesmo que venha a cair, será levado em conta o esforço feito para que não se consuma.

---

58. Do *original em Yorùbá, Iyaloriṣà*. O mesmo que mãe de santo, sacerdotisa de um terreiro de *Candomblé*.
59. *Òriṣà* do panteão *Yorùbá*. Ver glossário.

Capítulo VI

A Volta do Filho Amado

O jovem havia ficado um ano sem visitar nenhum *Candomblé*, nem mesmo sua própria casa de santo. Nesse período, teve de passar por várias provações; houve falta de emprego e até problemas de saúde. Era constantemente convidado a tocar e cantar o *candomblé* nas outras casas, mas se esquivava das oportunidades. Com o passar do tempo, alguns de seus irmãos e amigos de outras famílias de *Axé* foram confirmados e seguiam a mesma escola, ajudando-se, cantando e tocando.

Todos sentiam sua falta e aquele amigo mais chegado, antes de completar dois anos longe de sua religião, foi quem o trouxe de volta. Vencia pelo cansaço. Depois de tanto insistir, os dois visitaram sua casa juntos e passaram silenciosamente a reformar o grande portão de madeira do terreiro. A obra durou algumas semanas e as pessoas o deixavam em paz, sem nenhuma indagação a respeito de sua ausência. No término do trabalho, era hora de passar por um novo rito e dar comida pela primeira vez ao seu santo.

Os dois já possuíam mais de um ano de confirmados e fizeram suas obrigações juntos, contando com a ajuda das pessoas da comunidade que participavam com trabalho e os elementos necessários para que o ritual fosse executado. Não houve festa pública, como era de costume quando um *ogan* fazia suas obrigações, mas, durante a festividade interna, tocava seus *atabaques* novamente e a alegria retornava – não completa, mas estava presente em seu coração

Com o tempo, foi formado um bom grupo em que existia amizade sincera e coerência, eles viam o *Candomblé* como a religião séria que é. Mantinham o respeito e educação que sempre tiveram de casa. Ficaram conhecidos por fazerem um *candomblé* tradicional, sem deixar que os modismos vindo de outras tradições se instalassem em seus costumes. E eram sempre prestigiados pelas pessoas e entidades, onde quer que estivessem.

Pareciam brincar com seriedade em cima dos *atabaques*, tal era a maestria alcançada e disciplina que possuíam. Muitas vezes podiam dar a entender que estivessem disputando e se insultando uns aos outros, pelo teor das cantigas que cantavam, "sotaques"[60] que desferiam uns aos outros – seguindo o exemplo dos antigos –, faziam toda aquela interação sem desagradar aos *Orixás*. Seguiam as sequências das cantigas e somente as pessoas que sabiam seus significados entendiam o motivo de fazerem essa brincadeira no final da festa, e entre eles.

Os cânticos eram cantados em sequências e eles iam se corrigindo uns aos outros, quando fugiam por um pequeno momento de todo o conhecimento que lhes fora passado. Tentavam as passagens mais difíceis e elaboradas no couro dos *atabaques* querendo impressionar um ao outro de maneira sutil, mas, no final, toda a virtuose mantinha a harmonia e o santo sempre os respeitava, pois tocavam de coração aberto.

Os velhos já pouco saíam de suas próprias casas de *Candomblé*, deixando os novos assumirem um pouco de seu espaço naquele mundo. Tudo tinha seu tempo – assim como todas as pessoas têm seu tempo – e passava a ser o deles, a hora em que mostrariam ao mundo tudo que aprenderam e continuavam a aprender.

Quando podiam estavam na companhia de seus mentores e sempre ganhavam uma lição nova. Uma cantiga que relembravam, algo novo a ser passado. Não era fácil assim receber o conhecimento, era um processo demorado em que se devia prestar muita atenção em tudo que era falado, cantado e tocado. Às vezes levava-se dias para se aprender uma simples cantiga, meses para se aprender um *ebó* e até anos para conhecer todos os detalhes de um *Orô* particular de cada santo – um leque de saber tão grande que não tem fim.

E eles se deleitavam. Depois de um tempo, não apenas ouviam como também participavam interagindo nas conversas. A palavra dos mais velhos era sempre respeitada, porém já tinham o direito de expressar suas opiniões.

Comentários sobre toques, detalhes de danças e cantos. Havia muita brincadeira e descontração enquanto saboreavam a cerveja e a amizade que todos possuíam.

Na cabeça, a imagem de seu amor nunca se apagava, porém com o tempo houve mais conformação, o que fazia sua mente voltar-se para outros assuntos. Desde seu retorno, evitava frequentar qualquer casa onde imaginasse que ficaria na presença dela.

---

60. Provocações. Ver glossário.

Toda vez que via aquele *Orixá*, Iemanjá, dançando no barração, ao menos uma lágrima discreta descia pelo canto de seus olhos. Seu coração se apertava num misto de alegria e tristeza. O amor pelo santo em contraponto à lembrança daquela que um dia o conquistou.

E era nesse instante que se inflamava e era motivado a cantar e louvar com mais emoção. E cantava com tanta intensidade que comovia todos aqueles que o ouviam.

Parecia que seus sentimentos afloravam e eram repassados aos presentes, fazendo com que todos se sentissem cobertos pela presença e energia emanadas do amor, que tomava conta do local onde estivesse. O momento era como uma dor, uma angústia, que ao mesmo tempo que derrubava levantava seu ânimo, algo difícil de se entender mesmo por aquele que estava sentindo. Os outros *Orixás* chegavam e as pessoas bolavam no santo. Sensações estranhas passavam por seus corpos, deixando-as arrepiadas, fazendo lágrimas caírem. Emocionava quem quer que o estivesse ouvindo e vendo tudo que se passava.

Somente os amigos mais chegados entendiam os motivos da situação, passaram juntos por esses momentos e respeitavam, condoíam-se com todo o ocorrido e davam apoio, respondiam com grande vontade e emoção a cada cântico entoado e nada comentavam a respeito.

Eles trocavam olhares e pequenos gestos, maravilhando-se com toda aquela demonstração de fé; nenhum *candomblé* feito por outras pessoas era tão lindo e emocionante como os que eles faziam, e tentavam estar sempre juntos para que pudessem desfrutar de tais sensações, tudo era digno de ser guardado na lembrança daqueles que participassem. Infelizmente, nem sempre podiam estar todos juntos; mesmo assim, onde houvesse mais de um dos integrantes daquele pequeno grupo, com certeza haveria uma união bela de se ver.

Eles se entregavam com muito amor e, quando a festa era em suas casas, a alegria se tornava muito maior – fosse na casa de qualquer um de seus amigos, eram todos recebidos como verdadeiros irmãos e tinham o respeito e a confiança das pessoas mais importantes naqueles lugares.

Já recebiam grande renome dentro do *Candomblé*, por seu conhecimento e versatilidade, pela seriedade que tinham e a postura que era esperada de todo *ogan*. Tudo isso sempre fora observado e levado em consideração por onde quer que andassem.

As notícias sobre eles corriam por todos os lugares e – como não fugia do costume – infelizmente pessoas mal-intencionadas teciam comentários maldosos, que nem sempre eram esclarecidos, pois quem os ouvisse sem ter o prazer de conhecer a pessoa de cada um e fosse propenso a aceitar fofocas iria fatalmente tomar aqueles rapazes como no mínimo arrogantes, e somente depois que viessem a ter algum contato entenderia a realidade: que a humildade e amor pelo que faziam era muito grande.

Eram sempre respeitosos com as pessoas, porém, com suas características próprias e até adquiridas com sua formação, às vezes podiam ser um pouco mais ásperos com os mais ousados.

Existem coisas que só podem ser aceitas na – digamos – vida civil e dentro do *Candomblé*, como por exemplo, jamais a interação entre um *ogan* e um *Iaô* deveria ser aceita em seu ambiente. Cada um procuraria seu espaço, mantendo-se longe da ousadia de tentar falar ou se portar como igual com uma pessoa que não lhe fosse de direito. Talvez, por esse motivo, alguns dizeres maldosos foram disseminados entre alguns grupos de pessoas.

Era possível que um desconhecido, ou provido de soberba, fosse tentado a testá-los ou mesmo quisesse se mostrar superior e mais sábio. Infelizmente existiam pessoas que não entendiam que o saber não é exclusivo de um e pode brindar a todos, não concebem que o conhecimento é diferente e compartilhado com os de bom coração que mostram sabedoria.

Essas pessoas muitas vezes passavam vergonha diante de muitas outras pessoas, os rapazes poderiam até não ter as respostas certas para os testes que lhes eram aplicados e, nesses momentos, procuravam seus mais velhos em busca delas.

Assim, com aquele jeito humilde e sem propósito material ou mesmo egoísta, eles obteriam o que precisassem.

Aquela cidade grande se tornara pequena, e não eram poucas as casas que conheciam e por onde andavam. E toda vez retornavam para suas próprias casas, cheios de histórias que jamais deixariam se perder, e talvez ajudassem servindo de exemplo para doutrinar os mais novos que eles.

Capítulo VII

O Respeito e o Amor

Vivia uma vida humilde, era motivado pelo amor aos *Orixás* e o desapego a toda materialidade à qual muita gente dava valor. Seus amigos davam o suporte emocional que precisava e seu mestre sempre lhe confortava com o saber antigo. A lembrança da mulher amada não o abandonava, mas ocupava o tempo com tantos afazeres que o distraíam do sofrimento.

Não se restringia, costumava andar por muitas terras diferentes. Todos os lugares pareciam ser a extensão de sua casa, era respeitado por onde quer que fosse, muitos o admiravam e muitos mais possuíam a vontade de conhecê-lo. A vida amorosa caminhava entre poucos encontros casuais com algumas mulheres que apareciam.

Em determinado dia – durante um trabalho esporádico –, uma mulher lhe chamou a atenção. Era branca e de lindos olhos azuis como o mar, olhos que faziam ter a vontade de mergulhar e descobrir a profundidade de seus pensamentos. Ela caminhava pela orla, distanciando-se aos poucos, sem dar a mínima importância para todos aqueles homens que a cobiçavam.

Ele trabalhava com vontade no emprego novo, terminava de descarregar os móveis de uma mudança. Já tinha o corpo suado, cansado das diversas viagens com objetos pesados, carregados em seus braços fortes e, ainda assim, sem parecer se importar com isso, largou tudo e andou apressadamente até a moça.

Contemplou-a de perto e sua beleza estonteante o fez estremecer, sabia que apenas uma palavra errada que saísse de sua boca a conduziria para longe, fazendo-o perder sua única oportunidade. Enquanto se aproximava, pensava qual frase seria tão original e criativa, palavras que a fizessem entregar alguns instantes de sua atenção.

De tanto imaginar, ficava mais confuso e a única coisa que pôde dizer foi a breve descrição de quão era bela a mulher que estava à sua frente, que era moço tímido e gostaria de ter uma oportunidade de se mostrar um rapaz interessante, porém, como não havia pensado em nada original, só poderia usar de sua sinceridade e talvez a cativasse daquele modo.

A moça ainda caminhou por uns segundos deixando-o para trás como se nada tivesse ouvido – ele se dava conta do papel de idiota ao qual pudesse estar se enquadrando. Repentinamente, ela virou-se sorrindo com o canto dos lábios e disse que talvez fosse interessante se conhecerem.

O contentamento entrava em seu coração. Convidou-a para um passeio pela orla, porém a garota estava demasiadamente atrasada para um compromisso e pediu que a encontrasse no dia seguinte no mesmo local ao entardecer. Observou que ela vestia trajes um pouco mais formais que os costumeiros das mulheres de sua idade. Mesmo assim, vestia-se descontraída e elegantemente, como em um dia ou ocasião comum.

Passado o tempo, ele se pôs a cumprir com o combinado. A tarde era quente e abafada. Na ansiedade costumeira, enquanto a aguardava, fazia com que seus pensamentos fossem pessimistas. Acreditava que seria deixado de lado e a moça não chegaria jamais.

Com uma certa elegância do pequeno atraso, no horizonte, calmamente sua imagem foi se revelando. Eles encontraram-se e caminharam a passos lentos pela orla. As apresentações formais foram feitas. A conversa foi agradável, ele começava a sondar e desvendar os mistérios da personalidade de sua acompanhante naquele momento. Ela fazia o mesmo enquanto assuntos dos mais diversos eram escolhidos aleatoriamente.

Em certo instante, ele indagava com gracejos sutis sobre suas vestes – de uma formalidade simples, porém um tanto incomum. A resposta foi inesperada. A moça jovem que era muito centrada, linda e inteligente, descendia de uma família de tradições cristãs muito fortes. Eram todos de culto evangélico. Ela explicava que não chegavam a ser radicais em seus costumes religiosos, mas levavam a sério seus conceitos.

De início, pensamentos ignorantes e preconceituosos acerca da moça passaram por sua cabeça. Ele resolveu se dar a oportunidade de tentar quebrar alguns de seus próprios paradigmas pessoais a respeito de outras doutrinas.

A conversa se estendeu e ele se mostrou muito atencioso e educado. Os laços interpessoais foram se estreitando. Ela já começava a nutrir bons sentimentos sobre a amizade que estava se formando. Ele investiu várias vezes em busca de no mínimo um beijo e todas as suas iniciativas foram tênues, porém não passavam despercebidas e foram interrompidas com elegância e simplicidade.

Muitas tardes de encontros se tornaram rotina entre os dois. Cada um aprendia muito com as experiências do outro. Ideias eram compartilhadas e as vezes entravam em discordância de pensamentos. Depois de um bom tempo, ela estava curiosa a respeito de sua filosofia religiosa, visto que durante suas horas diárias de conversa esse assunto era evitado – sempre se encontrava uma saída pela tangente.

Ele se orgulhava de suas crenças, mas temia entrar em algum atrito e ter um dissabor entre os dois que estavam se entendendo tão bem. Quando questionado, não conseguiu mais retardar o assunto e expôs suas práticas religiosas. Mesmo imaginando que as palavras pudessem ser recebidas sem a mesma complacência que teve no início, falava com sinceridade.

A curiosidade da moça foi aguçada e muitas perguntas foram feitas. Ele sabia que somente a ignorância atiça o preconceito e a intolerância e sentiu-se à vontade para dizer coisas que não ferissem seus juramentos sagrados. Tentou esclarecer muitos pontos de desinformação de algumas pessoas que nunca tiveram nenhum contato com religiões de matriz africana. Explicou a cosmogonia pelos olhos da cultura afro-brasileira de origem *Nagô*, não conseguindo ser simplista ao relatar as histórias de seu povo. Dizia que no início só havia a inexistência e nela habitava *Eledumare*.

Com seu aspecto onipotente, onisciente e onipresente, criou a existência e a dividiu entre dois mundos. *Orún*,[61] o mundo espiritual, e *Aiê*[62], o universo físico. E criou os primeiros *Orixás*, ou seja, os *Irunmolê*[63] – divindades com a incumbência de moldar a terra como hoje é conhecida. E o "Senhor todo-poderoso" permitiu a *Orunmilá*[64] que ajudasse o líder dos *Irunmolê*, *Oxalá*[65], aconselhando-o com suas tarefas.

No princípio não havia como o Universo ser habitado por causa da grande quantidade de água em sua superfície. Então, *Eledumarê* deu a *Oxalá* uma porção de areia, um animal mítico – tratava-se de uma ave parecida com uma galinha que possuía cinco dedos[66] – e um pombo. *Oxalá* então mandou que o pombo jogasse do céu, que já havia sido criado, a areia pela superfície da água e a outra ave a espalharia. E onde a areia foi espalhada, tornou-se terra firme, podendo ser habitada pelos homens. Para testar a fertilidade da terra, *Oxalá* plantou então uma palmeira.

---

61. Ver glossário.
62. Ver glossário.
63. Ver apêndice.
64. *Òrìṣà* do panteão *Yorùbá*. Ver glossário.
65. *Òrìṣà* do panteão *Yorùbá*. Ver glossário.
66. Animal conhecido entre os *Yorùbá* como *Adìyẹ ẹlẹ́sẹ́ márùnù*.

O próprio Deus ordenou aos *Irunmolê* que fizessem sacrifício antes de virem ao mundo físico e somente *Orunmilá* o fez, sendo recompensado por *Oxalá* por tê-lo ajudado enquanto este trazia sua bagagem do mundo espiritual: 200 bolsas com 200 folhas e 200 *Axés* – tendo como *Axé* uma força vital que permitia a realização das coisas.

Cada bolsa continha apenas um de cada elemento. E a intenção fora que tal presente permitiria a *Orunmilá* utilizá-los em suas práticas religiosas e na resolução dos problemas dos homens. Explicou que através do Oráculo de *Ifá,*[67] consultado pelos *Babalaôs*[68] e pelo jogo de búzios, os pais e mães de santo se comunicariam com *Orunmilá*, este que os guia, trazendo a mensagem do passado, presente e futuro.

Expressava-se com palavras emocionadas vindas diretamente de seu coração, enquanto dizia que ele, assim como seus irmãos de religião, acreditavam que pela pureza e escolha da liderança de *Oxalá* – a partir do próprio *Eledumarê* – podiam pedir a paz por meio do oráculo, a paz, a saúde, prosperidade, etc., como se estivessem pedindo diretamente a *Eledumarê* – Deus.

Ela imaginava e fantasiava a história enquanto era contada e parecia até entender a cultura e respeitar o ponto de vista religioso do rapaz, porém ainda pensava que, por mais esclarecido que ele fosse, suas convicções eram errôneas – dada a divergência conflitante com sua criação e educação cristã. Ela então expunha que jamais tentaria demover, quem quer que fosse, de suas convicções – sua educação a permitia ser flexível e entender crenças diferentes –, mas jamais as aceitaria como verdade.

Nesse mesmo dia a amizade sólida que construíram avançava para o estágio que ele tanto desejara desde o começo. Mudaram de assunto e, durante o crepúsculo, trocam beijos e carícias – que ele fazia de maneira respeitosa – e elas eram espalhadas por algumas das partes do belo corpo torneado da moça.

Eles começaram a ter um relacionamento sólido, coberto de encontros por vários dias. O rapaz mantinha o respeito que passou a ser habitual, porém seus desejos de homem nunca o abandonavam. Quanto mais dias, semanas e meses se passavam, ele era envolto pela magia da paixão, desejava mas não a tinha completamente.

---

67. É o Oráculo da adivinhação propriamente dito, tendo culto próprio ou mesmo sendo consultado por meio do jogo de búzios. Ver apêndice.
68. Sacerdote do culto de Ifá. Ver glossário.

Sua vontade pela volúpia era estimulante. Nem os amigos o reconheciam durante esse estágio de sua vida. Todos o viam dedicado e profundamente apaixonado, entregue de corpo e alma à relação.

Nessa fase andava afastado completamente do *Candomblé*, passando até algumas vezes a acompanhar sua namorada em seus cultos na igreja. Quando ele parecia se render à revolta por não atingir seu intento, naquele momento confuso em que pensava largar a mulher e retornar para seus costumes, foi surpreendido. Ela o convidou para jantar em sua casa e conhecer seus pais. Lá chegando, grande foi sua surpresa, pois somente os dois habitavam o pequeno sobrado.

A moça se atirava vorazmente sobre ele, consumindo-o em uma chama ardente de luxúria. Tanto ansiava por aquele momento que mal pôde pensar em qualquer outra coisa, sua mente era tomada apenas pela incandescência das obscenidades que um dizia no ouvido do outro.

Toda a máscara de respeito e seriedade que ela vestia no dia a dia foi jogada escada abaixo, enquanto subiam para o quarto despindo-se de qualquer pudor. Seus corpos se tocavam e pareciam fundir-se um ao outro, seus beijos eram molhados e desvairados em uma louca paixão forte e inconsequente. Os lábios enchiam-se de desejo mútuo, espalhando-se os toques reciprocamente. Eles se exploravam e desvendavam suas zonas erógenas. Só sentia o quanto ela era intensa, o quanto ela se esforçava para ultrapassar as barreiras de suas limitações, deixando-o fazer de seu corpo objeto do desejo, atração de suas vontades – as fantasias que ele nem sabia que tinha eram descobertas e colocadas em prática.

Horas foram consumidas, energias totalmente esgotadas e, no final, só podia pensar em quanto tudo aquilo era estranho. Refletia, em momentos de descanso, como pudera uma pessoa tão correta deleitar-se assim de maneira tão contundente aos prazeres da vida.

Durante meses ele foi tratado e a tratava com a maior dedicação. Nunca imaginou a devassidão que se escondia por debaixo de toda aquela falsa moralidade aparente. A interrogação pairava em sua mente e o deixava cada vez mais pensativo. Encontrava-se feliz demais pelo acontecido e só chegava a uma conclusão: o amor – se ele existe – é atemporal, incondicional, ecumênico e apolítico. Talvez possa ser estudado, mas com certeza pode ser escrito, praticado e sentido.

Muita coisa viria a mudar depois daquela noite. Juntos formaram um belo casal, mesmo que não houvesse a aceitação dos pais dela. Tempos depois, em uma conversa, ela dizia que sentia um certo vazio em seu companheiro. Ele estava se torturando por deixar algumas coisas para trás. Realmente o amava intensamente e pediu que se a amasse também, não abandonasse suas convicções, estavam juntos por quem ele era e não por quem ela gostaria que fosse.

Dura foi essa escolha, pois ela fazia ideia sobre sua verdadeira natureza. Sabia a respeito da boemia com os amigos, supunha sobre seus atos polígamos anteriores e teria de ter a compreensão das responsabilidades religiosas. Para ver brilhar a mesma alegria que era estampada em sua face nos primeiros encontros, ela se pôs a aceitar e tentar conviver com tudo isso.

No começo, ainda não acreditava e tornara-se muito pensativo. Receava cair em suas antigas rotinas e vir a destruir tudo que estava conseguindo, logo agora que sua vida começava a caminhar. Juntos construíram uma bela vida a dois, graças ao incentivo e à força de sua mulher. Mesmo sendo teimoso, ouvia sempre seus conselhos. Passava a dividir e conciliar tudo; o trabalho que passava a ser fixo com o caminhão e os esporádicos; um tempo de lazer com os amigos, tinha tempo até para praticar suas habilidades no *atabaque* e ainda que não com tanta frequência, mas conseguia participar de suas obrigações religiosas.

Era devota de sua bela vida, via a aurora fluindo nos olhos de seu homem e clareando sua relação novamente. Dividiam o mesmo teto, as alegrias e tristezas, assim como alguns momentos de descontração na noite quente daquela cidade. Esporadicamente ela se rendia aos doces e contundentes argumentos de seu amado e o seguia para uma noitada.

Tomava seu banho demorado na água fria – que nem era percebida em meio aquele tempo quente –, esfoliava o corpo eliminando as células mortas e revitalizando sua pele macia e sedosa, suculenta como um pêssego. Banhava-se com deliciosas águas de flores frescas preparadas por mãos hábeis – fruto da sabedoria de seu marido – e adorava aquele cheiro gostoso e delicado que cobria seu corpo. Depois ela penteava os longos cabelos, enquanto o corpo secava no tempo e massageava docemente cada curva de sua forma, espalhando um creme hidratante à base de ervas, que comprava das negras da vizinhança. Tudo se harmonizava perfumando o corpo que exibia, sem que houvesse a mistura desagradável de cheiros. O processo era demorado, porém valia a pena esperar cada minuto.

A afinidade dos dois era vista por todos e uns torciam o nariz desaprovando, achando que a incompatibilidade deles existia por serem de religiões diferentes, mas ninguém dava atenção para a opinião desses. A maioria ficava muito feliz, pois viam como o casal se dava muito bem e apesar de jovens tinham muita maturidade, não misturavam sua vida conjugal com a religiosa, respeitavam-se e isso era o mais importante.

Muita gente fazia gosto e aguardava pelo momento em que a virilidade dele se mostraria, um filho era sempre querido por todos, porém o tempo não pertence às pessoas, logo, preferiam não se frustrar com gana na tentativa, deixando a cargo do destino os presentear com uma criança.

Sempre foi vontade dele ter alguém próximo para poder instruir e ensinar gradativamente seus conhecimentos, fazer parte de uma educação e cumprir com um papel que alguém deixou de ter para com ele. Vivia a pensar como seria um bom pai, esforçando-se para atender da melhor forma às necessidades de uma criança, um filho. Certamente daria um bom pai, mas esse dia nunca chegava. As mulheres começavam a duvidar da fertilidade de esposa, mas, sempre que se chateava, ouvia uma boa palavra de seus mais velhos.

Ela, sempre que se aborrecia com comentários – por mais que fosse mulher pacata, seu sangue quente falava mais alto –, trocava bons verbos com suas vizinhas e era sempre apaziguada pelos braços fortes do marido, que toda vez chegava no ápice das discussões.

Passaram um bom tempo juntos vivendo um cotidiano de um casal apaixonado, tentando fugir da monotonia conjugal que se instala após um período. Tanto ele como ela arrumavam sempre um jeito de quebrar a rotina. Mas também tinham seus momentos de tranquilidade e sossego, quando mal se falavam durante horas ou mesmo o dia, e essa distância era boa para que pudessem ter sua individualidade e depois se encontrarem no ponto de fulgor em cima da cama, assim como após os momentos em que trocavam farpas em brigas e discussões.

Capítulo VIII

Escolhas

Certo dia, foi surpreendido por um velho amigo, que há um bom tempo deixou saudades. Encontraram-se na grande feira, enquanto escolhiam os bichos que cada um levaria distintamente a seus terreiros. A alegria tomou conta dos dois; como irmãos separados pelo tempo, eles se reconheceram rápido. Fizeram suas compras e deixaram-nas reservadas para serem retiradas no final da feira. Caminharam para o botequim mais próximo, era hora de tomar uma cerveja e relembrar os tempos de antigamente.

Seu amigo, anos atrás, fora levado com os pais a morarem na ilha, um local paradisíaco que deu abrigo, muito antigamente, a negros fugidos e tornou-se morada de cultos muito antigos. A distância não era tão grande, porém as farras da juventude os impediu de se verem o tanto que gostariam e, com o tempo, as obrigações familiares e profissionais os afastou ainda mais, era latente o sentimento fraterno entre os dois.

Entre um copo e outro a conversa foi colocada em dia. Falava-se sobre antigos amigos em comum e como eles viviam agora, era grande a satisfação em saber sobre o desenrolar da vida das pessoas que habitaram sua juventude.

O amigo lhe contou sobre sua vida na ilha, onde conheceu o culto aos ancestrais, que eram invocados e participavam das festas em meio aos descendentes. Muitas pessoas de *Candomblé*, pela falta de conhecimento, temiam tal culto, que era conhecido como *Lése Egun*.[69] Contou diversas histórias sobre os acontecimentos acerca dessa seita tão misteriosa e o convidou para que viesse participar de uma festa que estava para ocorrer, uma grande festa em homenagem ao patrono da casa, o ancestral mais velho que pisou naquela terra um dia.

---

69. Do original em *Yorùbá*, Lẹṣẹ́ Egún ou mesmo *Egúngún*. Denominação própria utilizada para distinguir o culto dos ancestrais do *Candomblé* brasileiro.

A curiosidade tomou conta de seu interior. Ainda receoso, disse que, se fosse possível estar presente, o procuraria. Cada um retirou suas compras e, em uma despedida longa e emocionada, partiram. Tomaram seus rumos ainda relembrando as passagens de suas juventudes.

Ao chegar em casa, o rapaz comentou o fato com sua mulher. Relatou sobre o convite dizendo estar receoso, porém tinha muita vontade de conhecer mais sobre o culto.

Dias se passaram e eram preenchidos pela vontade de visitar seu velho amigo. Conversou longamente com sua cônjuge dizendo que iria sozinho, pois, como era algo que ainda não conhecia mais profundamente, preferia que ela ficasse em casa. Ela nem se importou, pois não era mesmo de seu agrado participar dos cultos religiosos de seu homem.

Tomou rumo logo cedo. Ao chegar na ilha não teve dificuldade em encontrar seu amigo e passaram o dia confraternizando, um belo almoço já na companhia dos *Ojés*.[70] Os homens tornaram-se logo bons amigos, todos se familiarizavam com ele e nutriram bom sentimentos a seu respeito. Percebiam a fé e a seriedade que ele tinha a respeito do *Candomblé* enquanto saboreavam um delicioso pirão de cabeças de peixe.

Prepararam-se e tomaram o caminho do terreiro. Lá tudo parecia muito igual, ao mesmo tempo que era diferente. Seu coração chorou de emoção ao chegar no pé do morro que dava para a entrada do barracão. Podiam ouvir o toque do *Alujá*,[71] que foi executado durante toda sua subida; eles o olhavam espantados, e ele sem entender caminhava.

Ao chegarem na entrada do barracão, um velho senhor negro de semblante já fatigado pelo tempo – uma figura como a de alguém vindo do século passado – parecia que os aguardava. Quando os *Ojés* o perceberam, tomaram seus sinais de respeito e o rapaz, sem entender nada, sem saber como se procedia naquele instante, apenas se inclinou em um patamar mais baixo que o velho e pediu-lhe a bênção, referindo-se a ele como tio. A bênção foi respondida com um ar de aprovação e um sorriso simples no rosto. Chamou o rapaz, seu amigo e mais um *Ojé* – o que parecia o mais velho entre os outros – e tomaram caminho à sua casa.

Sentados na varanda, o velho, que era sempre de poucas palavras, dizia que um *Babá Egun*,[72] um *Babá Egun* dos mais velhos, um *Babá de Xangô*, havia lhe dito que um dos seus descendentes chegaria. E por isso ele se colocou a esperar.

---

70. Membro do culto *Egúngún*. Ver glossário.
71. Um ritmo musical do *Candomblé*, litúrgico. Ver glossário.
72. Ancestral cultuado no *Lẹṣẹ́ Egún*. Ver apêndice.

Foi então que aquele senhor, que era realmente o mais antigo entre os *Ojés*, o *Alabá*,[73] ele mesmo quem transmitiu ao rapaz o convite para fazer parte da seita. Perguntou se acreditava no mistério – as palavras o pegaram de surpresa, e, mesmo sem entender nada, apenas com a fé e o amor que sentia no coração, que exprimia muita emoção naquele momento – densamente extasiado, ele respondia que, mesmo sem nada ter visto, sem nada ouvir, ele somente acreditava. Um grito grave de longe foi ouvido junto com o som dos ventos, porém nenhuma só brisa tocava suas peles e as telhas das casas tremulavam enquanto acabava de responder.

Os poucos dias das festas se passaram, e os dias acabaram tornando-se semanas sem retornar para casa. Poucas notícias foram levadas por uma ou outra pessoa que vinha ao continente e as faziam chegar à sua esposa e ela sempre firme, imaginando no que seu homem estava metido.

Passava por novos aprendizados agora sob a tutela do velho *Alabá* e de seus novos amigos *Ojés* e *Amuixans*.[74] Primeiro lhe aplicaram vários testes surpresa, para ver se realmente era digno de receber os segredos. Com inocência e fé ele passou por todos.

Depois foi sagrado *Amuixan* – como eram chamados os iniciados nos primeiros estágios da iniciação *Lése Egun*.

Por semanas cantou e tocou, buscou folhas e entregou os carregos[75] nas matas. Nada muito diferente de sua vida de *ogan* na *Ebé Lése Orixá*.

Aprimorou sua fala na língua iorubá – os ancestrais invocados só falavam em sua língua mãe e ainda em sua forma arcaica, que foi mantida pela não dinamização da linguística, apenas o que havia sido trazido pelos velhos escravos cativos da África e que não se modificou com o tempo. Como era muito aplicado aprendia rápido, o que facilitava a comunicação com o mundo espiritual.

Muitas coisas sobrenaturais aconteciam e aumentavam sua fé. Muito lhe era passado pela confiança que havia adquirido. Mas chegou a hora de retornar. Já estava há muito tempo longe de sua família.

Antes de partir, um velho *Babá Egun*, que estava presente para uma obrigação, mandou que lhe apanhasse umas folhas no mato – era o *Babá* que o havia suspenso no culto. Ele prontamente seguiu e cami-

---

73. Membro do culto *Egúngún*. Ver glossário.
74. Membro do culto *Egúngún*. Ver glossário.
75. Tudo que deve ser "despachado" em áreas externas ao terreiro, em locais próprios estabelecidos de acordo com o ato que foi praticado.

nhou, embrenhando-se no coração da mata. Andou muito e sentia medo de se perder entre o verde à sua volta.

Quando começou a identificar as folhas que procurava, abaixando-se para pegar uma delas, seu espanto foi grande. Ao colocar a mão na folha, um pé coberto pelo pano ficou sobre elas. Olhou lentamente e receoso, de baixo para cima – cada centímetro das roupas brilhantes e coloridas foi analisado.

O *Babá* falou com ele, dizendo-lhe que acalmasse seu coração; que ele tinha fé e inocência. O *Babá* dizia que estava ali presente, mas também estava em sua casa e com aqueles que mais amava. Disse que sabia das dificuldades que havia passado, que seu coração tinha uma dona e não era a que o tinha nas mãos no momento.

Falou também que todo mundo passa por muitos testes e coisas ruins, porém ele até o instante era abençoado por não abalar sua fé e seus propósitos. Teria uma tristeza muito grande, mas era porque tinha de ser assim. Falava para nunca esquecer que às vezes coisas ruim acontecem. Mas ele não podia ser egoísta, porque toda porta tem duas portas, todo caminho tem dois caminhos – cada um tem seus segredos, cada um tem sua história e cada um deve viver sua história, mesmo que seja doloroso não poder mais participar da história dos outros, que escolhesse sempre a alternativa que lhe coubesse.

Era dito para nunca ter medo da morte, pois sem a morte não existe vida e sem a vida não existe morte – o iniciado no mistério não morre, ele vai para a Casa do Mistério. O rapaz respondia que entendia, pediu a bênção ao *Babá* e se abaixou para receber o *Axé*, terminando de pegar as folhas. Quando olhou em volta, estava sozinho novamente.

Caminhou de volta ao terreiro e, lá chegando, o velho *Alabá* estava na presença do *Babá Egun,* que lhe perguntou o que ele havia visto no mato. Prontamente respondeu que nada. Outra vez se abaixou e recebeu o *axé* do *Babá* e entregou as folhas, aprontou-se e foi embora. Refletia muito durante a passagem da barca para o continente.

Foi recebido com felicidade por sua mulher. Ela sempre compreendia tudo e vivia uma bela vida ao lado do homem que amava, porém era muito duro aguentar a época do carnaval que estava próximo – a festa da carne em que seu homem se entregaria às noites de folia que perduravam pela semana.

Costumava dizer às suas poucas amigas que tinha plena certeza da infidelidade do marido, mas, como não havia maneira de se provar nada, calava-se e deixava tudo correr naturalmente. Algumas brigas apimentavam a vida do casal e o momento mais gostoso e esperado era o da reconciliação.

    Era ousado e inteligente, suas escapadas sempre saíam a contento. Jamais magoou a mulher com quem dividia o teto, mas se rendia ocasionalmente aos prazeres das outras mulheres com quem se deitava quando podia. A língua das pessoas sempre foi terrível e alguns tentavam fazer com que seus caprichos fossem descobertos por sua companheira. Driblava os olhos e ouvidos de todos e todo mundo tinha plena convicção de sua vida de poligamia, porém ninguém jamais teria como comprovar tais atos.

    Naquela noite de carnaval, certo de que tudo fosse ocorrer normalmente, acompanhou o bloco do *Afoxé* do qual sempre participava com os amigos mais íntimos de sua juventude. Vestidos com as roupas impecáveis, as fantasias tão cobiçadas pelas mulheres – somente homens poderiam desfilar naquele bloco –, saíram foliando pela cidade.

    Uma turista virou sua cabeça – era demasiadamente linda, totalmente diferente das mulheres com quem já havia lidado. Seu linguajar era rebuscado e o deixava confuso às vezes –, suas belas roupas eram caras e de grifes famosas. A macia pele branca, e de olhos azuis, com os cabelos dourados que o atraíam. Ela o cativou naquele momento em que tentava dançar desajeitada junto com a multidão.

    Rendeu-se aos seus encantos e, quando tiveram oportunidade, partiram em direção ao hotel onde estava hospedada. Tiveram uma noite maravilhosa de amor. Acordaram nus em meio aos lençóis finos, com o raiar do dia batendo na grande porta de vidro da varanda do quarto luxuoso. Ela acariciava seu peito enquanto ele admirava a claridade transpassando o vidro. Ficava pensativo sobre o remorso que sentia ao deixar sua mulher em casa reclusa. Sentimento que logo o abandonou no passo em que iniciaram novos intentos.

    Seu coração parecia ter sido fincado por uma pequena agulha. Algo que não o incomodava efetivamente, mas era o suficiente para sentir que existia. Nesse exato momento ele se angustiou e, em meio aos toques em silêncio, pôde ouvir o som do mar, como um sussurro, como se o mar falasse a ele naquele instante.

    A moça ficou apenas com os fios das contas que ele carregava no peito – deixou-os de presente pela noite maravilhosa que passaram. No caminho para casa, ele passa no local onde havia escondido contas iguais às que abandonou, colocou-as e caminhou ainda cansado.

    Percebeu a ausência das pessoas pelas ruas – natural, depois da farra da noite anterior, era comum esperar que as pessoas estivessem se recompondo. Chegando ao lar, andou em direção ao quarto. Cansado e ainda de ressaca, retirou toda a roupa, deitando-se e dormindo um sono reparador.

Não notou a ausência de sua mulher, que, enquanto ele passou por uma noite maravilhosa, havia se sentido angústiada, como se alguma coisa pudesse estar acontecendo com seu companheiro. Saiu no meio da noite de carnaval, caminhando sem rumo pelas ruas povoadas por pessoas embriagadas, pessoas de todos os tipos. Andava incansavelmente com o intuito de proteger quem amava e nesse intuito ela se decepcionou.

De longe observou aquele a quem aprendeu a respeitar e entender, a quem entregou seu coração abandonando a convivência de seus pais e irmãos, a pessoa que tanto lhe dava alegrias e lhe depositava confiança, estava confirmando tudo o que sempre teve medo de descobrir.

A distância, pôde vê-lo entrando de mãos dadas naquele hotel caro, onde jamais pudesse ter pensado um dia se hospedar. Seus olhos, apesar de sempre ter imaginado como pudesse ser essa situação, perderam a vida que existia neles; tornaram-se apáticos e seu rosto exauriu a expressão. As pernas tremulavam e as mãos perdiam a força. Tudo isso durou pelo tempo que ela aguardava sua saída, enquanto colocava as ideias no lugar.

Ela decidiu ser forte, caminhou de volta para casa a fim de ouvir o que ele teria a lhe dizer pela manhã. Seu caminho foi interrompido, uma corriqueira briga de carnaval acontecia enquanto ela dobrava a esquina. Pôde ouvir o vento soprar o som de uma concha. Com uma certa lentidão, ela ouviu fortes estampidos antes de perceber a figura de policiais invadindo a cena, de revólveres em punho e atirando contra algumas pessoas que portavam facas, paus e pedras.

Seus pensamentos demoraram a organizar todo o conteúdo audiovisual, o mormaço do amanhecer combinado com a maresia era evidente e se misturava à umidade sentida ao amparar seu ventre com uma das mãos. Os olhos corriam pelo corpo vagarosamente e identificaram a cor vermelho escarlate, que passava a se espalhar pela frente do vestido azul que trajava. Azul como seus olhos. Olhos que já estavam opacos depois de seu infortúnio ao ver seu homem com outra mulher. Os mesmos olhos agora se dilatavam lentamente enquanto o corpo descendia amparado pela parede da igreja presbiteriana até o chão, formando a mancha do sangue que se esfregava estampando sua fachada. Ela pousou sobre as pedras frias do calçamento rente à porta e ninguém que estava próximo percebia o ocorrido.

Enquanto de seu corpo caído esvaía-se o sopro vital, era reconfortada pela imagem dos momentos em que foi feliz. Talvez entendesse o real significado do perdão, que tanto ouvia e estudava em seus ensinamentos litúrgicos. Até pode ser por esse motivo que, antes de ser carregada para o elísio, teve forças para proferir palavras em alto e bom tom. Ela o perdoava. Era possível que suas últimas palavras chegassem a ele onde estivesse, não em seus ouvidos, mas em seu coração.

Todos abandonaram o local após perceberem a tragédia. Os poucos policiais partiram covardemente e os manifestantes que se digladiavam também deixaram o local. Algum tempo depois outras pessoas que passavam, ao perceberem aquele frágil corpo abandonado na calçada, o ampararam. Tentaram socorrê-la, mas o mal já havia sido feito. Chegava ao hospital sem vida e foi reconhecida por algumas pessoas que lá estavam. Alguns correram tentando encontrar sua família.

O sono foi instantâneo no momento em que seu corpo repousava espalhado nu pela cama, como que aguardando ser velado por alguém que jamais retornaria. O cansaço de uma noite de bebedeiras, folia e curtição com um final voluptuoso forçava sua mente a se desligar em um sono profundo. Sono esse que foi interrompido por diversas pancadas fortes contra a porta de entrada da humilde morada. Ele ouvia em seus sonhos um barulho distante, mas que foi o suficiente para perturbar.

Despertou ainda embrigado pelo sono e vestiu a bermuda, atendeu a porta e foi pego pelo braço por um amigo que tentava arrastá-lo. Sem entender e sonolento, ele relutava e se dizia cansado. Não compreendia nada, as coisas ainda se embaralham em sua mente. As únicas palavras que o fizeram realmente cair em si foram duas proferidas de maneira súbita e com ar de desespero – sua mulher.

Ele indagava alterado sobre o que poderia ter ocorrido, mas não obteve uma resposta concreta. Algo não lhe foi revelado. Pediu que a pessoa esperasse; correu e vestiu uma camisa; colocou as sandálias, pondo-se a correr novamente guiado pela pessoa que o chamou.

Tão grande foi sua preocupação por sua cônjuge que nem se deu o trabalho de trancar a porta. Quando chegou na rua do hospital, suas pernas travaram e não o deixaram prosseguir. Forçava e dava passos pesarosos a caminho da entrada. Quando notou estar sendo levado até o velório, as lágrimas desciam uma a uma.

Perguntava o porquê de não lhe darem logo a notícia, e sua pergunta era respondida com palavras dolorosas de que só acreditaria vendo pelos próprios olhos.

Ao passar pelos batentes da porta, suspirou forte e seguiu-se de um gemido da mais profunda dor. Visualizando a família de sua esposa próxima a um caixão, ele se condoeu e pensava no que pudesse ter acontecido. Quando questionou, foi interrompido por sua sogra, que aos prantos e gritos o culpava pelo ocorrido. A velha senhora desferia palavras que o machucaram profundamente, o pai nada falava e os irmãos apenas o fitavam com olhar de reprovação e lágrimas.

Enquanto ela o responsabilizava pela morte da filha, seu amigo tentava explicar o que havia acontecido, e os sons vindos das pessoas se misturavam com o barulho dos passos andando pelos corredores e as lamentações vindas das outras salas; ele apenas derramava lágrimas enquanto caminhava em direção ao caixão onde repousava a mulher a quem jamais queria decepcionar.

Ao encarar seu rosto rodeado de flores frescas, ele soube que jamais contemplaria novamente o brilho daquele mar azul imenso que irradiava de seus olhos. Imaginou que jamais poderia dizer em seu ouvido o quanto era grato pela felicidade que ela lhe proporcionou. Por um instante, enquanto contemplava o torpor de sua bela, alinhou-se em seus sentimentos, ignorando tudo à sua volta, apenas escutando o som do mar.

Sentiu a dor da perda por vários dias após o enterro, que ele não acompanhou de perto. Não teve nenhum apoio por parte da família dela. Eles o ignoravam como se nunca o tivessem conhecido. Sua imagem se abateu e havia perdido a vontade de fazer qualquer coisa.

As contas se acumulavam enquanto ignorava o asseio pessoal. Passava o dia em casa bebendo ou dormindo. Saía somente forçado pelo término da garrafa de aguardente, e as pessoas sentiam por sua dor, sua presença e alegria faziam falta a todos.

Não recebia visitas de ninguém e nem mesmo procurou seus mais velhos em busca de uma palavra ou mesmo algum tratamento para afastar-lhe o mal, que poderia vir a persegui-lo – já que, por estar em um momento tão ruim de sua vida, estaria suscetível a receber qualquer carga negativa.

O velho *Alabá* então interviu. Mesmo estando debilitado pela idade, ele foi até a casa de seu jovem *amuixan* e lá o encontrou daquela forma. Foi bem recebido, pois mesmo em constante embriaguez o respeito e o bom coração não o deixaram maltratar uma pessoa que tanto lhe queria o bem.

Longa foi a conversa, que foi precedida de simples palavras em sua língua particular do culto e do ato de dar-lhe um banho de folhas.

Estava agora de juízo quase perfeito, com a mente mais aprumada. O velho falava novamente sobre a morte. Não queria ser redundante e, mesmo sendo franco e direto, não queria transpassar uma ideia errada de que não se importava com o ocorrido – ele muito se importava.

Sabia que suas palavras eram verdadeiras, só não queria aceitar. Mesmo assim, subitamente ele pediu que o velho dissesse aos *Eguns* que nunca teve a intenção de magoar e causar mal à mulher que tanto adorava. Foi então que o velho disse que os ancestrais sabiam e ela também. Que o recado que lhe deram para ser trazido era apenas um. Ela já o havia perdoado e estava em bom lugar, queria que ele fosse feliz e continuasse sua vida, porém, para isso, teria de aprender uma difícil lição – perdoar.

Perdoar a si mesmo é uma tarefa muito árdua. Por mais que palavras possam ser ditas, o sentimento é o mais difícil e, para atingir esse sentimento de perdão, teria de renegar todas as suas vaidades, seu ego.

O velho fez alguns atos religiosos na casa, louvou os ancestrais e partiu de volta para sua morada. Percebendo a bagunça em sua volta, repensando nas palavras trazidas pelo *Alabá*, colocou o corpo na luta e começou a organizar as coisas. Gradativamente tudo foi entrando em ordem.

Capítulo IX

O Difícil Recomeço

Ele visitou seu terreiro. Entrando sem ser percebido pelas pessoas que lá estavam, parou de frente à grande árvore sagrada. Admirou-a por alguns instantes – como ela havia crescido –, sorriu e sentou-se junto de suas enormes raízes para fora da terra.

Ficou ali admirando sua arquitetura, o entrelaçar dos galhos e o tamanho das grandes folhas. O sensível tremular mágico delas quando aparentemente não estava ventando o fascinava. Ele fechou seus olhos e sentiu cair sutilmente o orvalho matinal que o refrescava de sua caminhada.

Ali ele se aquietou como nos tempos em que era ainda mais jovem e refletiu sobre toda a sua vida até o momento. Aquela árvore foi trazida pelos ancestrais e o fazia sentir-se ligado diretamente com o mundo espiritual. Foi naquele lugar que despejou poucas lágrimas enquanto se perdoava pelas coisas que deixou de fazer, por seu egoísmo e vaidade.

Ele sentiu uma presença bem próxima, mas não se interrompeu, sentiu-se confortado, e o som do mar que estava distante foi trazido pelos ventos, fazendo com que se arrepiasse. Então se sentiu sozinho novamente e abriu os olhos visualizando seu mestre à sua frente, olhando-o como se tivesse visto algo sobrenatural. E o velho nada falou, apenas o olhou e sentou-se ao seu lado.

Como sempre ele o instruiu, mas dessa vez disse que é muito difícil vivermos uma vida plena. Mas devemos tentar viver da melhor maneira possível, não nos prender às coisas do mundo, pois nada nos pertence. Somos seres humanos e não somos perfeitos, sempre vamos errar, mas cabe a nós aprender com os erros e seguir em frente; ou desistir e viver uma vida miserável.

As palavras de força e consolo que ele ouviu aprendendo mais uma de tantas lições o colocavam para pensar. Foi cobrado por sua ausência no terreiro e se retratou. Todos sabiam de sua dor recente, por isso lhe fora dado o espaço necessário para curar suas feridas internas. Agora ele estava de volta, nada o afastaria de sua fé – pelo menos não permanentemente. Os dois se levantaram e tomaram caminho para os preparativos da comida que seria oferecida ao Orixá Xangô ao anoitecer.

A casa ficou cheia ao cair da noite, o *amalá*[76] era a comida oferecida àquele *Orixá*, a comida que foi preparada durante o dia com todo amor e carinho pelas mulheres da casa, enquanto os homens se aplicavam em outros afazeres inerentes à conservação do terreiro.

A comida preparada com quiabos picados, guarnecida de outros ingredientes e cozinhada no azeite de dendê, também agradava com certeza ao paladar de muitas pessoas, que comeriam um montante feito separadamente no final do rito e dentro da culinária cultural brasileira, conheciam como "caruru".

Tocava emocionado enquanto o santo dançava com a gamela preenchida com o cozido, bailava pelo salão ao som dos tambores e palmas daqueles que vieram reverenciar o *Orixá* da justiça. Todos olhavam admirados enquanto ele dançava em direção à casinha, onde se fazia a morada desse santo, a casa que abrigava as representações físicas dessa divindade adorada por tantos.

A comida era oferecida e colocada lá dentro, para que sua energia fosse absorvida pelo divino e os fiéis que ali estavam, juntamente com pessoas que vieram apenas com curiosidade, mas maravilhavam-se com a celebração, louvavam e rezavam a *Xangô,* e este ali em terra, no corpo do iniciado, mostrava-se contente com a fé que aquecia os corações das pessoas.

Todos os que compartilhavam a sabedoria da religião prostravam-se diante da entrada da pequena casa, mostrando os sinais de respeito e comungando da comida do ancestral divinizado através das mãos de quem representava a liderança do terreiro.

Os outros *Orixás* que se faziam presentes recebiam calorosamente a todos com um abraço fraterno. Depois que fizeram todas as suas homenagens, a porta se manteve aberta e a casa ficou iluminada como sempre – apenas por luzes de velas acesas em sinal de fé.

Todas as preces e pedidos ficaram ali e as pessoas seguiram de volta ao barracão para ver o encerramento, no qual os outros santos presentes dançariam ao toque do exímio *ogan* que estava lá.

Ele foi para casa cheio de satisfação depois do ato, após ouvir boas palavras de sua família de *Orixá*, a quem tanto orgulhava – e se orgulhava também. Pela primeira vez, depois da morte da mulher com

---

76. Comida preparada para ser oferecida aos *Òrìṣàs*. Ver glossário.

quem dividia o teto, ele dormiu um sono realmente tranquilo. Retornava à sua rotina.

Sempre que podia, dividia-se entre suas responsabilidades no *Ebé Lése Orixá* e *Lése Egun*. Tentou fazer de tudo que pôde para que a balança não pesasse nem para um lado, quanto mais o outro. Desejava se empenhar para não desagradar nem aos *Orixás* e menos aos *Babá Eguns*.

O culto não era tão bem-visto pela figura que comandava seu terreiro *Lése Orixá*. Preferia que não se envolvesse com os ancestrais, porém, como nunca houve nenhuma restrição dos *Orixás* da casa, ele era respeitado. Os mais velhos não se incomodavam; sua sabedoria antiga fazia com que soubessem que os cultos têm grande relacionamento entre si. Quando dava tempo, ensinava os mais novos de sua casa. A paciência era uma virtude presente em sua vida e sempre que podia ele estava lá, ensinando e relembrando seus tempos de gana pelo conhecimento – pelos toques. Teve bem poucos alunos de fora, que ajudavam em uma renda extra com o dinheiro das aulas.

Vários foram os convites vindo de artistas que queriam ter registrado sua emoção e musicalidade, porém sua teimosia não o deixava se interessar por tais propostas. Naquele meio-tempo, mostrava como havia superado tudo. Encontrava-se com os amigos e confraternizava. Tinha um bom emprego na empresa de transporte de móveis e ganhava o suficiente para manter uma boa vida, além de ter tempo livre para seus compromissos religiosos e o festejo com os amigos.

Certa vez foi fazer uma entrega em um bairro mais afastado. No caminho se sentiu meio estranho – alguma coisa parecia estar errada. Não gostava de passar por ali, pois sabia que era um lugar onde a criminalidade não era incomum. Sempre ouviu conselhos de que ficasse afastado daquele local, mas não podia deixar de fazer sua entrega. Encostou o caminhão e desceu com o ajudante. Conferiu o local e chamou pela pessoa cujo nome estava escrito na nota.

Ao serem atendidos, uma mulher veio receber a encomenda e, enquanto ela abria o portão, dois homens os renderam armados, notificando-os do assalto. Bateram violentamente machucando o ajudante e o forçaram a entrar no caminhão. Nunca antes havia sentido tanto medo. Abandonaram o ajudante inconsciente na rua, a senhora entrou assustada para sua casa esperando um momento até que todos se fossem e ela pudesse retornar para acudir o rapaz desmaiado.

Mal conseguia ligar o caminhão e dirigir pela rota que o obrigavam. Por isso era maltratado, recebendo agressões pelo corpo. Segurava-se para não chorar enquanto pedia aos ladrões que não o matassem.

Sua mente estava atordoada e não o deixava pensar claramente. Quando passou em frente a uma igreja católica, vendo a imagem de São Jorge estampada em um grande cartaz, começou a rezar em pensamentos pedindo a *Ogum* que intercedesse por ele.

Após recitar mentalmente todas as rezas que sabia, talvez em uma tentativa de se acalmar, começaram as súplicas e pedidos. O tempo parecia que não se acabava – era um martírio. Começou a barganhar sem resposta com os *Orixás*, em troca de sua libertação. Fazia várias promessas que sabia que nunca iria cumprir. Por fim, pensou em amaldiçoar tudo e fazer cobranças a respeito de todas as suas obras pela religião, mas algo o manteve firme e o tranquilizou.

Os bandidos o agrediam e mandaram que ficasse calmo para não atrair atenção dos outros. Ele então, conformado com o que pudesse fatalmente ocorrer, somente falou quase que sussurrando uma saudação a *Exu*[77] e pediu a ele para guardar as pessoas que amava de qualquer mal que pudesse se abater sobre elas. Parecia que as preces foram escutadas e atendidas. Policiais que raramente patrulhavam aquela área onde estavam passando resolveram fazer uma ronda pelo local. Acharam estranho aquele caminhão transitando na via e resolveram fazer a abordagem.

Os bandidos tentaram manter as aparências de que estivessem apenas acompanhando o motorista, mas um dos policiais percebeu ferimentos na cabeça do rapaz por detrás do volante, logo as atitudes suspeitas de inquietação dos outros dois os delataram. Não ofereceram resistência à prisão decretada, as armas que empunhavam estavam sem munição.

Houve uma tremenda confusão, os policiais foram um tanto truculentos. Foram todos encaminhados à delegacia para prestarem esclarecimentos e o caminhão foi conduzido até um depósito onde guardavam carros roubados.

Discutia calmamente no melhor estilo bairrista, de sangue quente, assim como todos os presentes. Tentava mostrar que era homem de bem e trabalhador, o que logo foi comprovado depois que entraram em contato com a empresa e relataram os fatos.

Sentia-se aliviado de poder sair daquele ambiente pesado. Era realmente terrível estar em uma delegacia rodeado não só de policiais, mas também de todos os tipos de bandidos e vagabundos. Fora liberado para buscar seu caminhão no estacionamento, que era próximo de onde estava. Como havia relatado tudo que aconteceu durante o roubo, uma

---

77. *Òrìṣà* do panteão *Yorùbá*. Ver glossário.

viatura policial foi enviada ao local e ele foi orientado para que rumasse em direção a empresa para esclarecer todo o ocorrido – procedeu dessa forma.

Houve grande felicidade horas depois ao ver o colega de trabalho, ambos um tanto feridos por causa das agressões. Mas isso não os preocupou naquele instante. Terminava por se emocionar ao lembrar das palavras ditas por seu mestre tanto tempo atrás, fora realmente protegido do mal que se abateu em seu caminho.

Todo tipo de coisas acontecia durante seu trabalho, desde mulheres fogosas procurando uma aventura ou satisfação sexual a pessoas mal-intencionadas tramando algum tipo de golpe para lesar sua empresa e favorecê-las. Quanto aos golpes, sua integridade sempre se mantinha – já não se pode dizer muito sobre as mulheres, pois era difícil resistir às tentações. Eram mulheres de todo tipo que se insinuavam sutilmente ou mesmo se atiravam despudoradas sobre ele ou o ajudante.

Acontecia desde situações cômicas, nas quais senhoras já de idade tentavam incansavelmente seduzir o jovem e não atingiam o sucesso em seu intento; a até mesmo momentos em que, no ápice da conjunção carnal, tivesse de ser interrompido subitamente para evitar algum constrangimento familiar ou mesmo pular alguma janela; ou sair correndo pela porta dos fundos antes de ser flagrado por um marido ou namorado bravo.

A experiência do casamento seria meio complicada de se reviver. Em razão da fatalidade ocorrida, mantinha apenas alguns relacionamentos simultaneamente. E desses relacionamentos veio a ser pai de três filhos quase que da mesma idade. As mulheres com quem se relacionava faziam ideia das outras que ele podia ter concomitantemente a elas, brigavam entre si, mas se mantinham firmes com seu homem que penava para poder dividir suas atenções.

Mesmo sendo de criação um tanto dura, ele às vezes se reservava o direito de surtar e se distanciar vivendo sua vida. Seus filhos iam crescendo e conhecendo a cultura e religião de seus pais durante o processo de educação e aprendizado – mas os tempos já eram outros. Ele preferia que as crianças seguissem com mais seriedade o caminho dos estudos, mas, como seu contato com elas não era muito grande, elas acabavam por seguir os caminhos que as mães guiavam.

Fazia muitos *candomblés,* e o conhecimento adquirido por intermédio de seus mais velhos, tanto *Lése Orixá* quanto *Lése Egun*, proporcionava a ele uma versatilidade enorme dentro da religião.

Agora, de tanto participar de ritos fúnebres com os velhos, que a essa altura saíam menos ainda de suas casas de *Candomblé* – indo em casas alheias apenas para celebrar tais ritos –, tornara-se especialista em cantar e presidir o *Axexê,*[78] que se reservava o direito de comandar apenas quando nenhum dos antigos estava presente.

Já havia sido marido e depois pai, tornou-se homem de várias mulheres e alguns filhos, mas nunca se esqueceu do verdadeiro amor.

Surgiu um convite que ele até pensou em aceitar. Suas habilidades músicais, como já sabido, eram conhecidas pelo meio artístico e muitas eram as propostas para conhecer outros países demonstrando um pouco de sua arte. Oficinas músicais e apresentações lhe eram oferecidas.

Até então, viajava somente para outras cidades, às vezes acompanhado de alguns irmãos, *Orôs* eram feitos por ele somente nas casas de alguns poucos descendentes da sua, pessoas com quem construiu um certo tipo de amizade com o tempo. Estava presente em alguns *Axexês* e novas iniciações, as quais auxiliava de acordo com as limitações de sua condição de *ogan* confirmado. Cuidava do santo e até passava *ebós* em pessoas necessitadas, e os fazia quando era estritamente necessário.

Depois de certo tempo, a imagem de seu amor pairava momentaneamente em sua memória e, depois de muita reflexão, assumiu sua vontade de viajar e abrir a mente para conhecer coisas e culturas novas.

Sua primeira viagem para o exterior, que era fascinado pela cultura afro-brasileira, seria feita em breve sob a companhia dos gringos que tanto o admiravam. O coração de sua amada parecia sentir o afastamento dos dois. Ela havia passado aquele tempo todo sendo preparada para um dia assumir seu lugar como *Ialorixá,* recebendo muito do conhecimento ancestral que a ela foi passado com a convivência das pessoas de saber e opinião.

Realmente amadureceu ao passar dos pesarosos anos de retidão. Sua rotina se tornou mais voltada para o *Axé* ao qual pertencia do que para muitas das outras coisas que aconteciam fora dos limites de seu terreiro. Raramente visitava uma ou outra casa de *Candomblé* e muito dificilmente participava das confraternizações mundanas da vida noturna. Tentou preencher seu vazio, mas infelizmente as coisas não deram certo como gostaria e permaneceu sozinha, acompanhada apenas do amor dos *Orixás* e de seus jovens filhos.

---

78. Rito fúnebre do *Candomblé* brasileiro. Ver glossário.

Capítulo X

A Lei do Retorno

A velha mãe de santo já se limitava a somente tirar dúvidas de sua futura sucessora e participar remotamente de algum rito, reservando-se ao direito de exercer as funções essenciais de uma sacerdotisa do culto. Todos os clientes que vinham em busca de alguma ajuda espiritual passavam a ser atendidos pela jovem *ebomi*, que estava apta a várias funções.

Ela demonstrava maestria nos atos que poderia executar e o dom da visão ao consultar o oráculo do jogo de búzios. Neles podia enxergar os caminhos percorridos pelas pessoas; as possíveis alegrias e intempéries que talvez surgissem. Dominava várias receitas e fórmulas de comidas de santo, que seriam utilizadas em seus agrados ou mesmo nos *ebós* a serem passados no corpo das pessoas.

Ela recebeu conhecimentos de uma sociedade exclusivamente feminina – já quase extinta no Brasil – e, com esses conhecimentos, passados apenas de mãe para filha, utilizava-se de sua consciência e discernimento para entender os males que poderiam recair sobre alguém enfeitiçado pela falta de responsabilidade de pessoas vis e maléficas, que aceitariam interferir desequilibrando toda a vida espiritual, individual de cada ser.

Durante as etapas de seu aprendizado, sua mãe de santo sempre falava sobre a importância da natureza e responsabilidade dos atos praticados por todos. Tinha conhecimento de que tudo que fazia parte da criação e que possuía consciência era dotado também do livre-arbítrio, assim como a ambivalência.

Tanto os homens como os *Orixás* tinham o direito de fazerem o que fosse de sua vontade, mas, enquanto criação, existia uma responsabilidade enorme – falando de maneira simplificada, o que está em cima é responsável pelo que está embaixo. Em uma escala de importância, abaixo de *Eledumarê* estão os *Orixás,* que são divindades, tendo logo abaixo os seres humanos, que estão acima dos animais, plantas e tudo que faz parte do meio ambiente.

De acordo com esse pensamento, ela entendia que era de nossa incumbência cuidar de tudo que é vivo, tirar da natureza o necessário para a subsistência e sempre que possível devolver para que nunca falte.

Os africanos que chegaram ao Brasil mantiveram a coletividade, em que perduraram características que foram guardadas como herança de nossa cultura. A velha sempre relembrava as lições acerca do *Ajô*[79] – uma caixa na qual as comunidades *Iorubá* guardavam uma parte de suas economias e eram destinadas a ser utilizadas por qualquer um que contribuísse, que viesse a passar por necessidades, e simbolicamente esse *Ajô* formava a união. Fora mantido dentro do *Candomblé*, como a ideia de que ninguém poderia ser individualista e deveria ajudar o próximo.

Ainda em sua época, quando algum membro das sociedades dos *Candomblés* da região passava por necessidades, todos se uniam e contribuíam de acordo com o que podiam. Era comum fazerem eventos beneficentes e a féria seria utilizada para socorrer os necessitados. Eram muitas ações sociais e o empenho de todos se tornava vital para que ninguém passasse por maus bocados. Isso se manteve desde a vinda até o cativeiro dos escravos e os dias em que viviam.

Quando havia necessidade de um novo acólito iniciar-se nos mistérios do culto afro-brasileiro e as condições financeiras fossem escassas, a ajuda sempre vinha dos terreiros vizinhos. Todos contribuíam, fosse com um animal para o sacrifício ou mesmo com folhas, comidas para o santo e também para os convidados durante os festejos. Sem haver a possibilidade, não era incomum que algumas pessoas de outros terreiros participassem com a mão de obra, na preparação das festas ou mesmo nas decorações. Os de fora não se intrometiam na parte ritualística dos terreiros alheios, tinham a inocência do simples ajudar.

A mãe de santo se preocupava em mostrar esses traços característicos de um culto, que nas terras originais era distinto e separado por territórios que cultivavam uma ou mais divindades padroeiras de suas nações – aqui, os cultos foram mesclados e adicionados com a presença de outros *Orixás*, cada um com sua importância, porém, quando os mais antigos fundadores do *Candomblé* brasileiro chegaram a essa

---

79. Símbolo da união do povo do *Candomblé*. Ver glossário.

convenção, escolheram por padroeiro de sua nação, *Ketu*,[80] praticada pela maioria dos *Nagôs* do Brasil, o *Orixá Oxosse*,[81] um *Odé*.[82]

Essas pessoas, em nome da comunhão pregada por *Oxosse*, se ajudavam e ainda não era difícil de colocarem em prática o *Sara*,[83] um ato de compaixão em que davam esmolas aos mais necessitados, mesmo que desconhecidos e sem se importar com a forma como esse dinheiro seria gasto, pois era também um *ebó*, que tinha o significado de a pessoa dar parte de suas bênçãos para que elas nunca se acabassem. Isso era perpetuado de geração em geração, e as pessoas, com o passar do tempo e do aprendizado, executavam todas essas ações, mas muitos sequer sabiam de seus significados.

Ela pertencia a uma casa tradicional e lá ainda viviam pessoas velhas iniciadas, que se preocupavam em manter fortes as tradições com muitos de seus significados e mistérios – graças a essas pessoas podia aprender muito e conhecer as respostas para suas perguntas. Sabia de toda escala de importância e se reservava o direito de analisar e refletir a respeito das ações para as quais fosse solicitada. Pensava longamente antes de tomar qualquer atitude, no que tangia ao misticismo do culto.

Uma senhora lhe passava palavras de grande valia. Gostava muito da moça e muito lhe ensinou. Essa senhora era conhecida por ser uma verdadeira feiticeira. Muitos a temiam, pois detinha conhecimentos profundos da magia africana ancestral feminina, e durante muitas décadas fez uso desse conhecimento em troca de se beneficiar financeiramente.

Perto do fim de sua vida, males se abateram sobre ela, causando um enorme sofrimento. Ninguém se atrevia a zelar por sua saúde ou mesmo lhe fazer companhia, e a jovem, que nessa época ainda era mais moça, aconselhada pela compaixão de sua mãe, se pôs a ignorar todos os comentários populares e a visitou. No início, a própria senhora relutava em aceitar tal ajuda. Ao ver como a moça se aplicava em administrar o tempo livre e vir ao seu socorro, cedeu.

Cumpria com seus afazeres todos os dias, empenhando-se em terminar rapidamente – sem deixar a eficiência de lado – e se aprontava juntando o que fosse necessário para estar na companhia da velha.

Várias histórias eram contadas, falava muito da amizade que tinha com sua tia durante a mocidade e o amor que as dividiu. Durante anos viveram como inimigas. Elas atacavam uma à outra, tanto com palavras

---
80. Cidade do território *Yorùbá*, que foi escolhida para sustentar o nome de uma "nação" ou subdivisão do *Candomblé* brasileiro. Ver glossário.
81. *Òrìṣà* do panteão *Yorùbá*. Ver glossário.
82. Do *original em Yorùbá*, *Ọdẹ*. Palavra que significa caçador. Ver apêndice.
83. Ato de solidariedade.

ou, se julgassem necessário, agressões físicas e mesmo o uso da magia que era de seu conhecimento. Não foram levadas a nada. O homem que era disputado pelas duas acabou vindo a falecer pelo desgaste mental ao qual era submetido, e ambas terminaram suas vidas solitárias, sem nem mesmo a amizade uma da outra.

Naquele passo, foi que a senhora ensinou a ela a lei do retorno – todos os seres vivos possuem o livre-arbítrio realmente, mas nossos atos são vistos e julgados; portanto, temos a necessidade de alguns parâmetros de comportamento. Nada nos é negado. Temos o direito a tudo, porém, existe o certo e o errado, o que é moral e o imoral, e estes elementos devem nortear nossa vida. A velha dizia que, como exemplo, as pessoas têm o direito de matar, mas a circunstância que levaria a tirar a vida de outro ser humano deveria ser pesada e ter resposta para as quatro perguntas fundamentais: "É certo? É errado? É moral? É imoral?".

Tudo isso seria analisado por quem é de direito julgar, e a resposta, dada pelo *Orixá* que lhe cabia, seria dada ainda em vida. A senhora disse que certa vez escolheu fazer o mal, sabendo que tinha o direito de agir como quisesse, mas sem atentar a seu próprio julgamento moral e, no fim de sua vida, estaria pagando por todas as coisas que fizera. Algumas coisas boas seriam bastantes para atenuar a pena imposta, mesmo assim jamais apagaria as coisas que fez. Falava à moça que o feitiço deve ser aprendido e utilizado, mas é como uma bola – quando você a arremessa contra a parede, ela retorna com a força proporcional.

Era justo, quando uma pessoa lhe fizesse um mal, se utilizar das armas que possuía para retaliar – quando se entra em uma guerra, a intenção de ambos os lados é ferir ou matar o inimigo, e para isso cada um utiliza a arma que possui. Quem usar paus e pedras tem o direito de atacar, mas se o inimigo for possuidor do ferro, arcos e flechas e com essas armas derrubar o oponente, a vitória seria justa.

É claro que se imaginava que as divindades possuíssem algum conceito de proporcionalidade, porém, como leigos, utilizaríamos o que estivesse à mão. E com essa lição ela aprendia que devia ter o conhecimento e saber bem quando usá-lo. O arrependimento era uma coisa terrível, pois fazer as coisas no calor da hora seria perigoso. Deveria aprender a perdoar as atitudes das pessoas, pois agir pelo impulso poderia trazer o remorso e com ele a frustração de não poder reparar algum mal que fora feito. Exemplificava usando a figura de um ovo, que quando se quebra não tem mais conserto, está quebrado e ponto final. Jamais seria o mesmo ovo intacto novamente.

Passou meses fazendo companhia à senhora, que, antes de seu falecimento, repassou todo o conhecimento julgado por ela necessário, levando consigo para o túmulo o que sentia que o mundo não devesse aprender. A moça sentiu muito a falta das conversas e do aprendizado, mas seguiu sua vida de acordo com a maneira que o tempo deixasse.

Quando era procurada por alguma mulher, que por um motivo em especial estava se distanciando do marido – e era sabido que muitas dessas pessoas ficavam cegas e perdiam a razão –, nesses momentos, quando lhe era suplicado que o enfeitiçasse, trazendo de volta ou mesmo destruindo o resto da vida de algum desses coitados em troca de muitos bens materiais, aquelas palavras ouvidas a tanto tempo ecoavam em sua mente e ela refletia. Tornava-se uma psicóloga amadora, tentando ouvir e entender a situação.

No jogo de búzios, buscava respostas e muitas vezes via que apenas atrapalhações mundanas estavam entre os dois, ou mesmo algum trabalho espiritual que os distanciasse – não eram raras as vezes que os caminhos dessas pessoas não estivessem destinados a permanecer juntos por muito tempo – e ela, com toda a sua sabedoria e com os exemplos vistos através dos olhos de sua mãe de santo, sempre encontrava uma resposta, fosse com palavras de conforto pelas quais explicava o motivo de toda a situação; fosse com *ebós* para anular os trabalhos de pessoas sem responsabilidade que acabaram por apelar sem necessidade, mas jamais interferia injustamente no destino de duas pessoas. Nunca – durante toda a sua vida de sacerdócio – a jovem praticou um mal desnecessário.

Sempre que solicitada por quem lhe tentasse a praticar atitudes desmedidas, ela respondia que interferir nos caminhos de alguém é uma coisa muito ruim e que não traria bem a ninguém. Feitiços de amor nunca eram para sempre e evocá-los era o mesmo que atrapalhar a vida de no mínimo quatro seres humanos – a pessoa atingida estaria forçada a ficar com outra pessoa a quem já existe alguém predestinado em determinado lugar, e em certa altura da vida vão se encontrar. Aquele destinado ao atingido deixaria de permanecer com seu par também, sendo os quatro condenados ao desencontro durante muito tempo, ou toda a sua vida.

Quem fizesse tal trabalho estava se sujeitando a receber a carga negativa do universo, que retribuiria a ele pelo que fez e, mesmo se não o fizesse, ensinar a outra pessoa que o colocasse em prática faria com que recebesse parte da carga também – pois foi ele quem ensinou e possui parte da responsabilidade. As forças da natureza, do mundo físico e espiritual vivem em harmonia constante, ou pelo menos deveriam, e pender a balança para um ou outro lado geraria consequências das quais nós não temos conhecimento, muito menos o controle.

A moça conciliava essa vida de entrega espiritual, auxiliando no terreiro e cuidando da vida particular que não era muito agitada. Ela se lembrava do homem que conheceu certa vez, o homem que fez seu coração se apaixonar, e sua imagem mais linda era viva na recordação. Aqueles *atabaques* rodeados de outros instrumentos formando o som simples que tanto empolgava as pessoas, que bebiam suas cervejas e dançavam o *afoxé*. Ela rebolava seu corpo no meio da multidão atraindo muitos olhares desejosos de homens solteiros e compromissados, a cor maravilhosa de sua pele brilhava enchendo a boca dos que olhassem e era fato que todos a queriam, mas naquele instante, quando seus olhos vislumbraram o homem simples tocando o *atabaque* como se fosse a coisa que mais amava no mundo, alguma coisa nela mudou e fez com que não se interessasse mais por nenhum outro. Queria ser o objeto de uma fascinação tão grande.

Foram breves momentos, interrompidos pela presença de alguém que na época ela namorava apenas pelo agrado a outros e não o seu. Teve a oportunidade de conhecer um policial, cristão não praticante, que sempre patrulhava próximo de sua casa. Homem de coração bom e honrado. Por vários dias ele a via passar e, mesmo utilizando aquelas roupas de *Candomblé*, sem realmente mostrar muito das partes de seu corpo, ele sentia-se atraído.

Não foram poucas as suas tentativas de flerte, que eram sempre ignoradas. Ela não dava ousadia para as palavras doces e elaboradas que ele costumava dirigir a ela – jamais foram proferidas palavras desrespeitosas, mas ela simplesmente não lhe dava nenhuma atenção. Até o achava muito bonito, mas não se sentia à vontade em ser paquerada por um policial. Suas amigas viam como um absurdo e a encorajavam para que ao menos conhecesse o rapaz, e ela, sempre ressabiada, o ignorava.

A vontade de ter um encontro mais íntimo com a mulher de quem passou a gostar fez com que depois de algum tempo ele tentasse recolher mais informações. Perguntava discretamente, sem deixar transpassar seu intento, às pessoas próximas a ela.

Descobriu sua dedicação pela religião afro-brasileira e os locais que costumava visitar. Ele mesmo procurou se fazer mais presente. Em suas horas de folga, tentava se integrar com as comunidades de *Candomblé* e aprender sobre sua cultura, visitava os locais de encontro dos populares como as rodas de samba e mesmo os mercados onde se faziam compras.

Certa vez a encontrou em um mercado, enquanto ela escolhia sem pressa e criteriosamente um maço de verduras em uma barraca. Viu-a de longe, caminhou calmamente pelo outro lado e pegou um maço cujas folhas estavam feias e queimadas, dizendo, sorrindo e com voz calma, que as levasse pois estavam lindas como ela. A moça olhou para as folhas e rindo disse que, se fosse linda como aquelas verduras, morreria sem namorado.

Quando viu o rapaz, demorou algum tempo antes que perguntasse se os dois já se conheciam, e o rapaz respondeu que realmente ficava mais bonito utilizando a farda do trabalho. Reconheceu-o nessa oportunidade, então ele se ofereceu para carregar suas compras e caminharam dialogando pela feira e parando em uma barraca para tomar um refresco. Dizia que realmente não sabia como escolher verduras, pois ele mesmo nunca comprava.

Foram descobrindo afinidades e se entendendo melhor, porém a moça nunca dava uma indicativa de que possuísse interesses conjugais.

Ela ainda remoía o fato de não viver junto da pessoa a quem realmente amava e isso dificultava para que se relacionasse com quem quer que fosse. Adotava a postura de se manter sozinha, já que não podia ter quem escolheu, mas era jovem ainda e aprenderia no futuro que muitas de nossas escolhas podem ser mudadas com o tempo.

Ele possuía o dom de ser engraçado sem se parecer idiota e fazia piadas sutilmente, trazendo sorriso no rosto dela. Disse inclusive que teve de visitar mais de 20 feiras populares naquele dia e só assim ter um encontro ao acaso. Depois de risos, confessou não serem tantas, porém não foram menos de cinco.

Caminharam juntos e ele fez a gentileza de carregar suas compras até a entrada do terreiro. Trocaram poucas palavras e ele desejou boa sorte, e também não deixou de dizer que se encontrariam no mesmo lugar e hora de sempre, ou seja, a rua de sua casa que ele patrulhava.

Ao entrar, ela depositava as sacolas na mesa da cozinha enquanto era inquirida por suas irmãs de santo sobre a origem do acompanhante e somente respondia, com um sorriso sutil no canto da boca, que era um bom amigo e a encontrou no caminho, só desejou fazer-lhe uma gentileza. As moças faziam chacotas sobre o ocorrido, tentando especular sobre um possível namorado; ela não dizia nada que revelasse qualquer coisa sobre o estágio de relacionamento entre os dois ou mesmo se existia intenção por parte de qualquer um.

Durante todo o dia, fuxicarias eram costumeiras a respeito do fato novo testemunhado pelas mulheres do terreiro. E as línguas ferinas falavam sobre o ocorrido tecendo conjecturas das mais diversas. A velha mãe de santo se abstinha do falatório, que era sempre cessado quando de sua presença. A ordem no local era exigida por ela e as mulheres conspiravam em voz baixa mudando de assunto quando conveniente. Pode ser que não era feito por maldade, mas infelizmente havia a necessidade, por parte delas, de saberem sobre a vida alheia e elas ficavam ali executando os afazeres diários e cochichando pelos cantos. Até mesmo as mais jovens, com quem pouco tinha amizade, falavam e essas conversas todas iriam aumentando e ganhando novos fatos provindos da mente do povo – pois quem conta um conto aumenta um ponto – e a história vivia tomando proporção tamanha que não haveria de ter um bom fim quando chegasse à matriarca da sociedade.

Pensavam ser tão inocentes no que faziam que jamais imaginavam que essa história toda pudesse vir aos ouvidos de quem não deveria. Como uma boa casa matriz de tradição africana, a educação lá era bem rígida e foi proibido aos membros daquela sociedade confabularem sobre a vida dos outros. Os mais velhos não gostavam de ouvir burburinhos e detalhes pessoais da vida alheia. Aquele era um local sagrado, onde somente deveria haver o interesse de manter o coletivo e cumprir com os ritos da casa.

A mãe de santo era sempre assessorada por uma outra senhora, mais velha, com muita sabedoria, e quem cuidava das obrigações a ser cumpridas pela matriarca. Essa senhora, possuidora de mais experiência dentro do *Candomblé,* não pôde ser escolhida como *Ialorixá* do terreiro, pois não foi essa a vontade do *Orixá* patrono daquele local.

A soberba foi deixada de lado, fazendo com que se cumprisse com as responsabilidades religiosas. Isso era uma coisa comum de se ver, por mais que ela fosse uma pessoa mais velha, não havia interesse particular em passar por cima da vontade do sagrado, em relação à liderança do terreiro – uma atitude louvável –, pois se por acaso ocorresse, a manutenção do conhecimento ancestral poderia vir a sofrer alguma perda, fazendo talvez com que as tradições se quebrassem.

Essa senhora dominava o saber dos antigos e os passava a quem fosse de direito, retransmitindo a oralidade do *Candomblé* aos mais novos. Aqueles que atingiam o estágio necessário para receber certos dogmas os recebiam realmente, não só da mãe de santo como também dessa mulher, apta a responder a muitos dos questionamentos e dúvidas das pessoas.

A jovem não se apegou tanto a essas coisas ainda naquele tempo, para ela se tornou necessário frequentar a casa de *Candomblé* com muito mais assiduidade, pelo peso de suas responsabilidades e até mesmo como forma de manter a mente ocupada, pois sabia que, se não lhe fossem impostas muitas coisas, fatalmente iria lutar por seu amor, mesmo que sofresse as consequências.

Certo dia, uma coisa inesperada aconteceu. Uma de suas irmãs de santo, mais velha do que ela dentro da hierarquia, andava desgostosa e decepcionada com o rumo de sua vida e por vezes procurou um conselho ou solução com a zeladora de seus *Orixás*. Toda vez que assim o fazia, recebia as mesmas respostas. Não adiantava fazer dezenas de preceitos, pois os mesmos resolveriam momentaneamente, e o que assolava essa mulher era a própria postura com que agia.

Algumas das atitudes que essa pessoa tomava não eram vistas com agrado pelos olhos dos *Orixás*, realmente ela não gostava de trabalhar e constantemente trocava favores sexuais com as pessoas. Ela se prostituía e deixava os afazeres da casa de lado. Levando uma vida noturna, ela não tinha como auxiliar sua família nem frequentar efetivamente sua sociedade religiosa. Pensava ser mais fácil ganhar a vida vendendo o próprio corpo do que trabalhando regularmente em um emprego mais digno.

Os *Orixás* eram imparciais, mas desejavam um caminho diferente para sua iniciada. Por meio da sacerdotisa, eles tentavam passar o recado sobre suas vontades, porém a jovem preferia tentar levar sua vida por rumos diferentes, seguindo seus próprios caprichos. Ela se estabeleceu na região do baixo meretrício da cidade e ali mesmo se colocava a expor suas belas curvas durante a noite na rua e levava seus clientes até a casa que tinha alugado para morar.

Não eram poucas as vezes em que seria ludibriada e sofria com agressões por parte de homens ignorantes e truculentos, que se achavam no direito de usufruírem de seu corpo da maneira que fosse pertinente; porém, a falsa sensação de obter bons ganhos fazia com que relevasse e até cedesse às tentativas do gigolô local de extorqui-la em troca de proteção. O dinheiro que ela imaginava ser de boa quantia no final do mês, depois da labuta diária, tornava-se pouco, fazendo com que mal sobrasse depois de pagar suas contas, que não eram poucas.

O custo de vida se tornava alto, pois além das despesas da casa e aluguel, ainda se rendia aos luxos de uma vida mundana, em que estar sempre bela era a necessidade de se apresentar um bom produto para seu público-alvo. Passava horas em salões preparando os belos cabelos e as unhas, comprava muitas roupas e sapatos caros e vivia sempre antenada nas revistas de moda, sabendo quais eram as últimas novidades que pudessem torná-la mais atrativa. Seu corpo era para ser o templo inviolável que abrigasse o divino, porém estava sendo maculado. Não que a prática da prostituição fosse proibição a todos, mas existia algum propósito na vida dessa pessoa e que não poderia ser atingido se continuasse a se desviar de seu caminho daquela forma.

Os únicos interditos eram que, dos portões da casa de *Candomblé* para dentro, a pessoa tinha de se despir de seu comportamento promíscuo e se portar de maneira respeitável. Em educação tradicional do *Candomblé*, os membros eram devidamente repreendidos se tocassem no assunto em questão; não eram permitidas zombarias ou chacotas a respeito da vida particular e poderiam ser castigados pelos próprios *Orixás* que viriam em terra e castigariam o corpo do iniciado que cometesse a injúria. Os que não recebiam santo apanhavam de uma forma mais dolorida, podiam passar por maus bocados sem saber o real motivo pelo qual estariam no sufoco.

Normalmente, quando da vontade dos *Orixás*, seus filhos poderiam ser incorporados pelos mesmos e castigados de maneira a ser doutrinados e recolocados em um caminho no qual não desagradassem ao santo. Era realmente algo sobrenatural, não foram poucas as vezes em que um iniciado que fosse rodante – ou seja, receptáculo do *Orixá* em terra – estivesse cometendo atos contrários ao correto e fosse incorporado de imediato; seu *Orixá* castigava aquele corpo sensível. Aconteceu várias vezes de caminharem por quilômetros até a *Ebé* de destino, chegando cobertos por ferimentos que causassem grande dor, que o santo mesmo jamais sentiria, mas quando o abandonasse e a pessoa recobrasse sua consciência, sofreria pela chaga produzida com a intenção de reeducar o faltoso.

Dessa vez, a moça no começo temia por ser castigada de forma dolorosa, mas isso nunca aconteceu. Talvez não lhe fosse dada oportunidade para se redimir ou o amor fosse usado de forma que, apenas com alertas verbais, lhe fosse permitida a correção, porém, depois de algum tempo ela mesmo deixava de acreditar na possibilidade de ser castigada e aí que o abandono de sua fé ocorreu e, enquanto ela trabalhava durante a noite para garantir seu sustento, sua irmã caminhava em sua direção sozinha pelos bairros até chegar naquela zona onde muitas pessoas não possuíam dignidade ou mesmo honra. Era realmente um local perigoso e não aconselhável para que mulheres de bem andassem sozinhas.

Apressada, carregava apenas o endereço no qual sua irmã talvez ainda morasse e repetia a si mesma palavras de fé que a confortassem pelas ruas e talvez afastasse os olhares maliciosos dos homens à sua volta, para que nenhum mal lhe fizessem.

Ela ainda estava vestida com as roupas de ração.[84] Enquanto andava, um grupo de homens a percebeu sozinha e passou a persegui-la lentamente cheios das más intenções, e ela, ao notar a perseguição, chamava pelas entidades espirituais que pudessem protegê-la. Nesse momento, enquanto se concentrava fazendo seus pedidos, um senhor negro aparentemente velho; de barba grande e espessa; de cabelos grisalhos, porém, calvo; que estava escorado em uma parede trajando um surrado terno branco já acinzentado pela sujeira de muitos dias sem ser trocado ou lavado; com os pés descalços e os dedos das mãos sujos, a encara. Com seus olhos grandes e vermelhos, como os de uma pessoa embriagada e seu semblante sofrido e cansado, chamou sua atenção e então ele silenciosamente apontou um caminho com o dedo indicador.

Ela ali sem pensar como proceder, mas apenas sentindo que deveria seguir seus instintos, segue pelo caminho indicado entrando em uma rua escura com várias casas iluminadas pelas lâmpadas em frente de suas portas. Em uma delas, reconhece sua irmã saindo e com algumas palavras obtém sua atenção. Ao olhar para trás, ela não vê nem seus seguidores e muito menos o homem que lhe auxiliou.

Ao entrarem, houve um pedido para que não reparasse a bagunça e também um questionamento sobre o motivo de visitar um local tão perigoso em um horário adiantado. Explicava que já estava habituada com o local e sabia como se portar entre as pessoas que o frequentam, porém a irmã era pessoa de bom coração e não estava acostumada com os percalços que pudesse vir a encontrar caminhando sozinha por ali.

Foi interrompida com a explicação do motivo da visita e passaram um bom tempo ponderando as alternativas que pudessem ser aplicadas. A moça não queria deixar sua vida profissional, mas sentiu a necessidade de se cuidar espiritualmente. Ela não queria que sua irmã ficasse preocupada e disse que não acreditava que seria prejudicada de alguma forma. Uma refeição foi oferecida e elas cearam durante a conversa, chegando à conclusão de que, independentemente de qualquer decisão que pudesse ser tomada, as duas pernoitariam ali mesmo e durante a manhã – quando o local fica muito mais tranquilo – sua irmã poderia tomar o rumo de volta para casa.

---

84. Roupas simples, que são utilizadas na lida diária em um terreiro de *Candomblé*. O essencial para as mulheres é o uso da saia e a calça para os homens, geralmente na cor branca.

Cheia das boas vontades, tentou incutir na cabeça da moça a ideia de que ela precisava realmente abandonar seu atual modo de vida e ao menos tentar se dar a chance de entender quais eram os desígnios que seu destino estaria preparando. Todas as suas tentativas foram repelidas com palavras otimistas de que nada poderia acontecer. Tentou explicar sobre o livre-arbítrio e que certas atitudes podem ser realmente erradas aos olhos dos *Orixás* e eles nos puniriam. A moça sabia muito bem disso e, mesmo sendo educada há muitos anos no *Candomblé*, ainda relutava. Talvez perdesse realmente sua fé e o santo não deixaria, dessa vez, que sua filha se afastasse dessa forma.

Pela manhã, a jovem acompanhou sua irmã até uma distância média entre o local de destino para onde ela pretendia chegar e, ao se despedirem, informou que não queria de maneira alguma retornar para uma vida de retidão e, diferente dela, que estava fadada a ser uma *Ialorixá*, ela agora era senhora de seu próprio destino. Ao ouvir essas palavras o desespero tomou conta de seu coração e ela prosseguiu para sua casa, onde poderia se lavar e descansar melhor seu corpo de uma noite um tanto desconfortável em casa alheia.

Não parou de pensar nas palavras da irmã, porém sabia que de nada adiantaria se compadecer com o futuro da moça, somente ela mesma tinha a solução para seus problemas e, por mais que quisesse ajudar outra pessoa, nada podia ser feito sem que ela manifestasse vontade e ações para que ocorressem.

E foi à noite, ao chegar no terreiro, que a notícia veio à tona. Sua irmã possuía um cliente que se excedeu nos cuidados para com ela. Apaixonou-se pela jovem garota de programa e tentava por diversas vezes fazer com que ela o correspondesse sem obter êxito. A moça o repelia, pois não se sentia atraída por ele e o rapaz frequentemente não possuía dinheiro para se entregar nos braços da luxúria. Visto que, durante o dia corrente, ele se enfureceu ao vê-la de gracejos com outro homem de aparência física mais avantajada, ele a seguiu até em casa e utilizou-se de um estratagema para se aproximar. Quando não havia testemunhas próximas ao local, ele adentrou a casa de maneira violenta e a golpeou aos prantos, abusando fisicamente de seu corpo e findando sua vida em uma volúpia fervorosa e truculenta. Foi abandonada lá mesmo, com as portas da casa abertas e encontrada por transeuntes que chamaram a polícia e notificaram os familiares.

O rapaz fugiu mas foi denunciado por sua carteira contendo os documentos, que nem ele mesmo percebeu ter caído dentro da casa enquanto cometia tal brutalidade desvairada. Foi encontrado horas depois pelos policiais e, tentando fugir, também foi morto a tiros, não podendo nem mesmo ser interrogado sobre o ocorrido.

Todos se decepcionaram com o fato, porém a velha mãe de santo o encarava como algo inevitável e manteve-se firme diante de tudo, enquanto as outras pessoas se colocavam aos prantos e lamentações. Eram feitos os preparativos para a cerimônia do *Axexê*, o rito fúnebre de direito daqueles iniciados que possuem certa idade de santo e suas obrigações completas. Alguns dos *ogans* da casa acompanhariam a sacerdotisa e sua futura sucessora até o necrotério, onde iniciariam os primeiros atos. Em meio à noite quente, elas juntaram os objetos necessários em uma grande sacola de palha e seguiram.

Em virtude da dificuldade imposta por algumas pessoas, que não aceitavam a realização dessas obrigações religiosas, houve muitos minutos de discussão e até tentativas de agressões físicas. Os ânimos se alteraram e o fervor do sangue os tirava da razão de ambos os lados. A senhora mãe de santo permanecia calma e inabalável, pensativa sobre alguma saída para a situação e, em meio a seus pensamentos, súplicas e rezas, um médico legista que já havia sido seu cliente surge pela porta e intercede. A senhora suplica pelo socorro e logo é atendida, sendo autorizada por ele a fazer o que for de direito. O vigia que tomava conta do local não se contenta com a situação. Colocou-se a caminhar em direção à diretoria para exprimir seus argumentos contrários ao ocorrido e quem sabe conseguir com que alguém pudesse barrar os trâmites religiosos em execução.

Como o médico não pôde precisar se realmente existia quem tivesse essa autoridade – visto que muitas pessoas ainda convergiam olhares preconceituosos contra o *Candomblé* e seus ritos, não medindo esforços maldosos para atrapalhar os adeptos –, então ele pediu que se apressassem e deixassem o local o mais rápido possível.

A velha adentrou a sala somente com a menina e o material que trouxeram, permanecendo lá por alguns instantes. Enquanto a senhora executava os ritos, a moça auxiliava e, na medida do possível, tudo lhe era explicado e ensinado. A ressalva veio logo no início, para que prestasse bem atenção, pois graças à senilidade e seu atual estado de saúde depreciada, no caso de haver nova necessidade de cumprir com o mesmo rito, a jovem é quem estaria apta a fazê-lo.

Seus olhos e ouvidos estavam sempre atentos. Cada elemento usado era observado e ela se preocupava por demais com os pequenos detalhes, assim como em qualquer outra obrigação que lhe fosse confiada a participar. Tentava manter na memória todos os passos da ritualística ali empregada e sabia que se lembraria sempre dos segredos que lhe foram confiados dentro daquela sala. Findado todo o rito, elas deixaram o local e o corpo ficou lá, sem vida, para que pudesse ser preparado para o velório e posteriormente o enterro.

Os *ogans* as acompanharam como verdadeiros seguranças, temerosos pela integridade física das mulheres. Voltaram para o terreiro, onde as providências cabíveis foram tomadas. A casa estava em luto e a partir dali todos a frequentariam e mesmo iriam à rua vestidos rigorosamente de branco – salvo quando suas obrigações profissionais os impedissem por algum motivo.

O velório se iníciou na mesma noite. Todos os conhecidos e familiares estiveram presentes. As rezas, os cantos e lamentações foram dirigidos ao sopro de vida da iniciada que partia para o mundo espiritual. Pela manhã o féretro foi conduzido de maneira ritualística à cova que o iria abrigar. No término do enterro, as pessoas seguiram para o terreiro, onde iria começar o primeiro dos sete dias de *Axexê;* foram recebidos pela mãe de santo, que expressou a dor por perder uma filha.

O ato ocorreu naturalmente e o espírito da pessoa morta foi ali cultuado para que pudesse ser bem recebido no mundo espiritual. Após um mês, um novo *Axexê* foi feito, pois existiam os períodos necessários para que tais ritos fossem repetidos, formando um ciclo que acabaria ao completar os 21 anos de seu falecimento.

Capítulo XI

Conversa de Mãe e Filha

Dias após o rito fúnebre de um mês de sua irmã, ela andava pela cidade evitando o clima de luto passeando por alguns locais preferidos, onde pudesse esquecer dos fatos ainda frescos. Era uma tarde quente como de costume e os pássaros decoravam o lindo céu azul sobre sua cabeça, enquanto cantavam alegrando as pessoas. Ela cruzou com o policial que costumeiramente patrulhava por sua rua e eles pararam para conversar durante seu horário de serviço.

Ele explicou que infelizmente fora mudado de setor e agora seus encontros, que já quase não ocorriam, demorariam ainda mais. Notou que da última vez em que se encontraram já havia se passado muito tempo. Ela tentou explicar as atribulações ocorridas nas últimas semanas, como justificativa por sua falta e demonstrando que o rapaz havia conseguido conquistar um certo apreço por parte dela.

Sua felicidade realmente era notada. Na expectativa de que pudesse estabelecer com ela um relacionamento conjugal estável, convida-a para um eventual encontro, sendo atendido pela moça que agora aceitava. Firmaram um local para se ver e o horário para tal – o fim de tarde do próximo dia. Separaram-se e cada um seguiu seu rumo. Ela resolveu caminhar pela orla da praia admirando a paisagem durante a volta para o terreiro.

Seus olhos contemplavam o mar e as pessoas que se banhavam ao entardecer, refrescando-se nas águas limpas da praia. Várias eram as tentativas de flerte de muitos homens por onde quer que passasse e ela nem se abalava ou mudava sua trajetória. Chegando ao terreiro, sentia-se à vontade para comentar sobre o rapaz com quem fizera amizade com sua sacerdotisa e, naquele momento em que a senhora permanecia sentada na entrada de sua casa sozinha, a jovem se aproximou.

A velha via tudo com bons olhos, achava interessante que a filha se desse a oportunidade de conhecê-lo melhor. Em razão de sua ocupação militar, possivelmente fosse um homem de bem. Expressava um pequeno sorriso e fazia brincadeiras sobre quem sabe um casamento, dizendo que seria muito bom para a filha poder dividir suas alegrias e tristezas com um homem, e a filha com certa vergonha também sorria e dizia para a mãe que somente Deus era quem sabia o que faria da vida dela e a ela caberia apenas viver.

As duas tinham ali um momento de descontração, falando sobre relacionamentos e homens. Uma verdadeira conversa entre mãe e filha, em que a mais velha passava algumas de suas experiências positivas e também as negativas para que fossem acrescentadas à bagagem de conhecimentos da jovem; talvez assim ela se poupasse de passar por situações ruins. Passava a ser muito normal que conversassem de maneira informal, tanto com a mãe de santo como com a outra senhora que a assessorava. Conversavam e discutiam sobre vários assuntos e a moça sempre se comportava com educação, não retrucando nem discutindo demasiadamente sobre quaisquer assunto.

Algumas das outras filhas de santo da casa se enciumavam com o tratamento que ela recebia por parte das senhoras, porém não expressavam publicamente, temendo a repreensão. Os *ogans* da casa pouco se importavam, pois entendiam que futuramente a jovem herdaria o sacerdócio e tinha, mais do que o direito, a obrigação de se entender melhor com as velhas sábias que lhe trariam boas palavras para desempenhar suas futuras funções.

Como combinado, ela foi ao encontro no dia seguinte. Eles se cumprimentaram e caminharam conversando até um parque onde as crianças brincavam e os adultos paqueravam. Passaram mais de uma hora ali falando profundamente sobre os últimos acontecimentos e ele sentia realmente pela perda recente, compadecendo-se pelo luto. Resolveram mudar de assunto e falar mais das afinidades que possuíam, e naquele fim de tarde, descobriam que partilhavam de muitos gostos em comum: comidas, lugares e até certos hábitos.

Enquanto a noite começava a chegar, ele taciturnamente elogia as qualidades dela, que fica completamente comovida; selam um breve beijo que deixa resquícios de uma futura relação em vias de se concretizar. Ela foi sutil em suas atitudes para com ele e tentou não criar grandes expectativas a respeito de algum namoro. Mesmo assim, ele se manteve perseverante e a levou de volta à sua casa em uma caminhada gostosa, enquanto a brisa refrescava seus corpos que não se cansavam da companhia um do outro.

Passaram a se encontrar mais regularmente e nesses encontros ele falou de seu trabalho e de alguns aspectos da conciliação de sua vida profissional com a particular. Explicou como era realmente regrado e prezava pela disciplina; porém, quando junto dela, tentava ser apenas ele mesmo e deixar de lado tudo que pudesse fazer com que a jovem se aborrecesse. Tantos foram os encontros e finalmente eles assumiram um namoro formal depois de meses. O jovem procurou todos a quem de direito para expor suas intenções para com a moça.

A mãe no começo tendeu a ser dura para sondar sobre as reais intenções do rapaz e, ao perceber nele a franqueza das palavras e sua integridade, a senhora logo desmontou toda aquela muralha de contenção e se mostrou uma pessoa totalmente favorável à união.

Passou a acompanhá-la em várias ocasiões, inclusive frequentava as festas de *Candomblé* e até alguns ritos da casa; com todo o seu valor conquistou a confiança das pessoas e dos *Orixás* de lá, sendo suspenso como *ogan* pela *Oxum* da mãe de santo. Já havia se passado um ano desde o primeiro encontro que tiveram, a moça nem lhe queria desperdiçar tanta atenção ainda e ele se esforçava em entender o mundo de sua namorada.

O rito do *Axexê* há pouco tempo completava um ano, pelo falecimento de sua irmã, sendo feitos todos os preceitos necessários. E seu namorado acompanhou e participou até onde lhe era permitido, por sua condição de não ser confirmado. Ele sentia a necessidade de sacramentar sua união com a moça, que aumentara em muito o carinho e respeito pela pessoa que a acompanhava por tanto tempo. O pedido formal foi feito quando estavam havia mais de dois anos juntos, e tudo se acertou para a união estável dos dois se formar. Eles marcaram um casamento religioso a se cumprir em uma igreja católica, como mandavam seus costumes, e aguardavam todos ansiosos por essa união.

A moça então caminhou para aquela praia, onde tempos atrás havia passado uma noite maravilhosa com o único homem que verdadeiramente amou e, lá estando, observava as grandes pedras que eram banhadas pelas águas do mar e lágrimas escorriam de seus olhos, enquanto pensava no quanto gostaria que o homem que a desposasse fosse o mesmo que lhe proporcionou aquele momento em que ali houve a fusão de seus corpos desnudos.

Pensava que agora estava destinada a outro homem, que merecia toda a sua atenção e dedicação; assim, talvez com o tempo todo aquele carinho que nutriam um pelo outro se transformasse realmente em um amor verdadeiro. E ali mesmo naquele local ela prometia a si fazer tudo que estivesse ao alcance para proporcionar a seu marido uma união que fosse realmente duradoura, enquanto suas forças permitissem.

Ela permanecia parada olhando, como quem admira uma fotografia, para todos os detalhes daquele local e relembrando a passagem daquela noite do início ao fim. Ficou lá um bom tempo e resolveu retirar os sapatos e molhar os pés na água. Ao fazê-lo, uma leve corrente de ar tocou seu corpo e fez com que sentisse um arrepio que ascendia até sua cabeça, seus olhos se fecharam enquanto ela abria os braços e respirava profundamente. Expirou com força o ar dos pulmões e abriu os olhos novamente. Olhou para o mar ouvindo o som das ondas quebrando e se despediu silenciosamente do local como alguém que nunca mais fosse vê-lo. Seus olhos derramaram novamente singelas lágrimas, sem que fosse ouvida uma só palavra. Deixou a praia com um peso no coração e caminhou de volta ao terreiro onde passava a maior parte de seu tempo livre.

Todas as poucas vezes que seu noivo a levava para passear e eles andavam pelos lugares de festas profanas em que ela havia se encontrado com o rapaz, aquele *ogan* por quem se apaixonou anteriormente, eram pesarosas, pois traziam à tona várias sensações que deixavam a moça desconcertada a todo instante. Ela nunca havia tocado no assunto com ele e preferia manter fora de seu alcance saber que um dia amou com tanta intensidade outra pessoa. Na cabeça dela o estava protegendo de alguma possível mágoa e poupando-o de imaginar que nunca pudesse preencher efetivamente um espaço que outro um dia já ocupou.

Ela se entregava e tentava se dar totalmente à relação, mas a imagem que ficou cicatrizada em seu interior deixou marcas que nunca mais seriam removidas e vez ou outra poderiam suscitar sensações ou comportamentos que ela não teria como explicar. Simplesmente procuraria alguma forma de esquivar-se da realidade, para que não precisasse justificar suas atitudes.

O casamento chegou. As bênçãos da mãe de santo foram proferidas na presença de todos e a celebração religiosa foi realmente muito bonita e comovente. No momento em que o padre falava aos presentes sobre a importância do matrimônio e da comunhão entre o amor incondicional e verdadeiro – as pessoas que se amam de maneira tão contundente, deveriam permanecer juntas em um elo de confiança muito grande –, a moça se emocionou e deixou lágrimas rolarem de seus olhos, e somente quem sabia de toda a sua história poderia entender a situação. Ela se recompôs aceitando o jovem policial ali vestido com seu fardamento de gala, altivo e cheio de suas condecorações e insígnias, alegre por finalmente consolidar o laço da relação estabelecida. Agora eram marido e mulher aos olhos de Deus e dos *Orixás*.

Muitos amigos estiveram presentes e fizeram seus votos sinceros de um amor altruísta entre os dois, houve uma comemoração informal no terreiro e todos participaram com grande felicidade. A alegria do casal era imensa e transpassava aos que os vieram prestigiar. As mulheres traziam presentes humildes e os homens parabenizavam o soldado pela ocasião e conversavam sobre o futuro que eles teriam juntos a partir de agora.

As senhoras do *Candomblé* que participavam da festa falavam de como seria bom que a moça pudesse encher a casa com crianças, que seriam cuidadas por elas enquanto a mãe desempenhasse suas funções. Isso tudo a deixava desconcertada, pois achava ainda muito cedo para falar de filhos; preferia deixar a cargo do destino escolher a hora correta para que a maternidade batesse à sua porta. Todos se divertiam em ver como ela ficava sem jeito.

Seu marido se enchia de orgulho das conjecturas acerca das crianças que poderiam ter no futuro e abraçava a mulher tentando quebrar aquele clima que deixava sua timidez tão aparente. Realmente ele conseguia, os olhares dos outros se dispersavam diante da felicidade do casal e a conversa mudava, tomando outros rumos.

Não demorou para que se tornasse mãe: ela passou a ser responsável pela educação de três lindas filhas, que foram batizadas com nomes de santas católicas e iniciadas ainda novas no terreiro. Era da vontade da dirigente que elas fossem iniciadas por sua mão ao mundo dos *Orixás* e assim foi feito. O marido permanecia como *ogan* suspenso e era respeitado, assim como se confirmado fosse. Colocava ordem no terreiro, mantendo a postura dos outros *ogans* e dos filhos da casa.

Era comum que os iniciados de lá sentissem até um certo medo pelo comportamento sério e disciplinador que ele possuía, porém a casa já se tornava destaque entre as outras em matéria de hierarquia e disciplina. Um *Candomblé* bonito de se assistir – na opinião dos demais –, que as pessoas frequentavam respeitosamente.

Não se via dentro da casa manifestações vexatórias e nenhum tipo de abuso. Todos respeitavam as regras antigas impostas pelos bons costumes, que eram ali fiscalizados rigorosamente pelos *ogans* a comando de um verdadeiro militar, que, mesmo sendo em alguns aspectos duro, jamais se mostrava como um ditador.

Capítulo XII

A Jornada

Com o passar de alguns anos aquela relação que havia se consolidado entrava em uma rotina. Enquanto ele trabalhava, ela cuidava dos filhos e afazeres da casa de *Candomblé*. Passava a ajudar sua esposa e a matriarca, nos momentos de folga, assessorando-as nos assuntos da casa.

Viviam em uma casa humilde construída dentro do espaço do terreiro, facilitando o acesso ao sagrado. As crianças, suas filhas, iam conhecendo toda a sua cultura e religião ao passo em que se desenvolviam.

Era esposa amorosa e dedicada, mas por diversas vezes ele notava sua mudança de comportamento, fosse durante a confirmação de um novo *ogan* ou fosse nos minutos que precediam a possessão de seu corpo pelo divino. Ele desejava a vida toda um amor arrebatador e incondicional, mas sentia que dividia um espaço pequeno com alguém ou alguma coisa dentro do coração dela. Preferia imaginar que eram os *Orixás* que habitavam seu âmago.

Reservava-se o direito a trabalhar em funções menos perigosas, sendo pai e marido temia por sua integridade, pois não queria decepcionar nem os filhos, quanto mais a esposa. Sentia que várias pessoas dependiam dele e assim se dedicava também no terreiro, para manter a ordem e incutir na mente dos mais novos o pensamento de conservar toda a tradição.

Tornou-se grande amigo e pessoa de muita confiança da mãe de santo, sendo requisitado para diversas funções dentro da casa, mesmo não tendo ainda passado pela iniciação. Ele buscava folhas, encarregava-se de cuidar das finanças e de visitar os ferreiros e artesãos para a compra dos materiais necessários às obrigações e ainda desempenhava junto com outros *ogans* os trabalhos de manutenção e expansão.

Onde quer que estivesse não havia preguiça, ele realmente colocava ordem e, como era sempre o primeiro a se dispôr nas atividades mais pesarosas, inspirava a atitude dos demais que o acompanhavam de bom grado. Já se tornava um modelo a ser seguido pelos mais jovens.

O *candomblé* naquela casa era um ato que as pessoas achavam realmente lindo; antes que o *Alabê*, responsável pelo canto e toque da festa, iniciasse a louvação a *Ogum* – o primeiro *Orixá* a ser cantado na roda do *Xirê*[85] –, as mulheres participantes já estavam todas aprontadas e dentro do barracão aguardando para dançar.

O militar prezava pela disciplina e todas o atendiam. Formavam aquela roda que precedia a incorporação dos iniciados, em que as mulheres rodantes, com os pés descalços no chão e a cabeça descoberta – fazendo a ligação do *Orún* e o *Aiê* –, dançavam aos olhos de todos os presentes. A grande maioria vestia-se de branco com suas baianas[86] brancas – enquanto que somente as bem mais velhas usavam roupas de outras cores – e todas bailavam as coreografias da dança de cada santo, ao som dos *atabaques* em um movimento circular em volta do pilar central do barracão, lugar em que estaria fundamentado o *Axé*, a energia vital da casa, em sentido anti-horário. Dançar *candomblé*, naquela época, era ato particular das mulheres.

O requebrar de seus ombros destacava seus movimentos, eram adornadas com diversos tipos de colares de miçangas. Algumas mulheres, de acordo com a idade de santo, ou se visitantes de outros terreiros, ou mesmo as mais velhas da casa, usavam panos enrolados na cabeça – o chamado torço. Tudo aquilo enchia os olhos de quem realmente admirasse uma boa imagem de amor e fé. Havia situações complicadas, pois era comum que viessem de outras terras os iniciados no *Candomblé* que já seguiam costumes diferentes, adaptados por pessoas de outros territórios.

Seria uma situação muito delicada quando, por exemplo, um homem postulado como pai de santo chegava para assistir à festa e, desconhecendo ou ignorando os costumes e tradições locais, adentrava o salão vestindo roupas africanas caríssimas, roupas lindas e coloridas de um brilho intenso, o que não seria problema algum, não fosse por fazer

---

85. Início da festa de *candomblé*. Ver glossário.
86. É dito dessa forma a respeito das roupas habituais do *Candomblé*. Fazem parte as anáguas engomadas que formam as saias rodadas e volumosas, as "camisas de crioula" e o complemento do pano da costa.

uso do *Guêle*[87] e do *Irô*,[88] o chamado torço e o pano da costa amarrado na cintura – que os africanos utilizam de exclusivo para as mulheres como símbolo de proteção à sua cabeça e ventre.

Como havia recebido conhecimento sobre o assunto, o militar nessas situações se mostrava enérgico e mandava que retirassem os enfeites. Havendo insistência por parte da pessoa, colocava para fora do terreiro quem viesse contrariando seus costumes. Não adiantava interpelar pela situação; se alguém o fizesse era convidado a se retirar junto com a pessoa, não importando se era filho de santo da casa ou não. Nem mesmo a mãe de santo ousava interferir, respeitando a postura do guardião de suas tradições.

Esse hábito era praticado em todas as casas mais antigas, onde a seriedade imperava. Era totalmente proibido que se fizessem presentes nos eventos pessoas trajando-se de maneira inadequada. Vetavam os homens que participassem de bermudas e camisetas regata, roupas pretas ou muitos escuras – não passavam nem pelo portão –, fosse gringo visitando e querendo conhecer a cultura ou não. Mulheres de calça também não participavam, as saias não poderiam mostrar as pernas. Homens ficavam a um lado da sala e mulheres do outro, separados pelo caminho onde havia passagem da porta ao centro do barracão. As regras de convívio social dentro do terreiro eram claras e quem quisesse as obedecia ou se retirava. Não se podia abraçar de maneira conjugal ou mesmo andar de mãos dadas. Era um ambiente em que o respeito se conservava.

Transtornava aos iniciados esse tipo de prática dentro do terreiro, visto que observavam que as pessoas dentro de uma igreja mantinham as mesmas posturas; dentro da sociedade do *Candomblé* não haveria de ser diferente: independentemente da cultura cristã ou africana, era um espaço sagrado.

O *Xirê* prosseguia e findava-se quando se louvava a última das divindades, sem cantar para *Oxalá*, que costumava ser louvado apenas no fim da festa. Ao término do *Xirê*, geralmente se louvava ao *Orixá Xangô*, cantando sua roda própria de cânticos. As mais velhas, lideradas por quem presidia o terreiro, formavam uma roda mais ao centro, composta por uma roda maior à sua volta, onde estariam as mais novas. A energia era imensa, todos respondiam aos cânticos que animavam as pessoas,

---

87. Do *original em Yorùbá, Gèlè*. Segundo a tradição *Yorùbá*, é peça do vestuário única e exclusiva do público feminino. Popular torço ou turbante de pano destinado a proteger e enfeitar a cabeça das mulheres.
88. Do *original em Yorùbá, Ìró*. Segundo a tradição *Yorùbá*, é peça do vestuário única e exclusiva do público feminino, sendo um pano da costa enrolado na cintura a fim de representar a proteção do útero.

fosse durante o *Batá*, um toque mais lento e cadenciado que parecia exprimir uma sensação de melancolia, algo tão profundo que emocionava a muitos quando viam aquelas pessoas dançando lentamente em círculos pelo salão, fosse durante o *Olisá*,[89] um toque mais rápido que tornava as voltas mais apressadas, no qual entrava o *Xére*,[90] ferramenta de *Xangô*, dado às mãos daqueles mais antigos ou de prestígio e que faziam um movimento circular com ele, erguendo-o ao céu, e o som que emitia relembrava um som de chuva, um som que se misturava a todo o resto do áudio do barracão, entre louvações e *atabaques*.

Tudo aquilo poderia invocar a presença do sagrado, fazendo com que os *Orixás* viessem a se tornar parte da festa mais ativamente e não só suas energias dispersas pelo ar. Em festas específicas era comum que não chegassem até o término da roda de *Xangô*, mas em toque específico logo depois. Poderia ser executado um toque como o *Opanijé*,[91] toque característico do santo *Omolú*[92] durante o *Olubajé*[93] – sua festa específica –, e esse toque traria em terra essa divindade e com ela todas as outras que possuíssem a vontade de se fazer presentes.

No caso do *Olubajé*, *Xangô* era reverenciado como *Airá*[94] durante o *Xirê*, não havendo sua roda ao final, pois existia o respeito entre o laço fraterno dos dois *Orixás* que não andavam juntos e por isso era louvado após *Oxumarê*,[95] o último *Orixá* masculino reverenciado nessa etapa da festa. Em outros casos, além do toque próprio do *Orixá*, poderia ser cantada uma cantiga específica que invocaria a divindade a quem fosse celebrado o *candomblé*, como no caso do *Orixá Oxumarê*, a quem se tocava o *Adahun*[96] e, logo após sua presença e de outras divindades, se cantava um cântico saudando sua chegada.

Durante toda a festa era comum que os *ogans* suspensos, que não tivessem a habilidade para tocar, andassem pelo barracão e pelos limites externos da casa, fiscalizando, mantendo a ordem e também assessorando os presentes no que precisavam.

As *equedes* não confirmadas também desempenhavam uma função específica, recebiam as pessoas para que ficassem à vontade e ajudavam a servir as comidas. No caso das pessoas que viessem de longe,

---

89. Um ritmo musical do *Candomblé*, litúrgico. Ver glossário.
90. Ferramenta do culto do *Òrìṣà Ṣàngó*. Ver glossário.
91. Um ritmo musical do *Candomblé*, litúrgico. Ver glossário.
92. *Òrìṣà* do panteão *Yorùbá*. Ver glossário.
93. Do original em *Yorùbá*, *Olúbàjé*. Significa "o banquete do senhor", correlacionando à festividade em homenagem a *Ọmọlú*.
94. *Òrìṣà* do panteão *Yorùbá*. Ver glossário.
95. *Òrìṣà* do panteão *Yorùbá*. Ver glossário.
96. Um ritmo musical do *Candomblé*, litúrgico. Ver glossário.

sem saber da necessidade de obedecer às tradições em termos de vestes, por exemplo, elas fariam um esforço para encontrar alguma roupa que pudesse ser emprestada e assim permanecessem até o final da festa.

Durante uma dessas festas, enquanto as senhoras tomavam posição no centro do barracão formando sua roda de *Abás*,[97] adentrou pela porta um senhor já bem velho andando calmamente e seguido por rapazes mais novos. O *Alabe* da casa, ao identificar a pessoa que entrava, dobrou os couros – um sinal de respeito executado para poucas pessoas: quem está nos *atabaques* rufa os mesmos lenta e cadenciadamente até que o prestigiado entre e reverencie o *Axé* da casa e os instrumentos – todas as pessoas que não possuíam a maioridade dentro do *Candomblé* simplesmente se abaixaram e fizeram o *Paó*[98] – sinal particular de respeito de quem não estivesse tocando instrumento algum –, bateram palmas regidas pela cadência dos *atabaques*. E as mais velhas acompanharam de pé, pois era o direito adquirido por elas graças às suas idades conforme a hierarquia da religião. Aqueles que estavam sentados, levantaram-se e acompanharam a reverência. Logo depois, o velho fez seus sinais de respeito para a dirigente e os *ogans* que estavam preparados para tocar, encontrou um canto e ficou rodeado pelos que chegaram com ele.

Seu esposo não imaginava quem pudesse ser, mas observou a mudança de comportamento de sua mulher ao ver a entrada desse senhor. Ela olhou atentamente para a porta, como que esperando a entrada de mais alguma outra pessoa importante, e ele podia observar a nítida decepção em seus olhos quando o último da comitiva passava pelos batentes. A mãe de santo foi cumprimentar o senhor que chegava e sussurrou algo em seu ouvido, ele sorriu descontraidamente e assentiu com a cabeça. O velho iníciou a roda de *Xangô*. Sua voz era linda e ele cantava com um amor que transcendia a todos os presentes. As pessoas respondiam emocionadas e, com a voz vinda diretamente do coração, cantavam em alto tom, um tom que se equilibrava com os *atabaques*.

A cena foi comovente e a cadência se tornou muito mais harmoniosa que o habitual. A velha matriarca dançou com o sorriso estampado no rosto, assim como as demais, e os *ogans* admiraram embasbacados o executar das cantigas e prestaram atenção em cada palavra que saía da boca daquele homem. O militar observou aquilo tudo, jamais havia se emocionado tanto ao ver alguém cantar daquele jeito.

---

97. Do original em *Yorùbá, Àgbà*. Tem o significado de "pessoa mais velha".
98. Do original *em Yorùbá, Patẹwọ*. Ato de se baterem palmas em ritmo cadenciado, com significado respeitoso.

Próximo ao término dos cânticos da roda de *Xangô*, a magia do *Candomblé* se mostrou aos olhos de todos: quando uma cantiga de muito fundamento foi proferida, como se uma energia de grande força descesse atravessando as telhas da sala diretamente para a cabeça da mãe de santo, *Oxum* se faz presente. A senhora fechou os olhos e requebrou majestosamente os ombros em meio ao entrelaçar de pernas seguindo a dança, parou e sacudiu o corpo lentamente. Seus sapatos simples foram arremessados para longe. Ela retirou o pano da cabeça colocando-o em volta do pescoço e foi amparada pelas *equedes*, que estavam ali prontamente para auxiliar o santo.

Concomitantemente ao ocorrido, todos os filhos de santo dela e até as senhoras mais velhas foram recebendo suas divindades uma a uma, dentro e fora do barracão; somente sua velha conselheira se mantinha acordada. O senhor olhou atentamente com um ar de felicidade e vislumbrou o amor e o respeito que os santos da casa tinham por ele, prestigiando-o de tal forma. A festa era em louvor a outro *Orixá* e o da mãe de santo agora estava lá. Todos aqueles que permaneciam conscientes testemunhavam o *Axé* que aquela casa possuía. O militar se sentiu muito feliz em participar de um ato tão intenso e continuava observando tudo.

As pessoas não imaginavam que a festa poderia transcorrer daquela forma e, durante horas, as divindades presentes foram louvadas dançando pelo salão. O senhor estava empolgado, sorriu e disse alto aos *ogans* da casa que cantaria até de manhã – e ninguém se atreveria a contrariá-lo: mesmo que estivesse falando com seriedade, sua vontade seria atendida, todos o respeitavam e queriam mesmo que ele cantasse muitas coisas para que pudessem aprender ali.

Próximo ao fim da festa, o velho demonstrou toda a sua alegria e cantou os *Jikás*[99] – esses cânticos poderiam ser cantados com algumas palavras trocadas para ofender as pessoas, ato que os *ogans* praticavam entre eles como brincadeira, ou mesmo ofensa a uma pessoa mais ousada – porém, ali naquele momento ele cantava as sequências com as palavras corretas, louvando os *Orixás* e os ancestrais da casa. Como havia muito tempo que ele não via o *Orixá* da matriarca daquele lugar, cantou uma cantiga expressando a saudade que sentia por não ver aquela *Oxum,* em especial, havia muito tempo.

Todos os *Orixás* mais novos permaneceram ajoelhados com as mãos espalmadas em direção a ela enquanto dançava, assim como os que mantinham a consciência permaneceram agachados e com as mãos

---
99. Um ritmo musical do *Candomblé*, litúrgico. Ver glossário.

no mesmo sinal. Estavam ali compartilhando e recebendo o *Axé* disperso no ar pelos movimentos do *Orixá,* que dançava próximo aos *atabaques* bem diante do homem que cantava. O santo se mostrou feliz e o reverenciou com um *Iká,* sacudindo o corpo à sua frente e fazendo gestos com as mãos. Logo depois, deu-lhe um forte e caloroso abraço; retirou de seu dedo um anel de ouro com um brilho intenso, adornado por pedras que reluziam muito, e o colocou em seu dedo mínimo; tomou sua mão com esse ato e a beijou, sendo correspondido da mesma forma.

As *equedes* e os *ogans,* todos aos gritos de louvor, observavam. Uns desaprovaram o fato de o *Orixá* entregar um objeto de tanto valor a qualquer pessoa, outros que possuíam o entendimento sabiam que, se aquilo estava sendo feito, era em reconhecimento ao amor que a pessoa tinha e que, quando o santo dava um presente pessoal daqueles, quem ficou sem o objeto receberia uma bênção ainda maior.

Todos os *Orixás* continuaram louvados ao som do *Jiká.* Logo ele mudou o teor de louvação e reverenciou os *ebomis* mais velhos que estavam presentes; e que tomaram lugar próximo a *Oxum,* fazendo suas reverências ao povo da festa, ao *Axé* da casa e os *atabaques,* depois bailaram até que a cantiga fosse mudada novamente e eles faziam os sinais de respeito necessários a quem cantava, saindo da roda e dando lugar às *equedes,* que executaram os mesmos sinais e dançaram assim como as anteriores. E tudo se repetiu até que os *ogans* fossem os convidados, pelo cântico, a tomarem posição diante dos instrumentos e dançaram junto ao velho, que expressou em seu rosto a alegria que estava compartilhando com todos. Ele parou a regência da sinfonia percussiva e iniciou uma nova música, todos se levantaram e se abraçaram em plena comunhão, demonstrando um amor fraternal em homenagem ao rei de *Ketu,* o *Orixá Oxosse.*

Há muito não se via naquela casa uma festa conduzida daquela maneira, uma celebração tão rica em tradição e costumes de *Candomblé.* Para muitos dos membros daquela sociedade em particular, talvez fosse a melhor festa que tivessem participado e aquele senhor realmente sabia como conduzir todos os trâmites do festejo satisfatoriamente. Ao término, ele a entregou aos *ogans* da casa para que cantassem a *Oxalá,* enquanto caminhou para a sala, onde se faziam os encontros e confraternizações dos homens. Pouco a pouco as pessoas que não estavam mais viradas no santo – termo comum para denotar a presença do *Orixá* em terra tomando os corpos dos iniciados – vieram cumprimentá-lo, tomando-lhe a bênção e trocando poucas palavras.

A moça esperou um momento oportuno para poder conversar com ele e foi constantemente interrompida por outras pessoas. Seu marido foi apresentado ao mestre, que o parabenizou pelo bom trabalho que estava fazendo mantendo a ordem no terreiro. Eles conversaram longamente sobre vários assuntos e o clima naquela sala foi de total descontração. As pessoas comiam e bebiam, enquanto os diálogos tomaram forma e todos os homens ali trocaram experiências e aprendiam um pouco mais pelas vivências daquele senhor.

A mãe de santo adentrou o local e todos os mais novos lhe tomaram os sinais de respeito, ela fez o mesmo com o velho *ogan,* há quem não via a anos. Eles permaneceram sentados conversando e os outros presentes, fazendo uso da educação habitual, se distanciaram, dando privacidade aos dois que tinham conversas a ser colocadas em dia. A filha observou sua mãe enquanto aguardava oportunidade; jamais imaginou que os dois tinham um laço tão grande de amizade.

Ao senhor foi dada a cabeceira da mesa e ele comia junto dos outros homens, que esperaram respeitosamente que ele iniciasse sua alimentação para poderem pedir a licença. Ofereceram de sua comida a todos e o seguiram na degustação dos pratos simples, requintados, porém que enchiam os olhos e davam água na boca de quem quer que estivesse em sua presença.

A moça aproveitou para levar as travessas à mesa e falou em baixo tom, perguntando sobre o rapaz por quem se apaixonou anos atrás – ele já sabia de todo o ocorrido. Discretamente disse a ela que estava bem e seguia sua vida, porém seus desencontros eram pesarosos e, mesmo tentando viver normalmente, ainda era assombrado pela falta da moça. Disse também que, pelo visto, ela se encontrava em boa vida agora casada e todos deveriam dar continuidade aos seus caminhos, mas mal nenhum faria se conservassem no mínimo a amizade.

Seu marido fisgou algumas palavras no ar e ficou com dúvidas pairando em sua cabeça. Ela se distanciou dos homens e foi recepcionar as outras pessoas. O homem pensava em uma maneira sutil de assuntar sobre o teor da conversa de sua esposa, mas se mantinha calado, tentando ser discreto sem que ninguém notasse suas preocupações. Alguma intuição lhe veio à mente, acreditando que aquele velho fosse a resposta para a pergunta que o assolava; ele queria saber com quem ou o que dividia o coração da esposa, mas tinha real medo das respostas que poderia receber. Ele a amava intensamente, mas sabia que jamais poderia dividir o amor de sua mulher. Era contumaz e orgulhoso querendo tudo apenas para si e receava acerca de sua atitude sobre as coisas que poderia descobrir.

Tudo transcorreu como de costume e quando retornaram para o descanso de sua casa, ele perguntou à esposa sobre a conversa que teve com o velho ela desconcertada respondia que não era nada demais, que falavam apenas de *Candomblé*. Ele aceitou mas não se convenceu do que ela lhe havia falado. Preferiu encerrar o assunto, tomar seu banho e ir dormir. A mulher sentia que seu marido desconfiava de alguma coisa, porém pensava não ser nada demais.

Pela manhã ele não participou dos atos da casa, saiu cedo sem rumo, vestido apenas com suas roupas próprias para atividade física e pôs-se a correr pela orla da praia. As mulheres admiravam seu corpo em forma e uma amiga de sua esposa, que trabalhava em uma barraca de frutas na praia, não lhe tirava os olhos enquanto trotava banhado pelas luzes do sol da manhã. Aquela mulher passava a cobiçar o marido de sua amiga, porém permanecia discreta, sem revelar a ninguém suas vontades. Quando o viu passando quase desnudo, apenas trajando o calção e os tênis que usava, o desejou.

Ele corria pela praia imaginando que sua mulher escondia alguma coisa e aquela ideia martelava em sua mente enquanto suas pernas absorviam o impacto de seus pés com o chão duro do passeio beirando a areia da praia. Era disciplinado e adorava manter-se em forma. No retorno do percurso, ele parou diante da barraca dela e repôs suas energias gastas com uma água natural do fruto do coqueiro.

A mulher tentou procurar assunto, mas foi interrompida no interpelar a respeito do motivo pelo qual não havia participado da festa na noite anterior. Respondeu que, como acordava cedo para trabalhar, não pôde ir. Ele ponderava mentalmente ainda sobre sua mulher e foi observado enquanto era desejado. Ela aumentava sua vontade, pensando que era tão injusto que fosse casado com uma mulher que amava outro homem, enquanto poderia dar horas ou dias de prazer e luxúria ao militar que lhe chamava atenção. Poderia acabar se tornando uma pessoa de má índole, que tinha tudo para tentar destruir um relacionamento tão sólido, porém, em contrário havia o respeito pela amizade da moça, o que a mantinha quieta.

O rapaz retornou a correr, chegando em casa horas depois, já não encontrando com sua esposa. A notícia vinda de suas pequenas filhas era de que ela estava no *Ebé* cuidando dos afazeres para o almoço dos membros. Ele se banhou nas águas frias do chuveiro que refrescou seu corpo suado e a mente atribulada; logo depois, tentou distrair-se estudando para prestar um concurso e ser promovido em suas funções.

Dias se passaram e ele percebeu nitidamente uma diferença em sua esposa depois da conversa com aquele homem na festa. Ela parecia mais indiferente a cada dia e poucos foram os momentos em que expressava um sorriso, seu semblante era o de alguém que estava a toda hora matutando algum assunto. Várias vezes interpelou sem sucesso em seu intento e ela sempre arrumava um jeito de se esquivar e manter a normalidade. Uma noite qualquer, eles conseguiram que as crianças ficassem aos cuidados de uma filha de santo do terreiro e saíram para se distrair. Ele insistiu que o acompanhasse e o pensamento mútuo era de que o passeio serviria de refresco para os dois e somasse no relacionamento, fazendo com que voltassem à rotina do dia a dia.

A noite quente foi apreciada. Eles estavam em uma mesa rodeada de amigos à beira da praia entre as barracas, onde as pessoas eram atendidas e as garrafas de cerveja abrigavam a boa conversa dos amigos. O som do samba conduzia a dança dos presentes, que se entregavam à descontração e ela se soltava depois de um bom tempo, dançando e requebrando seu belo corpo, enquanto o marido trocava risadas com os outros e admirava a alegria de sua cônjuge. Ela estava ali rodeada pelas pessoas enquanto bailava e não pôde perceber o aproximar de sua amiga da barraca de praia. Sua antiga amiga de bagunças pela vida estava presente em um quiosque mais distante com outro pessoal e pôde perceber a presença deles.

Veio com outras pessoas e se juntaram todos. Ela sentou-se já com a mente bagunçada pela quantidade demasiada de cerveja ao lado do militar, que se tornara seu objeto de desejo. Começou a conversar em um tom mais sedutor, o que o deixou meio desconcertado; porém, ele elegantemente repeliu suas atitudes até que ela não se conteve; com fala mansa, articulou-se em um escárnio ofensivo. Ela indagou o rapaz sobre seu relacionamento. Permaneceu mudo enquanto ela perguntava como era amar uma mulher cujo coração tinha outro dono. Aquelas palavras não foram processadas de imediato e, ao se dar conta dos dizeres, ele se tornou mais enérgico ao querer saber do que estava falando.

Somente as palavras dela se destacaram e ouviu-se de sua boca a afirmação que realmente temia. Sua esposa nunca havia tocado naquele assunto com ele. Já sob o efeito do álcool, levantou-se vorazmente da cadeira, derrubando algumas garrafas de cerveja e atraindo atenção sobre si. Sua esposa visualizou a cena sem entender o que estava se passando e ele deu as costas a todos, caminhando e pisando duro sobre o chão, quase que marchando.

Sua mulher perguntou o que estava acontecendo e, em resposta, teve apenas as gargalhadas de sua amiga. Ela o chamou aos gritos e não obteve nenhum resultado. Ficou sem entender e se dividiu entre perseguir seu esposo ou continuar inquirindo a amiga sobre o fato. Demorou até tomar uma atitude e, enquanto isso, ele sumia na multidão. Todos estavam pasmos e não conseguiam imaginar o que estava se passando, até que ela se dirigiu novamente à mulher.

Dada a explicação, prantos dolorosos foram derramados enquanto palavras de baixo calão eram trocadas – ela não tinha o direito de interferir na vida de um casal daquela forma. Porém, a resposta era somente uma, parafraseando algum escritor enquanto dizia que quem fala a verdade não merece castigo.

A briga começou e as duas se insultavam e tentavam desferir golpes uma contra a outra, tentavam se pegar pelos cabelos e eram apartadas pelos presentes. A vendedora de frutas foi levada para longe, enquanto a mulher sentava-se chorando na areia da praia, olhando o horizonte, tentando imaginar qual seria a reação do marido ao chegar em casa. As pessoas se ofereciam para levá-la e ela apenas pedia para que esperassem um pouco até se recompor. Outras de suas amigas tentaram dar boas palavras de afeto e compreensão, mas, já conhecendo a personalidade do homem com quem dividia o teto, ela imaginou que seria muito difícil de dobrar as reações adversas que ele poderia esboçar.

Pensava em sumir. Sabia que sua relação estava em jogo e, mesmo que conseguisse manter o casamento, seria uma ferida que jamais cicatrizaria. Como um vaso que se quebrava, poderia até ser colado, mas as rachaduras sempre permaneceriam – nunca mais seria o mesmo e assim seria também com sua relação. Ela não havia mentido em momento algum, porém escondera algo de tanta relevância.

Seus pensamentos se misturavam ao som do mar quebrando nas pedras da praia e realmente não sabia como proceder agora. Atendeu a um pedido de que fosse acompanhada até em casa e assim o fez. Durante a caminhada, as pessoas tentavam ajudar a encontrar respostas para perguntas que ela mesmo não fazia, mantinha-se calada e os outros falavam e queriam se intrometer de maneira positiva. Ela não dava atenção e andava sem nenhuma reação.

Chegando na entrada do terreno, encontraram com algumas pessoas que lá estavam. A frente da casa estava razoavelmente populada, tentavam entender o motivo pelo qual o soldado entrou como um furacão e sem falar com ninguém. Todos estavam ali curiosos com o que pudesse seguir. Ela parou na entrada e foi inquirida sobre o ocorrido, mesmo assim não comentou nada com ninguém. Respirou fundo e tomou rumo à sua morada.

Seu marido já estava em meio a malas completas por suas roupas. Ele não falava nenhuma palavra, apenas juntando seus objetos de pertence e ela olhando-o pela porta do quarto quando foi percebida. Ao perguntar o porquê de sua atitude, ele respondeu em tom de briga que fora enganado, que ela escondia dele um sentimento por outro e que o motivo de nunca ter tocado no assunto era de que havia a probabilidade de reconciliação, ou mesmo de que pudesse existir um caso entre os dois; sendo assim, ele mesmo descobriria quem era o rapaz para saber sua versão.

O coração dela se apertou e tentou explicar toda a história, porém os olhos dele estavam cheios de raiva e nenhuma palavra que dissesse seria digerida. Ele gritava aos prantos e nos momentos que destacou quais seriam suas mágoas diante da situação, arremessava objetos contra a parede, talvez como meio de colocar a raiva para fora evitando agredi-la.

A mãe de santo foi chamada e adentrou o recinto indagando preocupada sobre o que ocorria; ele tentava não ser desrespeitoso, mas seu sentimento momentâneo era maior enquanto chamava sua esposa de traidora e perguntava se a velha era conivente. A senhora estava decepcionada com a atitude e se repreendeu internamente por saber de toda a situação sem nunca ter aconselhado a filha a ser sincera com ele. Ela pedia calma e dizia que esfriassem a cabeça antes de discutir sobre o assunto, se não fizessem isso por ela, que fizessem pelos *Orixás* da casa, que presenciavam do mundo espiritual toda a briga do casal.

Ele pegou suas coisas e caminhou em direção à porta, deixando a promessa de voltar quando estivesse mais calmo. As pessoas, ao perceberem que estava saindo, tentavam disfarçar o interesse no conteúdo das discussões e eram refreadas pelas palavras duras vinda dele. Os presentes se dispersaram e ele seguiu a caminho da casa de sua mãe.

A moça sentou-se na cama chorando e a senhora ao seu lado tentava o consolo, elas conversaram longamente sobre o ocorrido. O rapaz era realmente de boa índole e talvez teria aceitado tudo se soubesse desde o início. Mas agora já era tarde, só restava esperar por sua volta, quando poderiam conversar civilizadamente. Entendia que, mesmo gostando muito do seu marido, jamais se livraria da lembrança do homem que amou em sua juventude. Achava injusto não poder se entregar completamente a um amor incondicional pelo pai de suas filhas e a situação era complicada, pois jamais teria o direito de afastar as crianças do pai.

A outra senhora, que sempre a aconselhava assim como fazia com sua mãe de santo, também estava presente e a par de tudo. As três ali ponderaram sobre todo o ocorrido e podiam imaginar que, para o homem, seria difícil entender que, se algo foi mantido oculto de seu conhecimento, foi apenas para preservar um bem maior, a relação.

Uma das velhas cogitou a possibilidade de se fazer algum preceito para acalmar a mente dele e tudo voltar ao normal, mas foi refreada pela moça, que sabiamente argumentou ser injusto interferir na relação por meio dos *Orixás*. Era mais digno sentarem e conversarem para que chegassem ou não a um consenso.

Todo o ocorrido permaneceu por dias na cabeça do soldado, enquanto trabalhava e retornava para a casa de sua mãe nas horas de folga. Fora lhe dado o tempo necessário para pensar sobre como proceder. Ele passou aqueles dias sendo abrandado pelos conselhos da mãe e até se achando injusto por nem ao menos ter perguntado se a moça possuía ainda algum sentimento acerca do outro homem. Ele tomou coragem e rumou para o terreiro. Ao passar pela grande porta de entrada, avistou de longe a tristeza de sua esposa, que carregava uma lata d´água na cabeça ainda de pés descalços e com as saias sujas pelo trabalho árduo na *Roça de Candomblé*. Ele pensava em como iniciar a conversa com ela e tentar entrar em um acordo que viesse a favorecer ambos, conjuminando na reconciliação.

Entrou, tomou seu banho e vestiu suas roupas de ração normalmente. Era observado pelas pessoas que ali estavam enquanto saudava os *Orixás* da casa. Procurou sua sacerdotisa e tomou-lhe a bênção, logo depois saudou os mais velhos e foi cumprimentado pelos demais.

A velha o aconselhou a conversar com sua filha no interior de sua casa, longe dos olhares dos fuxiqueiros, e foi atendida. Eles se sentaram à mesa se cumprimentando e por um instante nada foi falado. A velha permanecia como mediadora e era respeitada. Ninguém falava nada, até que veio o pedido à sua filha para que lhe contasse toda a história.

A moça sentiu um nó na garganta e não sabia por onde começar. Ela dissertou sobre a importância que sentiu em preservar todo o laço que os dois construíram e que no começo até pensou em lhe revelar toda a verdade, porém, foi adiando até que chegou a um ponto em que suas palavras talvez fossem entendidas da forma como tudo havia terminado e, enfim, de uma maneira ruim tudo veio à tona.

Buscou no fundo do coração as palavras para explicar a ele toda a sua história de amor e desencontros. Passou um bom tempo dizendo sobre a pureza daquilo que tivera ainda muito jovem e como fora separada pelos dogmas do *Candomblé*. Falou sobre seu sofrimento ao longo desses anos, até que o encontrou e descobriu uma outra forma de felicidade; da relevância de suas filhas na vida do casal e dos bons momentos que ele lhe havia proporcionado. Aquele coração duro esculpido pelo militarismo se comovia e tentava discernir sobre o assunto, então a velha, ao ver que a conversa tomaria bom rumo, os deixou para que conversassem mais intimamente. Saiu fazendo bons votos e foi sentar-se à sombra de uma árvore na frente do barracão.

Ele a indagava sobre seus sentimentos, se havia a possibilidade de permanecer junto ao homem que amava e qual seria seu papel diante disso tudo. Realmente não podia afirmar como seria sua reação, mas era direta ao dizer que nunca poderiam ficar juntos, que depois desse tempo todo passado estava ao lado de uma pessoa por quem tinha muito apreço, carinho, respeito e admiração. Nunca poderia, infelizmente, despejar sobre ele um amor arrebatador, mas com toda a certeza continuaria se esforçando para ser uma esposa exemplar.

Isso tudo não era suficiente, porém ele sugeriu a reconciliação, com a ressalva de que, se alguma coisa lhe fosse novamente oculta, seria a última vez. E pediu de coração que tentasse esquecer a outra pessoa e vivesse uma vida plena a seu lado e de suas meninas. Os dois saíram novamente como um casal. E a mãe se orgulhava da atitude tomada por ambos, assim como as outras testemunhas. Passados os dias, depois que retornou a viver em sua casa, tudo transcorreu bem.

A notícia do falecimento de uma pessoa muito importante para a religião chegou, todos se condoíam em luto e o Conselho dos *ogans* da casa já se punha a definir quem seriam seus representantes na cerimônia fúnebre. A mãe de santo, com sua saúde debilitada, não poderia comparecer e seria representada por sua sucessora. Estabeleceram a comitiva que compareceu ao velório e depois ao enterro. A noite seguinte seria o início do *Axexê* e a mesma comitiva se faria presente. Participando do primeiro dia, existia a obrigatoriedade de ir em todos até o término, o arremate.

As mulheres prepararam suas vestes brancas, assim como os homens todos aprontaram seus ternos e sapatos, além da boina branca indispensável. Sairiam juntos em procissão pela rua até a chegada no terreiro onde seria celebrado, liderados pela herdeira da casa e seu esposo. O clima era triste já na entrada e muitos compareceram. Conversavam sobre a passagem da vida daquela pessoa, relembrando suas histórias e momentos que tiveram juntos. Todos os preceitos já haviam se iniciado e a abertura era presidida por aquele senhor que todos respeitavam – o que há pouco tempo teria visitado o *candomblé* na casa daqueles que vieram prestigiar o falecido.

Passaram pelos ritos necessários que precedem o *Axexê* e tomaram seus lugares ao ouvirem o iniciar das cabaças que tomavam os lugares dos *atabaques* nessa cerimônia. Depois do *Ipade*, a toda hora um ou outro *ogan* se ausentava do barracão, eles tomavam rumo discretamente a um lugar de encontro deles, onde bebiam em homenagem ao *Egun*,[100] ou espírito da pessoa que partiu.

No retorno de alguns deles, enquanto se começava a reverenciar os ancestrais, entrou um rapaz no salão vestido impecavelmente em um terno branco, de colete e suspensórios, sapatos e um *filá*.[101] Ele tomou posição ao lado de seu mestre, que fez sinal mandando-o prosseguir: já que fazia parte da Seita dos *Eguns*, era justo que ele cantasse.

Reverenciou os ancestrais e iníciou seus cânticos. A moça, do outro canto do barracão, percebeu a mudança da voz. Seu coração se apertou e ela se levantou. Quando o olhou, uma lágrima escorreu do canto de seus olhos. Ninguém dançava. Ele estava reverenciando os ancestrais mais antigos e somente ele ou algum *Ojé* poderia dançar. As pessoas foram tomando lugar à frente das cabaças e dançando à medida que ele ia puxando a sequência de cantigas.

Em determinado momento, somente os mais velhos estavam dançando – a todo instante os presentes passavam moedas no corpo, que lhes eram entregues e, durante ou mesmo ao final da dança, eram depositadas pelos que dançavam em uma outra cabaça à frente dos tocadores. Ela evitava dançar, mas, conforme ele ia cantando e puxando as sequências, convidava por meio dos significados das cantigas primeiro os *Ojés* e depois os *Amuixans* presentes a dançarem. Um frio começou a tomar conta de sua espinha, pois ela entendia o que estava se passando e sabia que não havia como fugir quando fosse sua vez. Convocava agora todos aqueles que eram *Abikús*[102] a dançarem.

A presença das *Ialorixás* e *Babalorixás* mais velhos era convocada e dançavam divinamente perante os tocadores das cabaças, que já se demonstravam um pouco cansados e pediam para haver um revesamento. Ao término das cantigas, os dois tocadores davam lugar aos próximos e entre eles o *ogan* que continuava a cantar enquanto também passava

---

100. Do *original em Yorùbá, Eegún,* que tem o significado de "espírito", ou mesmo *Eegún* pode ter o significado de "osso", o que representa a condição do falecido, que será cultuado e, ao término das obrigações do *Aṣèṣè,* será reconhecido como *Ẹṣá*.
101. Do *original em Yorùbá, Fìlà*. Chapéu de origem africana muito utilizado pelos sacerdotes de *Candomblé* e membros do culto aos ancestrais no Brasil.
102. Pessoa que nasce destinada a morrer jovem. Ver glossário.

a tocar a cabaça principal, que executava o som correspondente ao *atabaque* do *Hun*.

Quando ele chamou para dançarem os *ebomis* mais velhos, ela ficou sem ação sabendo que não poderia se ausentar e caminhou lentamente até a frente dos músicos, reverenciou a entrada do barracão, seus mais velhos e os tocadores, como feito antes por todos os outros, e começou a dançar. Ao perceber quem dançava, ele manteve-se firme enquanto cantava todas as sequências que poderia encaixar, na tentativa de prolongar o momento.

Um misto de tristeza e contentamento tomou seus olhares e ele inspirou-se fortemente e passou a tocar aquela cabaça e cantar com tanta vontade que o som saía perfeito e limpo, como se fosse mesmo de um *atabaque*. O marido observava a cena de longe, sem entender o que estava se passando, pois agiram naturalmente sem dar indícios dos sentimentos que estivessem aflorando.

Dava sequência cantando para os *ogans* e *equedes* fazerem parte da dança e logo após pediu substituição e entregou o restante da cerimônia aos seus mais velhos. Aquele *ogan* tinha para si o *Axexê* como a celebração mais bonita do *Candomblé*. Todos cantando e dançando em homenagem à pessoa que deixou esse ciclo terreno para iniciar um novo ciclo no mundo espiritual. E toda a beleza do ritual era apreciada pelos presentes, enquanto que os poucos *Orixás* que estavam manifestados em terra percorriam os arredores do barracão, portando um *mariô*[103] nas mãos.

Ainda tristonho, ele retornou para o lugar reservado e se juntou com seus amigos para beberem novamente. Tanto tempo já se passara desde a última vez que trocaram olhares. Nem sabia como proceder, se falava com ela ou apenas a ignorava. Preferiu tentar manter o foco no rito em execução, não se desconcentrando da obrigação. E ela aproveitou para dançar mais enquanto ele estava fora. O ritual prosseguiu e todas as noites se passaram do mesmo jeito até o arremate.

No último dia, eles tiveram uma oportunidade reservada de se falarem. Breves palavras sobre alguns ocorridos até o momento e o contentamento pelo reencontro. Os dois se viam felizes com a boa vida que tinham. Infelizmente a língua das pessoas era mesmo terrível e, através delas, seu marido veio a saber dos fatos. Desta vez tentou manter-se sereno e aguardar a atitude da esposa. Deixou-os à vontade sem interrompê-los, nem mesmo fazendo sua presença próxima a eles.

---

103. Do original em *Yorùbá, Màrìwò*. É a palha do dendezeiro desfiada.

Enquanto conversavam, ele deliberava sobre suas futuras atitudes. Após todo o preceito, as pessoas foram embora. O casal caminhou com seus irmãos para casa e, lá chegando, todos tomaram seus banhos e prosseguiram como de costume após um *Axexê*. Os dois rumaram para casa e novamente, aproveitando a ausência das filhas, conversaram. Calmamente ele indagou sobre o rapaz e dessa vez ela usou da sinceridade lhe dando a resposta.

Disse que foi difícil lidar com a situação, pois mesmo depois de todo esse tempo seu coração ainda não havia superado o amor que estava lá dentro. O homem se decepcionou e respondeu já ter sabido sobre quem era o possuidor de tanto sentimento. Deixou bem claro que não poderia competir e nem era de sua vontade. Ela mesma não poderia exigir nada e deixava em suas mãos a decisão de como procederia sua vida conjugal a partir de agora. Dizia que não seria justo com ele impedir que pudesse ter uma vida plena ao lado de outra mulher e que, se fosse de sua vontade, jamais causaria transtornos – poderia ir mesmo embora desta vez. Pediu somente que não abandonasse as crianças, pois tanto o amavam e deveriam ser correspondidas.

O silêncio tomou conta do quarto e sua resposta estava implícita no ato de dormir no sofá enquanto ela permanecia na cama. Pela manhã, após o banho, começou novamente a arrumar suas coisas. As malas já estavam prontas quando um olhar triste apenas a correspondia com o silêncio. Olhava para as paredes da casa que construiu e para os móveis que compraram juntos com tanto esforço, sem emitir uma só palavra, encarava-a como se apreciasse uma obra de arte que nunca mais fosse ver. Trocaram um forte abraço e as lágrimas escorriam lentamente do canto de ambos os olhos. Dizia que para sempre seriam amigos e não deixaria de cuidar dela e de suas filhas.

Sem que os membros que estavam na casa percebessem, retirou suas coisas e foi embora. Nem se despediu das crianças, deixou a cargo da mãe explicar a situação de uma maneira que não as traumatizasse e esperava retornar em alguns dias para vê-las mostrando realmente que seu pai jamais as abandonaria.

As mulheres da casa, ao saber, lamentavam pelo fato ocorrido e se punham a apoiar a jovem herdeira no que podiam. A mãe de santo não podia ser do contrário e dizia que as coisas acontecem porque devem acontecer, nada era em vão. A jovem sofreu por alguns dias, nos quais a felicidade se apagou momentaneamente de seu rosto, dando lugar a uma expressão sempre indiferente, mas mantinha-se firme em suas obrigações procurando não pensar em tudo que lhe aconteceu durante a jornada de sua vida.

Suas filhas, sempre que demonstraram estar chateadas com a atitude do pai, foram refreadas pela mãe, que era assertiva em demonstrar suas qualidades e todo o esforço para a educação e felicidade delas; porém, infelizmente o casamento não havia dado certo e, mesmo assim, o pai tinha que ser entendido e respeitado. A ele as crianças deveriam todo o afeto e carinho do mundo. Orgulhava-se todas as vezes das atitudes delas quando as visitava, pois, com o tempo que lhes foi dado para processarem a informação, passaram a demonstrar ainda mais o amor por ele.

Não deixou de frequentar o terreiro e era sempre muito bem recebido, continuava a desempenhar suas funções como se nada houvesse acontecido. Seguia um relacionamento de amizade verdadeira com sua ex-esposa e passou a ser ainda mais admirado pelos demais, que esperavam uma reação adversa após todos os acontecimentos. Foi digno protetor da casa e dos costumes e a ele, que conquistou toda a confiança dos membros que o amavam como um grande pai, um pai disciplinador e que zelava pela integridade de tudo e de todos, os demais continuavam a obedecer.

Capítulo XIII

A Compaixão

Uma mulher que costumava frequentar a casa, como cliente e simpatizante, certa vez pediu autorização à mãe de santo para trazer uma amiga que passava por dificuldades. Sua vontade era a de que, através do jogo de búzios, encontrasse uma solução para seus problemas. Após alguns dias, as duas foram ao terreiro e aguardaram pelo momento em que seriam atendidas.

Chegaram quando ela coordenava algumas funções da casa e por esse motivo se obrigaram a esperar por algumas horas. Não arredavam o pé e aguardavam impacientes, observando a rotina diária dos filhos de santo da casa. A mulher que foi trazida nunca havia adentrado a um *Ilê Axé*, jamais teve a curiosidade acerca do que se passava dentro dos muros de uma casa de *Candomblé*, mesmo assim achou muito bonita a maneira respeitosa com que todos se portavam e cumpriam com suas obrigações.

Uma mulher negra, muito linda e de cabelos afro, trajando roupas brancas e com os pés no chão se aproximou, já era conhecida da cliente habitual e foi olhada com ar de indiferença pela acompanhante. Convidou-as para a pequena sala onde ficava a mesa de jogo e foi seguida.

Pediu que sentasse à frente dela e a mulher, que nunca havia estado diante dos tão sagrados búzios, olhou como se fosse algo realmente muito estranho e indagou a respeito da presença da mãe de santo. Surpreendeu-se quando recebeu a notícia de que seria atendida por aquela moça, que seria a futura *Ialorixá* do terreiro. Seus olhares de espanto foram notados – ela talvez sentisse mais confiança se fosse recepcionada e atendida por uma velha que aparentasse mais experiência.

As palavras de sua amiga eram para que confiasse na habilidade da mulher em manusear aquele jogo divinatório e não a confortaram muito, mas, como já não possuía mais alternativas na busca pela resposta a seu agravo, aceitou e permaneceu apenas olhando.

A *ebomi* acendeu a vela branca que estava ao lado do pequeno tabuleiro – utilizado para aparar a queda dos *Kaurís*[104] – e logo depois, molhou suavemente as mãos e pegou os búzios um a um enquanto recitava dizeres em voz baixa, parecia estar murmurando alguma coisa. Esfregou-os algumas vezes com as duas mãos espalmadas, executando aqueles movimentos sem parar de sussurrar; era como se estivesse conversando com alguém – até sua expressão se alterou um pouco enquanto dialogava com o Universo, com o mundo espiritual.

Pediu para que a acompanhante deixasse a sala e fechasse a porta, indagou pelo nome completo da consulente e, assim que respondido, olhou-a bem no fundo dos olhos e os búzios desceram todos de uma vez sobre a madeira adornada por poucos fios de contas em cima da mesa. Ela os examinou cuidadosamente com uma das mãos aparando o queixo e a outra apoiando a cintura, seus olhos foram de espanto e ela nada falou. Sorriu e parecia ler em cada búzio sobre a mesa um capítulo da história da mulher. A curiosidade acerca do que se estava vendo era enorme e demonstrou vários sinais de expressão corporal de alguém que não conseguia se conter diante de tanto mistério que a *ebomi* fazia.

Começou a falar e contar toda a vida da consulente a partir de onde suas adversidades começaram. Contou sobre o problema de traição que teve por parte do ex-marido, a doença da falecida mãe que a desgastou durante o tratamento, que foi caro e dispendioso, a vontade de ter filhos, mas que o problema de sua infertilidade era espiritual e, para que sua vida voltasse a se firmar, precisaria fazer santo. Somente a iniciação poderia trazer um resultado satisfatório em sua vida. Era uma mulher de vinte e tantos anos, ainda bem jovem e que pensava estar em suas mãos o direito de decidir seus caminhos.

Todas as palavras ditas eram difíceis de ser digeridas. A mulher jogou os búzios somente uma vez e teria visto tantas coisas assim, sem ao menos uma confirmação, porém, de todas as palavras nenhuma diferia dos fatos ocorridos até aquele ponto. Passava a confiar mais nas habilidades da pessoa à sua frente e se sentiu à vontade para inquirir sobre a vida de um homem que lhe despertava interesse e de uma maneira direta foi interrompida, ouvia que a função empenhada ali era para dar solução a problemas de origem espiritual e não pessoais – se tinha algum interesse pela vida de outra pessoa num campo material ou afetivo, que procurasse essa pessoa e se entendesse diretamente com ela.

---

104. É uma das denominações do búzio entre o povo de *Candomblé* e conhecido originalmente entre os *Yorùbá* como Owoẹyọ.

Sentiu-se envergonhada pela atitude egoísta que teve e se desculpou. A resolução de seus problemas lhe foi entregue e pedia naturalmente um tempo para que colocasse as ideias em ordem. Sendo assim, retornaria alguns dias depois para dar-lhe a resposta. A *ebomi* apenas sorriu mostrando seus lindos dentes brancos. Jogou os búzios mais duas vezes, falou também que a vontade dela seria respeitada e perguntou-lhe, se fosse a vontade de Deus, se a respeitaria também, e a moça respondeu afirmando que a vontade de Deus, por ela, seria inquestionável.

Levantaram-se da mesa e, saindo da sala, foi diretamente conversar com sua acompanhante. Foram levadas até próximo da entrada do terreno. Despediam-se sorrindo e elas a agradeceram, em seguida deram-lhe as costas caminhando. A jovem virou-se, chamando as *equedes* da casa que vieram rapidamente querendo saber o motivo de estarem sendo solicitadas. Ao alinhar os pés com a saída da casa, a moça foi arrebatada por uma energia imensa que a fez rodopiar e cair no chão.

Acudiram-na rapidamente e o olhar de espanto da acompanhante era apreensivo, só testemunhava tal ação durante as festas da casa, nunca havia visto uma pessoa bolando no santo sem a presença de outro *Orixá* mais velho ou mesmo do toque dos *atabaques*. Carregaram-na diretamente para o *Hundeme*[105]. A mãe de santo observou a tudo de longe, encostada na parede e sorrindo ligeiramente de braços cruzados. Entrou novamente em sua casa e aguardou a chegada de sua filha.

Caminhou acompanhada pela antiga cliente até a casa e lá, sentada junto à velha, lhe foi explicado que uma divindade reclamou a cabeça da pessoa que se encontrava agora reclusa e como amiga que lhe pudesse ajudar, trouxesse alguns itens para que a iniciação fosse feita. Pediram para trazer objetos de uso pessoal dela como roupas, se fosse possível alguns objetos úteis aos ritos também. Ela atendeu prontamente. Como a pessoa morava sozinha, não houve muito problema. Apenas em seu trabalho, a compreensão das palavras acerca dos acontecimentos não foram muito bem-vindas e, de acordo com o encarregado, ela seria demitida ao retornar.

Recolheu na casa dela suas roupas de baixo e algumas roupas brancas que possuía, depois visitou uma costureira solicitando que fizesse as saias de ração para ser levadas ao terreiro. Entregou tudo que lhe foi pedido, e estava a seu alcance, depois retornou para sua casa

---

105. Como é conhecido no *Candomblé* brasileiro, o cômodo interno da casa onde as pessoas a ser iniciadas permanecem recolhidas e se praticam os atos de iniciação.

onde deveria dar segmento à sua vida. Sempre que podia, comparecia para auxiliar nesse processo de iniciação da sua amiga.

A mulher estava recolhida, com sua consciência longe do corpo. Fora tomada a decisão pela dirigente do *Ilê Axé* de que a responsável pela iniciação dessa nova filha de santo fosse a herdeira da casa. E, como já havia recebido anteriormente seus direitos de mãe de santo, tinha a competência e a responsabilidade atestadas por sua zeladora. E todas as etapas eram supervisionadas pela matriarca ou pela outra velha que também a assessorava. Durante os longos dias de preceitos que foram empreendidos nessa iniciação, a consciência da jovem não foi recobrada. Aquele santo estava ali presente sem abandonar a cabeça de sua filha e somente uns dias após a festa, quando a noviça foi apresentada ao mundo do *Candomblé*, finalmente acordou do misterioso sono em que permanecem aqueles que têm seu corpo possesso pelas energias sagradas.

Ainda meio confusa, olhava tudo à sua volta sem nada entender, aquele chão de terra batida rodeado por paredes simples sem reboque, e ao canto apenas um penico onde pudesse depositar suas necessidades fisiológicas, nada lhe era nem um pouco familiar. Despertou em cima de uma esteira toda vestida de branco e havia um colar de miçangas, elaborado, menos comprido e mais espesso que os outros que o acompanhavam em volta de seu pescoço, mais tarde vieram a lhe dizer que se tratava do *Kele,*[106] símbolo da obrigação dos iniciados. Sobre a pele de seus braços, quase na altura dos ombros e também na cintura, havia um trançado de palhas, os *Ikans*[107] destinados a protegerem-na das más energias e influências negativas.

Seus pés descalços estavam com um dos tornozelos adornado por um objeto que emitia um som de sino, o *Xaorô.*[108] Usava um calçolão por debaixo das saias e o *camizu* branco como as outras peças de roupa, tudo aquilo era estranho e ainda não entendia o que estava acontecendo. Lembrava apenas de ter se consultado através do jogo de búzios alguns minutos atrás, e talvez passado mal, provavelmente por causa do sol forte, enquanto deixava o espaço sagrado do terreiro.

---

106. Do original em *Yorùbá, Kẹle.* Colar de miçangas utilizado com função ritualística pelo iniciado em obrigações específicas.
107. Do original em *Yorùbá, Ikàn.* Trançado de palhas-da-costa conhecido no *Candomblé* brasileiro como contra-*egun*, talvez pelo seu significado de proteção.
108. Do original em *Yorùbá, Ṣaworo.* Sino esférico com a função de delatar a posição do iniciado e também de afastar os maus espíritos por meio de seu som.

Não acreditava que pudesse ter passado tantas semanas ali dentro daquele quarto, as palavras vindas de sua mãe criadeira[109] – função que foi dada àquela velha que assessorava a mãe de santo – eram desacreditadas. Ao perceber a falta de seus cabelos, ela praticamente surtou. Queria saber com detalhes o que ocorreu durante todo o tempo em que esteve reclusa, mas somente o necessário lhe foi dito.

Por diversas vezes tentou abandonar a casa, porém todas as vezes *Omolú,* seu *Orixá,* tomava-lhe a cabeça e a castigava, e somente depois de uns dias precedidos de choro e lamentação, ela veio a aceitar. Foi explicado a dificuldade de sua iniciação, todos os elementos foram doados por outras comunidades e terreiros que auxiliaram nos ritos cedendo animais, ferramentas e objetos para que se concretizasse a feitura daquele santo. Em razão de o *Orixá* não ter lhe deixado o corpo, sua amiga assumiu o compromisso e a responsabilidade de pedir as doações pelos bairros da cidade, arrecadando dinheiro ou mesmo mantimentos para ajudar nos preceitos e na festa. Era um costume tradicional, principalmente na iniciação do *Orixá Omolú,* que seus filhos se pusessem de maneira humilde nas ruas pedindo donativos. E não deixaram de fazê--lo, na impossibilidade de ser executado pela noviça, sua amiga pôde ocupar seu lugar – e sua atitude altruísta era com certeza vista e admirada pelo sagrado. Algum dia esse pequeno ato em prol da outra pessoa pesaria de maneira positiva em sua vida e talvez as bênçãos de *Omolú* recaíssem sobre a mulher humilde e de bom coração.

Era a primeira filha de santo de uma mulher destinada a herdar a liderança de uma comunidade de muitas pessoas e, por esse motivo, possuía todo o carinho e atenção de sua mãe, que também a disciplinava e passava o conhecimento necessário a essa etapa de sua vida. Toda a educação de *Axé* era aprendida nos dias que se passavam. Foi apresentada a todos os filhos da casa que gradativamente apareciam, sabendo a partir dali quem eram seus mais velhos e a quem devia sinais de respeito. Passava a cumprir uma rotina diária de meses, em que praticava toda a cultura do *Candomblé* sem deixar a casa e executava os preceitos necessários que aprendia lentamente.

Na primeira oportunidade após sua feitura, foi levada a participar de uma missa católica, onde recebeu as bênçãos do padre. Tal costume sempre foi feito em homenagem e reconhecimento pela ajuda que muitos padres cristãos despejaram sobre o *Candomblé* em tempos antigos. Já existia a desmistificação do sincretismo religioso, porém, se fazia

---

109. Dentro do *Candomblé* brasileiro, chama-se de "Mãe Criadeira" a pessoa responsável por cuidar do bem-estar do iniciado durante o período de reclusão.

necessário reconhecer que as primeiras iniciações em terras brasileiras se deram clandestinamente nos porões das igrejas católicas, e os membros daquelas comunidades mais antigas não achavam justo quebrar essa tradição de amor pelos desígnios sagrados.

Sua mãe criadeira lhe dizia que, mesmo que os dogmas cristãos de outrora fossem tão opressores e tivessem levado o *Candomblé* a possuir uma imagem errônea de bruxaria, de negatividade, magia negra – que de negro só possuía o tom de pele banhado pelo sangue dos escravos que comoveram, talvez por inspiração divina, os corações de uns poucos sacerdotes cristãos que encorajaram e protegeram a manutenção da religiosidade africana –, esse costume deveria perdurar, principalmente pelo respeito que os antigos tiveram.

Foi levada também para conhecer todas as outras casas mais antigas e as coirmãs, para ser apresentada às pessoas mais velhas e de destaque; saberia quem eram os poucos mais velhos da matriarca de sua casa e os outros de seu tempo. Tomou as bênçãos de todos e ouviu algumas palavras acerca da importância da feitura de santo, da história e cultura do *Candomblé*. Algumas pessoas relembraram como se deu seu próprio processo de iniciação, há muitos anos, e a importância que tudo isso tinha para a manutenção da fé.

Toda a humildade e educação que possuía brilhava aos olhos das pessoas que visitava ao longo dos dias; naquele estágio, sendo *Iaô* nova, devia expressar toda a humildade do povo africano, sentando-se em esteiras, comendo com as mãos e andando descalça e com o corpo arqueado, de cabeça baixa e sem encarar as pessoas nos olhos; era de fato uma boa imagem a que dividia com sua mãe de santo que, apesar de jovem, era elogiada pelo *Humbe*[110] dado à sua primeira filha. Tornava-se uma promissora sacerdotisa e alvo dos olhares de muitos, que lhe faziam votos de sucesso, assim como de outros que a olhavam com desdém – infelizmente não havia como agradar a totalidade, mas o papel a ser cumprido foi densamente trabalhado para que houvesse contentamento.

Um ano após a iniciação, chegou a semiliberdade. Já podia transitar para fora do terreiro e desempenhar algumas outras funções. Refletia sobre todo o tempo que morou naquele espaço e a beleza que possuía o *Candomblé*, simples e humilde. Lembrava-se das broncas e vergonhas que passou diante dos irmãos e como tudo isso foi necessário para que aprendesse algumas lições.

A *ebomi* que agora era mãe de santo, sentada naquela espreguiçadeira simples de vime entrelaçado, que adornava a varanda na entrada de

---

110. Como é chamada dentro do *Candomblé* brasileiro a educação de *Aṣé*.

sua casa, pensava na responsabilidade de ser zeladora de outras pessoas e que aquelas palavras ditas por sua mãe anos atrás mudaram completamente sua vida. Ao longo do tempo, todo o conhecimento adquirido não deixaria que passasse por apuros e a socorreria; sendo necessário, sempre haveriam outras pessoas mais velhas para buscar informação. Sua postura já era diferente, conheceu um amor arrebatador e acabou casando-se com outro homem e tivera crianças – as filhas que eram o sol que iluminava sua vida. A amizade foi mantida com seu ex-esposo e era profunda, com ele sabia que sempre podia contar.

O verdadeiro carinho e amor maternal por sua primeira – e até então única iniciada – era grande e com ela deveria trabalhar para atingir a excelência, e sua postura deveria ser exemplo para os que seguissem, manter um laço de mãe e filha em que a disciplina e o respeito não pudessem faltar – assim como ela teve, deveria repassar aos próximos de sua linhagem.

E em um dos poucos momentos de folga, admirava o entardecer enquanto os demais trabalhavam em suas funções. Conversava um pouco com algumas de suas irmãs, que já tinham o mesmo *status* de e*bomi*, falando sobre *Candomblé* e sobre os acontecimentos recentes da casa. Falavam somente no tocante ao geral e relembravam dos seus bons tempos de *Iaô*, quando eram constantemente repreendidas e doutrinadas com as palavras que ouviam dos mais velhos, e dos lindos *Orixás* das mais antigas que já não estavam entre elas e puderam ver, sem entender naquele tempo, como dançavam bonito.

Admiravam os meninos que brincavam de aprender *Candomblé*, cantarolando e batucando pelo quintal do terreiro. As crianças tentando dançar, todos crescendo e disseminando sua cultura.

Capítulo XIV

Responsabilidades

Já havia iniciado outras poucas pessoas sob os olhares de sua mãe de santo e praticamente todas as atividades do terreiro passaram a ser de sua responsabilidade. A velha sentia que seu tempo estava se esgotando e procurava repassar todo o conhecimento que adquiriu com os anos, o necessário para sua filha dar continuidade ao seu trabalho. Os segredos mais íntimos daquele *Ebé* estavam sob seus cuidados e dava total valor a eles, não sendo comentados ou discutidos com outras pessoas. Era uma particularidade que só dizia respeito a elas e aos mais velhos da família, que fossem indubitavelmente de total confiança.

A matriarca pouco saía dos cômodos de sua casa e mesmo assim ainda era visitada por muitos mais novos que lhe traziam agrados e trocavam horas de conversa, muitos vinham em busca do conhecimento ancestral e ela passava alguma ou outra coisa a quem julgasse ser merecedor. Outros, de quem tinha dúvidas sobre a integridade, nem tinham o direito a entrar, sendo convidados a retornar em uma nova oportunidade de maneira educada, oportunidade esta que jamais renderia mais do que alguns minutos de atenção.

Uma situação curiosa veio a ocorrer: uma das filhas de santo da casa adentrou desesperada o terreiro, foi aconselhar-se com a mãe e explicou-lhe sobre o ocorrido. Seu marido foi acusado injustamente de um crime de destaque na sociedade. O rapaz foi preso e seria julgado. Os jornais todos já destacavam a matéria que tomava a primeira página de muitos folhetins; ela não sabia como proceder e queria o auxílio de sua *Ialorixá*.

A velha explicou à filha que sua mente e corpo já estavam cansados; mesmo a vontade de ajudar sendo grande, não havia muito que pudesse fazer. A complacência pelo pesar de sua filha levou-a a orientar que procurasse a futura dirigente do terreiro e lá encontraria solução para os problemas.

A mulher de início se negou a pedir auxílio à irmã, o orgulho não a deixava procurar uma pessoa mais nova para que fizesse alguma coisa por seu marido. Até tolerava o trabalho da jovem executado em sua sociedade, mas agora era algo muito pessoal, não queria envolvê-la nessas questões, pois não achava correto.

A senhora a repreendeu dizendo que não bastava somente a idade de santo, muitas pessoas envelhecem mas não aprendem, e o conhecimento é dado em resposta à sabedoria de alguém que teve a paciência de ver e ouvir, aquele que não teve a humildade de se sentar para aprender jamais poderia se levantar para ensinar, e se quisesse realmente ajudar seu marido, se fosse mesmo inocente e tanto precisasse de auxílio espiritual, ela deveria engolir suas vaidades e quebrar seus paradigmas.

A mulher tomou a bênção da mãe e saiu. De frente à entrada do barracão, estava confusa e não sabia mais como proceder. O homem que amava estava em vias de ser condenado por um crime que aparentemente não cometera e ela não podia fazer nada. Sentou-se aos prantos próximo à porta do barracão e, amparada pela parede, sentiu uma mão carinhosa em seu ombro. Um questionamento acerca do que ocorria lhe foi feito e, quando pôde perceber, a futura herdeira do terreiro estava ali presente querendo compartilhar de sua amargura. Ajudou-a a levantar-se e caminharam até a entrada de sua casa, onde se sentaram na espreguiçadeira e foi relatado todo o ocorrido.

Sentia-se na obrigação de auxiliar, ainda mais pela confiança depositada nas palavras da mãe. Naquele momento algo a inspirou e pediu que a irmã fosse para casa sem se preocupar, que ao chegar tomasse seu banho e descansasse, pois os *Orixás* tomariam conta de seu marido. Pediu que, quando o fosse visitar, indagasse sobre sua inocência, se ela era real, e depois retornasse com a resposta.

Sendo assim, quando oportuno visitou seu cônjuge. Examinou o estado de sua integridade física e, quando um momento mais íntimo foi proporcionado, ela o inquiriu. A resposta foi a esperada. Jurava por tudo que lhe era mais sagrado ser inocente e que apenas estava no lugar errado e na hora errada. Dizia ter sido confundido por testemunhas dúbias, que o apontavam como autor do crime.

Ela pediu que se acalmasse e deixasse a cargo dos *Orixás*, que lhe fariam justiça. Ao ouvir essas palavras ele tentou se confortar, porém sempre respeitou, mas jamais acreditou na fé de sua mulher. Nunca a impediu de cumprir com suas obrigações, mas não eram de seu interesse.

Mesmo assim estava assolado pelo infortúnio e agradecia à sua esposa pela compreensão. Lamentava porque, ao ser julgado, seu nome e imagem revelados pela imprensa sujariam também o nome da família, envergonhando a esposa e os filhos; seus pais seriam alvo dos olhos de desaprovação dos vizinhos e ele não poderia suportar esse peso.

A mulher informou-se sobre a data da audiência e tomou rumo à sua casa, dias depois compareceu ao terreiro e procurou pela irmã dizendo-lhe que seria já no dia seguinte. Relatou todo o encontro que teve no cárcere de seu companheiro e o pesar a comoveu novamente.

Pediu que esperasse dentro do barracão. Ausentou-se por alguns minutos e caminhou até a fonte, em que iníciou o preceito anterior à retirada das águas. Desceu a lata pelo rolete apanhando a água e a carregando na cabeça, tomou rumo à cozinha que estava repleta de folhas frescas no chão. Escolheu atentamente galho por galho e os mergulhou na água, colocando-os depois em uma bacia grande. Despetalava e quinava as folhas, macerando-as com as mãos, enquanto rezava sussurrando. O sangue da folha se espalhou no fundo da bacia. Aquele sumo verde-escuro era vida e energia que depois foi separada dos bagaços que sobraram e foram despachados no meio do mato ancestral. O conteúdo da bacia foi misturado à meia lata d'água fria, retirada da fonte, e com essa água ela se banhou reservadamente no pequeno banheiro comum a todos do terreiro.

Com o corpo purificado, ela caminhou pela casa saudando todos os *Orixás*, todas as portas em que por trás houvesse a representação do divino, todas as árvores sagradas que continham a energia a seus pés, e, chegando novamente na porta da casa de *Xangô*, ela bateu pedindo licença e adentrou. Reverenciou o *Orixá* que ali residia e conversando com ele, dispersando suas palavras ao Universo sagrado, pediu que interferisse na injustiça que ocorria e uma intuição tomou conta de si, fazendo com que retirasse de uma pequena gamela uma pedra branca ainda menor. Carregou cuidadosamente a pedrinha enrolada em um pano branco, foi até sua irmã e lhe recomendou que a carregasse durante a audiência e só a devolvesse quando o homem estivesse livre.

Esperava por algum grande ato, talvez até o sacrifício de um animal ou um *ebó* longo e demorado, em que fossem efetuadas várias e várias horas de louvação e rezas, e somente uma pedrinha lhe foi dada. Fez um olhar de indiferença e falta de confiança, recebeu as palavras de que não perdesse a fé e o amor.

Ela pegou a pedra como se fosse nada, guardou-a dentro da bolsinha na qual ficavam suas moedas e colocou-a entre as dobras da saia em sua cintura, como se fosse um bolso. Parecia desfazer do empenho de sua irmã, mesmo assim a carregou para casa enquanto pensava no que poderia fazer ou em quem procurar naquele momento. O tempo era curto e faltavam poucas horas até o encontro de seu marido com o juiz.

Acordou cedo e se aprontou para a audiência. Recolheu suas coisas e caminhou para o fórum, chegando antes de todos. Aos poucos, os jornalistas foram querendo adquirir uma boa imagem que ilustrasse a notícia para postarem em seus pasquins. Seu coração se apertava imaginando que o marido se decepcionaria com ela e com os *Orixás* por nada terem feito. Ao sair do camburão, os *flashes* brilhavam sobre ele e não eram poucos. Todos já estavam presentes diante do juiz e durante o tempo necessário permaneceram, até o término da audiência que foi julgada favorável ao réu. Os fatos apontavam que havia a possibilidade de que não fosse de sua autoria o crime cometido, e as testemunhas tornavam-se todas duvidosas, pois não mais o reconheciam.

Como não tinham dinheiro para pagar um bom advogado e sendo designado um defensor público, não possuíam muitas esperanças anteriores ao veredito. Foi marcada uma nova audiência e, findado o julgamento, a felicidade dela era notada ao chegar em casa e refletir sobre o ocorrido. Quando abriu sua bolsinha, vendo a pequena pedra que ali estava, chorou e colocou sua cabeça ao chão, reverenciando o santo e pedindo perdão por sua falta de fé.

Os dias se seguiram e o verdadeiro autor do crime foi encontrado pela justiça, incontestavelmente foi reconhecido e as provas todas apontaram para ele. Na audiência seguinte, todas as acusações foram retiradas e seu marido tornava-se livre. Uma comemoração foi feita pela família, que em ritmo de festa recepcionava-o na volta para a casa.

Todos estavam contentes e abismados, ninguém acreditava que tanto destaque havia sido dado ao fato e nenhuma fotografia tivesse sido publicada nas matérias dos jornais e nem mesmo seu nome citado. Dias depois, em uma quarta-feira, no dia de *Xangô,* ela compareceu junto do marido logo cedo ao terreiro, portavam sacolas nos braços e passaram a tarde cortando os quiabos e preparando o *Amalá* em homenagem ao *Orixá.*

Saudou sua irmã quando de sua chegada, prostrou-se ao chão emocionada e devolveu-lhe a pedra, que fora colocada em seu local de origem após um ritual simples, pediu perdão por desacreditar e naquele instante ela declarava sua devoção e apreço por sua futura mãe de santo, oferecendo-lhe total amizade e seus préstimos enquanto houvesse vida em seu corpo. Contou à sua irmã e ao marido dela que um amigo lhe havia relatado fatos que ocorreram no jornal em que trabalhava um parente; todos estavam embasbacados e sem entender o motivo pelo qual todas as fotos do acusado de um crime ao qual foram cobrir o julgamento saíram queimadas, não revelando a imagem do réu.

Na chegada da noite, fizeram um verdadeiro *candomblé* e o santo veio em terra sacramentando todo o ocorrido e apontando seu marido, que foi indagado se aceitaria a honra e, logo após, foi suspenso literalmente no ar pelos *ogans* mais velhos da casa e apresentado aos pontos-chave do barracão. Logo após, foi sentado na cadeira ao término e cumprimentado por todos pela honra que recebeu. Ali naquele momento, jurou total devoção de sua vida àquele *Orixá* que lhe socorreu no apuro, e disse em alto e bom tom que por ele tudo faria sem jamais duvidar de nada. As pessoas se alegraram e compartilharam do *Amalá*. A casa ganhou um novo membro, que estreitava os laços daquela família, em que somente a mulher era presente até momentos antes.

A *ebomi* sentia-se muito feliz por ter feito um bem a uma pessoa idônea e, ao relatar todo o ocorrido no dia seguinte à sua matriarca, foi parabenizada e novamente aprendia alguma lição. Disse-lhe a velha que nem sempre precisaria de muitas coisas para resolver o problema de alguém, o *Orixá* inspirava divinamente o iniciado e por isso devia dar ouvidos à intuição. Nem sempre teria muitos objetos para poder fazer elaborados trabalhos e preceitos, mesmo assim usaria o que tivesse à mão. Aliados à fé e ao coração aberto, muitas vezes a própria inocência era observada pelo Universo, que viria em socorro dos necessitados.

Já se tornava uma e*bomi* da maior estima e respeito pelos outros, absorvia tanta sabedoria que, todas as vezes em que identificava não poder atender às necessidades de alguns, os encaminhava para outros templos espirituais, onde provavelmente seriam ajudados. A casa tinha suas tradições e não poderiam ser quebradas, não se sentia minimizada por vez ou outra não ter as respostas que as pessoas queriam ouvir e realmente, a cada dia que se passava, sua mãe se orgulhava da filha de santo que havia criado e que a substituiria.

Não podia escolher alguém melhor para dar continuidade ao *Axé* plantado havia tantos anos por pessoas que confiaram a outras boas pessoas a perpetuação das energias daquele lugar. Durante suas conversas costumeiras, a velha a encorajava para que cantasse, nem que fosse ao menos de vez em quando, porém ela possuía muita vergonha e somente cantava durante os ritos internos da casa. Já dominava muitas das cantigas, algumas que até poucas pessoas sabiam, mesmo assim não as colocava para fora.

De todas as suas habilidades, o cantar foi a que menos se desenvolveu. A casa era dotada de bons *ogans* que desempenhavam um *candomblé* bonito e bem tocado. Estavam todos os principais tocadores e cantores no padrão das boas casas, das casas tradicionais, e por isso a dirigente se mantinha orgulhosa e não se preocupava em se fazer tão presente nas festas, ainda mais que sua saúde não lhe permitia acompanhá-las por tanto tempo.

Em um dos *candomblés*, a presença da matriarca se fez apenas em um momento chave, no qual, diante das vistas de todos, surpreendeu-os enquanto parou a festa e deu um discurso sobre amizade, respeito e fé. As palavras dela comoviam e aproveitava-se para justificar também o fato de não manter sua presença regular. Dizia que apesar de toda uma vida de dedicação pelo sagrado, era natural que ninguém conseguisse segurar o tempo e esse tempo trazia a debilidade que todos um dia haveriam de apresentar. Falava sobre viver uma vida plena e que jamais se arrependia das coisas que já havia feito. Muitas vezes sofreu e foi feliz e em certos momentos esteve certa, talvez errada em outros, porém viveu intensamente cada um deles e, na idade que possuía, o direito de atingir a velhice e vivenciar o desenvolvimento de tudo à sua volta era um prêmio por tudo que ela abdicou e por todo o trabalho que desempenhou com amor aos *Orixás* e às pessoas, mesmo as que não mereciam.

Um discurso que foi um tanto melancólico, mas aplaudido por muitos que desejavam mais anos e saúde para que ainda vivesse, ensinasse e ajudasse muitos outros. Chamou para junto de si sua futura sucessora, mostrou-a a todos e destacou as melhores qualidades da moça, que se acanhava e nada dizia. Falava de sua vontade de que todos a apoiassem no momento necessário e banhava-os com as águas do conhecimento que já possuíam acerca de que a vida era um ciclo, que tem um fim, dando início a um novo ciclo e que um dia ela iria embora, mas o *Axé* permaneceria. As pedras e os ferros da casa não andavam e ficariam ali durante todo o tempo que fosse vontade dos *Orixás*.

Chamou a mulher que veio procurá-la quando seu marido passava por infortúnio no cárcere e, de sua chegada próximo à mãe, conferiu-lhe publicamente o posto de *Iá ebé*. Seria agora encarregada de ajudar a cuidar do bem-estar dos membros daquela sociedade, sempre auxiliando a mãe de santo em exercício e, como um cargo mais político, teria a responsabilidade de representar os membros daquela família de *Axé* em qualquer lugar.

Surpreendeu a todos com o anúncio e, logo após, deu sinal à sua velha conselheira, que iniciou os cânticos louvando o *Oyê*,[111] ou posto, dado à pessoa no barracão, e todos os mais velhos dançaram com cla ali. A velha mãe demonstrava certa dificuldade pelas pernas cansadas e, após toda a louvação, sentou-se e em seguida cantaram para *Oxum*, seu santo, que foi louvado longamente enquanto era cumprimentada e reverenciada pelos demais. As duas *ebomis* tornavam-se agora mais próximas e esse laço de amizade e compromisso perduraria pelos anos em que continuariam na manutenção da fé das pessoas.

---

111. Dentro do *Candomblé* brasileiro, posto ou cargo.

Capítulo XV

Novo Tempo, Novas Preocupações

Infelizmente as condições financeiras das pessoas daquelas terras eram muito escassas e a casa precisava de um apoio monetário para se manter. Não fosse por essa necessidade, a matriarca jamais confiaria à sua herdeira a missão de viajar por outros estados, onde poderia arrecadar mais dinheiro que viria em boa hora, ajudando nas obrigações e na manutenção do espaço físico do terreiro.

Ela viajou por terras distantes amparada por irmãos de santo que residiam nesses lugares e traziam para ela pessoas necessitadas de ajuda espiritual e dispensava horas de seu tempo consultando o oráculo e fazendo *ebós*, até mesmo dando as obrigações das pessoas que julgava necessárias e merecedoras.

Passou dias na casa de uma irmã de santo, que já fazia alguns anos que havia se distanciado tentando a sorte milhares de quilômetros de sua origem. Quando de sua partida, a mesma não possuía muitos bens materiais e ainda era mãe de uma criança. Fora tentada a perseguir sua felicidade em locais longínquos sem conhecer ninguém e então, dotada de sua coragem, entrou em um ônibus e viajou por horas, a bem da verdade dias, chegando ao seu destino e lá, após poucos dias de sofrimento em um local desconhecido, encontrou morada e trabalho na casa de uma mulher que possuía uma vida financeira muito boa.

Trabalhava como doméstica e cuidava dos filhos de sua empregadora, ganhando um salário modesto que dava para seu sustento e de sua filha. Nas horas vagas ainda trabalhava como vendedora de acarajés[112] pelas ruas da grande metrópole, o que lhe conferia um complemento à sua renda. Sempre foi grata pelo encorajamento de sua irmã e futura

---

112. Ver glossário.

mãe de santo ao partir. Desejou-lhe boa virtude na viagem e como auxílio a presenteou com 16 *Kaurís*, que ela mesmo preparou e, confiando em seu julgamento, em seu conhecimento sobre o oráculo, lhe deu palavras de conforto dizendo que o presente de coração a socorreria nos momentos de dificuldade. Essas palavras jamais foram esquecidas e os apetrechos religiosos realmente vieram a calhar.

Depois de algum tempo, já se destacava, ficou conhecida como mãe de santo e veio a receber alguns consulentes e clientes em busca de ajuda espiritual. Muitas dificuldades foram superadas e conseguiu se estabelecer fundando sua casa particular dentro de um terreno que chamou de *Ilê Axé*. Dividia seu espaço com os *Orixás* que cultuava. Houve a necessidade de algumas representações físicas que a auxiliassem em seus trabalhos e, certa feita, andava pelas ruas de terra batida e uma pedra lhe chamou atenção. Recolheu-a para sua casa e sozinha juntou o dinheiro necessário para a compra de um galo e consagrou sua energia ao *Orixá Xangô,* e aquela pedra passava a representá-lo em terra.

A casa singela já era frequentada por pessoas que despendiam sua devoção pelos santos e por ela; enquanto isso, a herdeira da casa matriz era hospedada humildemente e a ajudava em uma ou outra obrigação que pudesse fazer. Em uma dessas obrigações, em que participavam alguns *ogans* confirmados daquela cidade, veio a conhecer um rapaz jovem e de muita fé que lhe foi prestativo em todos os momentos. O jovem era filho de santo de um outro senhor, vindo de uma casa matriz do *Jeje*,[113] as terras mais longínquas e que possuíam uma cultura tão bonita quanto o *Ketu*. Era realmente uma pessoa de fé e não havia maldade consciente em seu coração; ele era dotado de grande sabedoria e conhecimento, principalmente sobre feitiços, mas somente os usava se necessário.

Esse rapaz passou a auxiliar a futura matriarca durante sua estadia naquele local e a levava para todos os lugares que eram necessários, não media esforços para ajudar nas obrigações que dava às pessoas e jamais cobrou da mesma qualquer quantia que fosse em troca do esforço desprendido. Não somente ele, como outros descendentes de seu *Axé* eram requisitados e a ajudavam. Eles sempre agiam sem interesse algum que fosse diferente do auxiliar. Morou durante algum tempo na casa desse rapaz e, mesmo ele ainda tendo seu pai de santo vivo, a tinha como uma verdadeira mãe, que também nutria por ele o amor maternal. Muitos foram os *ebós* e obrigações que fizeram juntos e o conhecimento

---

113. Iniciados no *Candomblé* de ritos e costumes do antigo *Dahomé* ou atual *Benin* na África.

dele se completava ao dela. Quando existia a necessidade de algo mais pesado e em que a moça não gostaria de interferir, a ele era passada a responsabilidade e seu saber o permitia fazer diversos tipos de magia em benefício das pessoas, que pagavam muito bem aos trabalhos, e esse dinheiro era prontamente remetido à casa de origem, onde era utilizado na manutenção do *Axé*. Procediam dessa forma apenas em casos de motivos justos, não fariam uso, jamais, de magia para prejudicar qualquer pessoa sem que houvesse necessidade real.

O amor e confiança foi cultivado ao longo dos anos e esse rapaz conquistou o direito de receber muitos dos costumes e conhecimentos acerca dos ritos, que eram mantidos em sigilo por tanto tempo. Jamais ele traiu a confiança que lhe foi dada. Como era jovem, não sabia realmente aproveitar tudo que lhe foi aberto, agia com inocência executando os diversos trabalhos, porém, sempre que podia se entregava aos prazeres do mundo. Era rapaz mulherengo e adorava os efeitos obtidos com o uso do álcool, notadamente gostava de uma boa bagunça, o que causava vários momentos de repreensão por sua nova mãe, que zelava por ele e tentava de todas as formas o doutrinar. Não adiantava, pois era um eterno jovem e vivia uma vida plenamente. Teve a oportunidade de conhecer e aprender com as pessoas mais sábias dentro da religião e muito aprendeu, mas ao longo de sua vida permaneceria pensando não ter aproveitado ainda mais, devido à sua constante boemia. Mesmo assim era querido e respeitado por todos: sendo um dos *ogans* mais antigos das terras onde residia, o respeito por sua pessoa era notório; havia visto, tocado e cantado na iniciação de muitas pessoas.

Detinha a amizade dos mais importantes daquela cidade e não havia sequer um que desgostasse de sua pessoa, realmente ele se destacava por sua felicidade e o amor que tinha pela religião. Chamava atenção por ser branco e de olhos claros, mas isso jamais o desmereceu diante de quem quer que fosse. A mãe de santo apreciava sua família, tanto sua esposa em quem aprendeu a confiar como seu pequeno filho recém--nascido, que foi suspenso como *ogan* de seu santo ainda nos primeiros dias de sua vida e viria a demonstrar todo o seu amor e sua ligação com o segundo filho do casal, que veio anos depois.

Em uma noite de sono perturbado no leito de sua cama, algo a incomodava e procurava respostas sem saber ao menos sobre o que perguntar. Levantava-se e caminhava pelos cantos de sua casa, até que o *Orixá* de uma de suas irmãs de santo veio lhe reverenciar à porta no meio da madrugada.

Ao ouvir seu *Ilá*, saiu e foi verificar o ocorrido. Horas mais tarde, fazia uso de uma linha telefônica de um dos vizinhos, visto que naquele tempo eram pouquíssimas pessoas que tinham acesso a uma linha telefônica, e perguntava ao *ogan,* que estava a milhares de quilômetros de distância, sobre as condições de sua esposa. Respondia que tudo corria bem e a mesma já estava na maternidade aguardado o nascimento do novo filho, e ouvia da mulher que tanto amava como sua mãe que *Ogum* não a havia deixado dormir durante a noite toda e veio lhe trazer o recado de que o filho dele já havia nascido. A surpresa se mantinha no semblante daquele homem de tanta fé e, ao desligar o aparelho, tocou novamente; recebia a notícia do hospital para que viesse ver seu filho que havia nascido durante a madrugada.

Era ressabiada com todos os outros naquela cidade nova a ser desbravada, mas, mesmo não sendo iniciada, a esposa do *ogan* era pessoa idônea e desprovida de interesse pessoal, talvez por isso nenhum conhecimento acerca da confecção das comidas dos *Orixás* lhe era feito em segredo. Só podia confiar nela como auxiliar para preparar os *ebós* e outros preceitos que faziam nos clientes e era atendida prontamente, bastava lhe dizer o que deveria ser preparado e já sabia a quantidade e quais elementos seriam utilizados nas comidas.

A jovem passava horas dentro da cozinha enrolando os *Ekós,*[114] ou *Acaçás*, além de outros preparos essenciais. Fazia realmente com o coração e era tratada como uma filha querida, que sentia a falta da mãe durante suas viagens de volta para casa. O rapaz era membro efetivo da sociedade secreta do culto a *Egun,* da ilha tão longe das terras onde morava e a jovem mãe o afastara de tal, trazendo-o para o mais junto possível dos *Orixás*. Não havia problema nenhum e inclusive seus conhecimentos eram utilizados até nos ritos de *Axexê* que faziam, pois naquele tempo eram poucas as pessoas naquela cidade que tinham competência para realizar tal ato. Mas ela sentia que seu propósito era maior ao lado dos santos que cultuavam e ele passou realmente a acompanhá-la por onde pudesse, sendo fiel à herdeira de um *Axé* que veio de tão longe para ajudá-lo e a outras pessoas.

Não abandonou jamais seu velho pai de santo, que, já sabendo também de seu estado de saúde e idade, não foi egoísta e recomendou ao próprio filho que a auxiliasse quando possível. O velho, ainda em um grande gesto de sabedoria, passava um pouco do seu conhecimento

---

114. Do *original em Yorùbá,* Ẹ̀kọ́. É um alimento tradicional da cultura *Yorùbá,* feito de farinha de milho branco e água, cozido até se solidificar e enrolado em pequenas porções nas folhas de bananeira.

ancestral a ela. Era rabugento e teimoso mas possuía um coração enorme e sabedoria sem fim.

Preferiu que muito de seu saber fosse levado com ele quando de sua partida para o mundo espiritual, porém as coisas que achava que um dia auxiliariam para o bem dos outros, ele passou de bom grado para seu *ogan,* que tanto o havia acompanhado e participado de grande quantidade dos atos que realizava. Manteve por toda a sua longa vida o segredo que acumulou ao longo dos anos, passando-o em momento oportuno apenas à pessoa de sua verdadeira confiança, seu filho mais velho.

A *ebomi* tinha um apreço muito grande pelo senhor e sua educação jamais a persuadiria a assediar quem quer que fosse para sua casa. Mesmo assim ela passou a zelar pela integridade física e espiritual daqueles que a ajudavam, fosse com uma palavra, uma cantiga que ensinasse ou mesmo um *ebó* ou *bori* que viesse a dar em um momento de necessidade. Fizeram muitos *candomblés* por diversas cidades e o rapaz teve a oportunidade de ser efetivo também na casa de origem dela e lá recebia o respeito de um filho ali nascido. Não lhe faziam restrições, as pessoas reconheciam o trabalho que desempenhava pelo bem da sociedade, ainda que distante.

Da chegada em sua primeira visita, foi recebido como um irmão que tivesse se afastado por muito tempo. De tanto ouvirem sobre ele, as pessoas o tinham como se o conhecessem a vida toda e realmente se sentia familiarizado com todos. Participou de todas as obrigações e seu ar descontraído lhe conferia a confiança. Ninguém jamais o tratou com desrespeito e sempre eram todos gratos pelo apoio dado à futura mãe de santo. A matriarca adorava suas visitas e o tratava também como filho. A senhora adorava passar horas ouvindo as notícias do outro estado, assim como presenciar suas brincadeiras e macaquices – realmente o homem alegrava o ambiente em que estava e era apreciado também por isso.

Graças a todas essas pessoas que a auxiliavam quando estava fora, o terreiro obteve ajuda necessária e conseguiu se manter forte. Era dificultosa sua manutenção, porém o dinheiro, mesmo que humilde, jamais faltou e a bondade dos homens presentes fazia com que fosse bem empregado nas obras de expansão e conservação. A casa tomava nova cara: ainda que se mantivesse tradicional, as paredes estavam sempre alvas e bem pintadas, em plena ordem. Não se via rachaduras e o desgaste pelo tempo, pois, sempre que começava a aparecer, alguém tomava a iniciativa de se empenhar em sua restauração.

Os homens trabalhavam com gosto, assim como as mulheres que a mantinham limpa, mesmo antes de o chão de terra batida ser substituído, muitos anos depois, pelo cimento queimado de alvenaria. As árvores sagradas eram sempre bem cuidadas e tratadas pelas pessoas que lhe davam total atenção e zelavam, pois sabiam ser árvores mais que centenárias e de muita importância para os preceitos. As bordas da fonte periodicamente eram reformadas, pois a água dali era sagrada e havia a necessidade de conservar aquele lugar realmente santo. As decorações dos espaços sagrados recebiam todo o meticuloso cuidar de alguns. Muitos dos adeptos esquivavam-se das obrigações, mas graças aos *Orixás* havia pessoas de responsabilidade que não deixavam as coisas ficarem largadas à própria sorte. A sabedoria e inteligência divina agia em favor da sociedade.

A casa já era alvo da visita de muitas pessoas interessadas na cultura e religiosidade herdada pelos africanos de além-mar. Não foram poucas as tentativas de acadêmicos ou mesmo documentaristas de outros países em tentar registrar e fazer um estudo sobre aquela sociedade. Pouco lhes era mostrado e seu trabalho, por mais elaborado, acabava sendo incompleto, sempre houve o receio sobre o que seria exposto do *Candomblé*. Apesar de muitos avanços, as pessoas ainda eram receosas em mostrar para o mundo a totalidade de sua cultura e suas crenças.

A jovem já não era mais tão jovem e assumiu responsabilidades demais, porém nenhum passo era dado sem que houvesse o aval de sua mãe. Todo acesso – que, a quem era dado – passava por sua apreciação. Tornou-se amiga de muitos intelectuais e artistas que tinham um interesse real sobre a pureza do *Candomblé*. Nada disso subia à sua cabeça, pois as tradições e preceitos eram mantidos com os pés no chão. Já haviam passado por tanta dificuldade ao longo dos anos, tanto a velha mãe como os antigos dirigentes, que isso os fizera mais fortes na relutância em abrir suas portas ao mundo. Somente era autorizado mostrar as coisas mais comuns ao povo, tudo aquilo que não se havia problema em ter a participação de leigos podia ser popularizado, porém, aos de fora da religião, nem mesmo a tradução de um cântico era dada. Nenhum significado de simbologia ou mesmo acerca das folhas era ensinado a quem não não fosse iniciado.

Algumas pessoas de outras casas já possuíam, naquele tempo, um pensamento mais evolucionista, achando que todo o véu de mistério do *Candomblé* deveria ser rasgado, porém, em todas as casas mais antigas e tradicionais, sempre se encontrava o consenso de que a religião se manteve ao longo de todos esses anos por meio da censura, sendo passada somente aos merecedores.

Começavam a aparecer divergências dos costumes antigos. Homens passavam a ser iniciados às massas. Muitos pais de santo estavam sendo intitulados e muitos deles eram homossexuais, o que desagradava aos olhares dos antigos, quando viam as claras demonstrações de trejeitos dentro das roças. De início era totalmente vetado, os homens não poderiam assumir seus trejeitos dentro de seus *Ebés*, homens eram homens e mulheres eram mulheres. Jamais se faria ideia de quem tinha afinidade com o mesmo sexo, pois a postura não se perdia diante do sagrado, o que foi se perdendo com o tempo, e tanto os homens como as mulheres homossexuais passaram a se assumir publicamente de uma forma mais assertiva.

Homens inclusive começaram a vestir-se mais como as mulheres, exibindo gigantescos panos na cabeça e na cintura, já as mulheres vestindo calças. Nas casas descendentes, longe dos olhos dos mais velhos eles faziam como fosse desejado, porém temiam serem repreendidos pelos anciões e em sua frente portavam-se assumindo uma máscara que diferia de seu verdadeiro ser.

A velha mãe de santo, no tempo que teve oportunidade de acompanhar essa dinamização da religião, a tudo observava atentamente. Dava ouvidos a todas as histórias que lhe chegavam e, em sua sabedoria, havia o pensamento que costumava dizer aos mais íntimos – no dia em que o *Candomblé* estivesse nas mãos dos homossexuais, a religião estaria acabada. Talvez fosse pensamento retrógrado e preconceituoso, mas não deixava de ser sua opinião. Deveria e era respeitada. Pensava que o homossexual demonstrava trato zeloso em muitos aspectos e tendia a possuir uma sensibilidade grande, mas a soberba e a busca em demonstrar o conhecimento e superioridade diante das outras pessoas era muito grande. O luxo que seria instalado na religião pelas mãos mais sensíveis à arte contemporânea talvez começasse a transformá-la em folclore.

O mal da necessidade de autoafirmação poderia ser instalado, com pessoas querendo vencer os paradigmas da sociedade de uma maneira errônea, desrespeitando tudo aquilo que foi construído com dificuldade e dor, apenas para tentar impor ao mundo sua condição sexual, que deveria ser guardada apenas para seus momentos particulares. A velha pensava que, talvez com o tempo, a purpurina e a lantejoula começassem a ter mais importância do que os pés no chão. As pessoas começassem a dar mais valor ao terreiro de colunas jônicas e de chão de mármore, em vez do chão de terra batida com paredes alvas do trabalho manual, empregado por aqueles de bom coração. Já previa um mundo onde a preguiça iria imperar e as pessoas achariam estar perdendo tempo com aquelas idosas, que passariam horas falando para poder ensinar um simples preceito ou mesmo uma cantiga dizendo o significado das coisas, pois seria mais fácil utilizar-se da tecnologia que começava a ser mais acessível e simplesmente gravar os ditos em fita e disseminar tudo isso em troca de cifras em dinheiro. A partir desse momento, a religião começaria a perder o mais bonito que se manteve, a tradição.

Preocupava-se que, com o tempo e diante da falta de conhecimento, as pessoas talvez começassem a inventar novos preceitos ou mesmo adaptar os que haviam recebido faltando partes. Os novos adeptos talvez fossem pessoas de mais instrução e nível social abastado, por isso pode ser que não quisessem mais se dispor a tomar os banhos frios nem permanecerem dias reclusos, quem sabe nem mesmo quisessem perder os cabelos na iniciação. E a ganância e conveniência chegassem a vencer toda aquela tradição mantida com dificuldade. Diante de toda essa preocupação que viria com a modernidade, ela se reservava o direito de ensinar aos seus de confiança. Tudo que até aquele tempo lhe foi passado e era pertinente à perpetuação de seu *Axé* era ensinado aos *ogans* e *equedes* mais velhos e às *ebomis* de sua casa. E incutia na mente de seus descendentes mais próximos a necessidade de manter as raízes. Costumeiramente, dizia que um dia o *Candomblé* começaria a ser estudado, pararia de ser cultuado para se tornar profissão e se perderia.

Sua futura sucessora aprendia a compartilhar dos pensamentos da mãe, mas ela era de outro tempo e se tornou mais maleável a alguns assuntos; mesmo assim, mantinha-se tradicional e sem aceitar as modernidades ou adaptações. Por mais que lhe fossem passado conhecimentos de outras raízes, por mais que outros preceitos pudessem ser agregados durante suas idas e vindas a outras terras, em sua casa de origem, ela jamais alterava qualquer elemento. Sabia separar tudo e não aceitava essa dinamização.

Capítulo XVI

A Chegada do Arco-íris

Certa madrugada, algo incomodava seu sono e a fazia revirar-se entre os lençóis. Acordava com o corpo todo suado e as mãos frias. O quarto escuro era mobiliado pela cama grande e o guarda-roupas, no canto haviam as camas de suas filhas. Tudo era humilde e dividido entre as quatro mulheres. As jovens ainda dormiam e, inquieta, ela tentava enxergar por todos os cantos, tentando entender o que lhe perturbava o sono. Aproveitou o momento para refletir sobre sua postura como *ebomi*, a postura dos membros do *Ebé*, a educação das filhas e o distanciamento do pai, que infelizmente não compartilhava mais do dia a dia das meninas com a mesma assiduidade, em virtude do seu trabalho.

Também começou a imaginar como seria o futuro delas quando assumisse de fato a liderança da casa, não teria mais tanto tempo livre para estar com as filhas e deveria, a partir daí, arrumar um jeito de que se focassem ainda mais nos estudos.

Era grande sonho que se formassem em uma faculdade no futuro, tendo destino diferente de muitas outras mulheres do *Axé*. A perspectiva de futuro de muitas pessoas do *Candomblé* era apenas viver bem, não havia muitos que dessem mais importância à educação escolar em vez do trabalho, e eram bem poucos os que pensavam em galgar degraus mais altos na vida acadêmica.

Com o passar de muitos anos, a necessidade de se ter dentro do terreiro membros intelectuais, formadores de opinião e que se tornassem de destaque dentro da sociedade, ficava evidente. Essas pessoas poderiam ser muito úteis aos interesses do *Candomblé*, pois seria muito mais fácil articular movimentos de valorização da história e tradição, poderiam influenciar em questões ligadas à justiça e nos processos de conservação do patrimônio histórico.

Toda ajuda vinda de pessoas que se tornassem especialistas em lidar com finanças realmente contribuiria na organização estrutural, pessoas que dessem apoio jurídico aos filhos de santo da casa, que poderiam algumas vezes sofrer abusos em razão do preconceito – enfim – havia uma gama imensa na aplicabilidade em qualquer formação acadêmica que um iniciado pudesse ter. Mesmo a mãe de santo, sendo contra toda a modernidade que poderia vir a aparecer junto com esses acadêmicos, entendia e apoiava a visão de sua filha em se relacionar melhor com esse tipo de pessoa. E todos aqueles assuntos se embaralhavam em sua cabeça e a consciência começava a falhar, imagens estranhas se juntavam às palavras e os olhos já piscavam repetidamente, a boca abria de sono e, quando menos esperava, retornava ao mundo dos sonhos.

Sempre acordava cedo e, estando no terreiro, repetia os mesmos hábitos desde sua iniciação. Não falava com ninguém antes de lavar a boca. Tomava banho no chuveiro de sua casa, andava descalça até a fonte, onde fazia todos os sinais de respeito necessários e lhe retirava a água. Banhava-se novamente com a água sagrada da fonte; naquele tempo a vegetação próxima era vasta e escondia a nudez dos iniciados dos olhos de possíveis expectadores. Carregava uma quartinha completa de água e despachava uma das portas que dava para a rua, a que ficava próxima da fonte, esvaziando o conteúdo da quartinha de forma ritualística e, em seguida, carregava mais água em grandes latas sobre a cabeça e enchia os porrões espalhados entre os assentamentos sagrados pelo exterior do terreiro. Depois de muitas idas e vindas completando as águas dos vasos, quartinhas e quartilhões, mais pessoas iam aparecendo e se juntando nesse ato. Essa água que carregavam por último encheria os grandes potes que ficavam próximo dos quartos de santo e seria utilizada para os atos sagrados que ocorressem durante o dia.

A obrigação de se retirar a água da fonte pertencia aos *ogans*, mas infelizmente não era sempre que eles chegariam a tempo de iniciarem esses trabalhos antes da mulher e, como não gostava de depender da boa vontade ou responsabilidade de outros, ela mesmo tomava a iniciativa de cumprir com o que deveria ser feito. Separava sempre uma lata cheia para si e misturava ao banho de folhas já quinado pelas *Iaôs* e o deixava descansando em local apropriado, carregava o balde até o banheiro de uso comum e se purificava com o *Omin Eró*,[115] o banho de folhas frescas, folhas sagradas. Com o corpo purificado pela água de folhas, saudava os *Orixás* da casa e se encaminhava até a mãe de santo, tomava-lhe a bênção e, somente após todo esse ritual, ela passava a falar com as outras pessoas.Procurava sempre algo para fazer; se não houvesse trabalho aparente, pegava a primeira vassoura que visse e colocava

---

115. Do original em *Yorùbá, Omi ẹrọ*. É o banho feito do sumo de folhas frescas maceradas.

o corpo na luta varrendo todo o espaço. Isso poderia demorar horas devido ao tamanho e quantidade de sujeira que se acumulava durante a noite passada. As grandes árvores sagradas derrubavam constantemente galhos e folhagens pelo passeio e pelo quintal. Era muito trabalhoso, e as mais novas, observando a dedicação da *ebomi*, se inspiravam em executar elas mesmas toda aquela rotina.

Acabava sendo substituída pelas *Iaôs* ou os *abians* que dormissem no barracão da casa e iniciava novos afazeres. Os quartos de santo precisavam de constantes cuidados; *Orixás* a ser limpos e quartinhas a ser lavadas e completadas de água. Panos que precisavam ser trocados ou costurados, roupas de santos com carência de reparos e era tudo cuidadosamente bem-feito, por ela mesma ou outra de suas irmãs, e mesmo filhas de santo que tivessem a iniciativa de lidar com esses afazeres.

A cozinha somente poderia ser frequentada pelas mulheres, os homens só entravam devidamente autorizados e supervisionados, mas quando estritamente necessário. Os segredos que ali continham permaneciam guardados a sete chaves por elas e os mistérios rodeavam o preparo das comidas de santo que se faziam daquela porta para dentro. Lá era o local onde a mulher que possuía o posto necessário para a liderança da cozinha passava a maior parte de suas horas e preparava também o alimento para os membros da casa, que eram muitos e sempre apareciam em grande contingente nas horas do café da manhã, almoço e jantar. Nenhuma comida era desperdiçada, todos recebiam a educação de comer somente o necessário, e o que restava era distribuído aos necessitados da vizinhança próxima – o que sobrava nos pratos, alimentavam os animais nos viveiros – e mesmo assim eram raras as vezes que isso acontecia, pois a senhora dirigente da sociedade incentivava aqueles do bairro que não tivessem o que comer que viessem compartilhar daquele banquete humilde junto com os filhos da casa. Dividia todo esse trabalho na roça com a educação das filhas. Não podia deixar de comparecer às reuniões escolares e, mesmo que não tivesse tido boas condições de estudo, auxiliava como podia nos deveres de casa das meninas.

Comparecia às feiras em busca do complemento da alimentação, a escolha e aquisição dos animais que serviriam para as obrigações litúrgicas do terreiro também se tornavam suas atribuições em obrigações especiais ou mesmo quando não houvesse outra pessoa competente para fazê-lo. Visitava frequentemente os artesãos e ferramenteiros, com quem mantinha boa relação para que, quando necessário, lhe fossem guardados bons produtos ou os mesmos fossem confeccionados mediante encomenda. Durante o começo da noite, costumava sentar-se em sua varanda, recebendo a brisa fresca que vinha do mar, espalhando-se pela cidade, enquanto tinha a vista do terreiro e das pessoas conversando. Tudo ficava mais tranquilo, eram menos pessoas e algumas vezes era brindada com boa conversa ou discussões ligadas ao *Candomblé*. A senhora, irmã de santo da matriarca, passava a ser mais que sua conselheira e quase sempre estava junto dela nessas noites, e ficavam durante horas falando sobre os acontecimentos do dia. O ex-marido, quando podia passava a noite com as filhas e, se ficasse muito tarde, se recolhia em uma esteira no barracão, podendo pela manhã permanecer um pouco mais com as meninas antes de ir embora.

    Novamente ela se deitava e dormia seu sono profundo, que foi abalado mais uma vez. Acordou novamente, estava banhada em suor e com as mãos frias. Nada entendia e dessa vez se levantou para observar se estava tudo bem com as meninas. Andou pela casa, bebeu de um copo com água e sentou-se à beira da cama. Nada anormal aconteceu e tentava se recordar do sonho que estivesse tendo, porém, mesmo puxando do fundo da memória, nenhuma imagem aparecia. Refletia sobre os mesmos assuntos, até que os olhos pesassem e o bocejo fosse certo, caía novamente em sono profundo.

    O corpo se relaxava com o passar da noite e, pela manhã, repetia todos os seus costumes do dia a dia. Saiu para visitar uma loja de tecidos e, enquanto caminhava pelas ruas, encontrou com um velho *ogan* que havia muitos anos não visitava o terreiro, esse senhor estivera afastado por problemas pessoais e sentia saudades de casa. Sabia que o homem muitos anos atrás em sua juventude era amigo daquele outro velho, o mentor a quem ela realmente amava. A isso ela não dava mais tanta importância, poucos homens dos tempos de juventude daqueles velhos ainda eram vivos e tinham o saber que esses senhores possuíam, e todo esse saber era apreciado pela moça, que relembrava sua infância na conversa, os tempos em que assistia aos santos mais bonitos dançarem ao som da voz daquele homem.

    Dialogaram durante um bom tempo e lhe fez o convite para que fosse em casa, era filho de lá e irmão de santo da matriarca, julgava que as pessoas da sociedade estavam perdendo em muito por não terem a oportunidade da convivência com os mais antigos. A moça adorou o breve encontro e ele deixou promessas de voltar a frequentar o terreiro. Despediram-se e tomaram seus rumos. O fato foi comentado com sua conselheira, que ficou muito contente, já que não via o irmão há tanto tempo. O mesmo contentamento veio da mãe de santo, que desejava mesmo rever todos os seus irmãos reunidos, o *Axé* só se fortaleceria com a volta da frequência de uma pessoa tão importante para eles.

Diante de sua companhia, as velhas relembravam emocionadas os *candomblés* memoráveis que tiveram na presença daqueles homens. Como eles tocavam e cantavam divinamente a noite toda, os *Orixás* dançavam felizes e reverenciavam as pessoas, presenteando a todos com suas energias pelo barracão. Tudo era simples e humilde, a luz dos candeeiros trazia o brilho da claridade para que os *Vodunsis*[116] não ficassem no escuro. As lindas roupas brancas e toda a tradição antiga daquele toque compassado, que eles executavam com o maior amor que possuíam no coração. Muitas testemunhas do fim dos tempos de escravidão ainda eram vivos e velhos, as irmãs de seu barco eram todas jovens e com os corpos fortes para dançarem de uma maneira que comovia, *Orixás* sem vícios, santos do povo antigo que também cantavam e ensinavam cânticos aos seus músicos. Elas se regozijavam de ainda conseguirem manter muita daquela história viva, a tradição ancestral que ainda era costumeira para elas nos dias em que se passava.

De fato muita coisa havia mudado, por exemplo, os barracões já eram iluminados pelas lâmpadas a energia elétrica, que ainda eram muito caras, fazendo com que fosse racionada e pouco se viam *Orixás* que ainda cantassem. O resto do dia foi cheio de afazeres. Durante a noite, entregava-se à sua habitual conversa com sua conselheira, que revelava a maneira como elas se apaixonavam antigamente por aqueles cantadores e tocadores de *Candomblé* e parecia que não somente elas como seus *Orixás* também. Era uma paixão verdadeira que transcendia a carne, não era algo físico e sim espiritual. Eles cativavam as pessoas com o amor que demonstravam, tanto que muitos dos santos só vinham quando eles estavam presentes, sendo tão forte a magia que não precisava muito para demonstrarem todo o afeto que tinham pelo ser humano. Bastava que um deles aparecesse pelas portas do barracão e os *Orixás,* que os amavam de verdade, chegavam em terra e os esperavam para que pudessem dançar.

Sua conselheira lhe dizia que, muito antigamente, nem existia a roda do *Xirê*. As pessoas vinham para as festas e, quando a comida ficava pronta, era distribuída aos presentes no barracão, e depois, iniciavam-se os cânticos para que os *Orixás* chegassem em terra e participassem dos festejos. Um dia, em uma grande casa, a comida atrasou por causa das obrigações anteriores que demoraram para ficar prontas. Os velhos *ogans,* que na época ainda eram jovens e acompanhados de

---

116. Dentro do *Candomblé* brasileiro, é uma das maneiras de como os iniciados são denominados.

seus mestres, resolveram brincar enquanto se aprontava a comida e começaram a cantar de *Ogum* a *Oxalá,* e a brincadeira encantou quase a totalidade dos presentes que passaram a convidá-los a fazerem aquele *Xirê* em suas casas – e eles iam – e a pedido dos dirigentes de onde estivessem, por algum motivo em particular – fosse a cumeeira da casa[117] ou o patrono daquele *Axé* – eles alteravam a ordem dos santos a ser louvados, obedecendo à sequência de se cantar para os irmãos mais velhos primeiro – *Ogum, Oxosse* e *Omolu* eram reverenciados – e depois a sequência de acordo com o combinado. Essa brincadeira virou tradição e passou a ser imprescindível nas casas de origem *Ketu* ou mesmo os *Nago Voduns,*[118] sendo depois adotada em algumas raízes *Jeje* e até *Angola.*

A hora se adiantava e a velha retornou para sua casa; enquanto ela colocou as crianças para dormirem, tomou seu banho e deitou-se na cama. O sono não demorou a chegar e depois de algum tempo, já na madrugada, novamente ela acordava e sentia as mesmas sensações das noites anteriores, porém agora ficava ainda mais preocupada. Perguntava-se sobre o que poderia estar atrapalhando suas noites de sono, talvez estivesse doente e devesse mesmo procurar auxílio médico. Levantou-se e foi novamente velar as filhas, tudo parecia em ordem. Andava pela casa escura e não encontrava nada de diferente. Tomou o pote nas mãos e encheu um copo e bebeu a água lentamente, preocupada com a regularidade em que acordava durante a madrugada. O horário sagrado do sono não podia ser perturbado, pois as energias divinas trabalhavam no corpo das pessoas enquanto elas estavam dormindo.

Estando em constante contato com as energias espirituais, ela deveria ter um sono contínuo, que só fosse interrompido naturalmente por um motivo de muita importância e, sabendo disso, nada entendia. Talvez os *Orixás* quisessem falar com ela e não estivesse ficando claro, por isso decidiu que durante o dia consultaria os búzios em busca de respostas para suas perguntas, que talvez fossem respondidas.

A rotina se seguia durante o dia e, à tarde, as crianças vieram correndo e gritando assustadas, saíam da direção onde ficava uma grande jaqueira próximo à porta de entrada. Seu semblante era de medo profundo e se desesperavam até atrair a atenção dos mais velhos, que queriam saber o motivo de tanta gritaria. Todos os adultos presentes correram

---

117. É dito dessa forma a respeito do *Òrìṣà* para o qual a cumeeira da casa é consagrada.
118. Uma das nações do *Candomblé* brasileiro. É dito dessa forma a respeito de uma nação que cultua tanto alguns dos *Voduns Jeje* originários do antigo *Dahomé* quanto os *Òrìṣàs* de origem *Yorùbá.*

em direção à árvore e lá nada encontraram. Os pequenos relataram que, enquanto brincavam, uma serpente de cabeça enorme saiu do meio das folhagens e, quando a perceberam, não tiveram outra reação senão correr e gritar por socorro.

Todos os que frequentavam a casa sabiam da existência de animais encantados que poderiam aparecer para as pessoas, porém há muito não se ouvia falar da presença de tal animal. Foi dado pelos mais velhos o conselho de que a deixassem em paz e nada faria, era provavelmente uma manifestação do *Orixá Oxumarê* que os visitava. Quando o fato chegou ao conhecimento da matriarca, a mesma sorriu demonstrando alegria, pois possivelmente esse *Orixá* viesse trazer as bênçãos ao povo na proximidade de seus festejos.

Sentia por não poder estar tão presente como gostaria durante a festa pública. E recordava os bons tempos onde esse *Orixá*, tão rico em danças e cânticos do *Ketu* ao *Jeje* – afinal era um *Nago Vodun* que podia ser cultuado nas duas nações –, dançava por horas nos ritos e festas da casa. Recomendou à filha que futuramente, quando saísse para comprar-lhe os animais da obrigação, que escolhesse os mais fortes e bonitos. Seria essa uma obrigação muito importante e feita com o coração aberto, assim *Oxumarê* traria mais bênçãos e sua prosperidade para a casa. Aproveitou o momento e contou para sua mãe a respeito dos problemas que encontrava para dormir durante a noite. A velha dizia que não havia de ser nada e que provavelmente a rotina dura de trabalhos a estivesse afetando, e pediu que visitasse um médico, para que pudesse lhe receitar algum remédio a fim de se acalmar o sono.

Falou sobre sua vontade de consultar o oráculo para saber se havia algum problema espiritual e foi refreada com a explicação de que nem sempre nossos problemas são coisas de santo, às vezes a medicina é que tem a resposta e seria muita ignorância insistir em se procurar onde não tem nada. De fato, essa sabedoria já havia sido passada e, ao longo de todos os anos transcorridos, colocou suas obrigações de tempo em dia e não foram raras as vezes que viu pessoas ficarem doentes enquanto estavam reclusas. Em muitas dessas vezes as terapias naturais do *Candomblé* davam resultado, mas também não era difícil de se ver pessoas com problemas preexistentes, que necessitavam de um cuidado a mais e até o uso de um ou outro remédio manipulado pela indústria farmacêutica. Não incorria em quebra nenhuma de tradição aceitar o uso de alguns remédios que pudessem manter a integridade física.

Seguindo o conselho da mãe, caminhou até um consultório médico onde marcou a data para o atendimento e a possível prescrição de exames. Retornando para casa retomou seus afazeres e, ainda assim, não deixava de pensar que aquelas madrugadas em claro pudessem ter outro significado. Durante a noite, sentada na espreguiçadeira de vime e acompanhada de sua velha conselheira, explanava a ela sobre sua insônia em meio à madrugada. Concordavam que talvez fosse alguma entidade querendo se comunicar, mas a velha aconselhava também a primeiro visitar o médico e fazer exames para saber se a saúde estava em ordem. Até a matriarca do terreiro passava por exames periódicos a fim de controlar e acompanhar seu estado debilitado de saúde. No mínimo os exames estivessem todos em ordem e aí sim tomariam outras providências para saber o que estava se passando.

Houve mais uma madrugada em claro e aquilo já começava a irritar. Ficava andando pela casa pensando no que podia estar acontecendo. Em dado momento, ouviu uma gargalhada forte vinda do quintal e saiu apressadamente vestida em sua camisola e descalça. Olhava a escuridão do terreiro e não percebia nenhuma movimentação. Sequer uma só pessoa estava por ali. Até mesmo os animais dormiam e ela caminhou ao portão, onde nada encontrou. Pegou água do quartilhão que ficava ao lado da porta e a despachou, retornou para casa e lavou os pés, tornando a dormir em seguida.

O meio-dia se aproximava e, antes do horário de almoço, foi atendida pelo médico que lhe fez exames superficiais, dizendo-lhe que sua saúde aparentemente estava intacta. Pegou o bloco de papéis e marcou alguns exames que ela deveria fazer e em seguida trazer-lhe para apreciação. Falava que não deveria se preocupar, pois provavelmente fosse algo novo que começava a assolar as pessoas, o estresse, um mal vindo pelo acúmulo de tarefas que sobrecarregava a mente, alterando algumas funções do organismo. Após os exames poderia dizer mais claramente se havia algum problema ou não.

À noite, comentou com a velha a respeito do ocorrido durante a madrugada anterior. Provavelmente seria *Exu* andando pela casa, fazendo alguma traquinagem ou mesmo querendo passar alguma mensagem. Isso elas tinham como saber e foram até a porta da casa de *Exu* e lá, munidas de uma semente de *Obí*,[119] o partiram e fizeram perguntas a respeito do ocorrido e todas as caídas da semente indicavam que *Exu* mesmo não queria dar nenhuma mensagem naquela hora.

---

119. Do *original em Yorùbá, Obì*. Semente de uma árvore originária da África, que é utilizado como ferramenta para acesso ao Oráculo divinatório respondendo a perguntas simples, depois que partido e utilizado de maneira litúrgica.

Era comum, durante os dias que se passavam, que clientes frequentassem o terreiro em busca de auxílio espiritual e muitos dos *ebós* fossem feitos lá mesmo na porta da casa de *Exu*. Quando da necessidade de algum ato ser realizado lá dentro, chamavam os *ogans,* que os faziam, e as mulheres eram proibidas de entrar naquela casa de santo.

O *Orixá Exu* era um assunto controverso. Elas sabiam que durante um tempo ele fora discriminado pelo coletivo cristão que o associava aos seus demônios. Sua ambivalência, qualidade assumida não só por ele, mas de direito também a todos os outros santos do panteão iorubá, era uma coisa não muito bem aceita pelos cristãos. Todos os *Orixás* eram donos do livre-arbítrio, assim como os seres humanos, e a esse santo em especial ainda era incumbida a tarefa de viajar através dos mundos levando e trazendo as mensagens. A não aceitação instaurada era pelo caráter boêmio que assumia em respeito à sua liberdade. A ele eram associadas bebedeiras e as farras da vida, o que levou a todo esse engano popular que o confundia com o Diabo.

Sendo o mensageiro, buscaram alguma resposta vinda diretamente dele e nada fora revelado. Tudo soava estranho, mesmo assim aceitaram o fato e retornaram para suas casas. E o assunto ainda martelava em sua cabeça, fazendo com que até tentasse permanecer acordada e, em um momento de descuido, caiu em sono profundo sendo despertada novamente na madrugada. Dessa vez, antes que pudesse ouvir uma gargalhada, o telhado de sua casa pareceu estar sendo apedrejado, muitas coisas aparentemente caíam sobre ele e sentia medo de ir lá fora conferir o que se passava.

Só levantou quando ouviu o quebrar de uma janela, que deveria ser a da cozinha. Levantou-se apressadamente tentando localizá-la. Foi auxiliada pela luz de uma vela, mas não encontrou o objeto quebrado. Saiu novamente, tremia de medo enquanto escancarou a porta lentamente e olhava para os pontos que se abriam à sua frente. Ela não via nada de diferente. Caminhou olhando para todos os lados até o portão e novamente usou a água para despachar a porta do terreiro.

Retornou à casa e passou um café. Permaneceu sentada em uma cadeira bebendo-o em uma caneca enquanto aguardava pelo dia. Antes dos primeiros raios de sol tocarem o chão, ouviu passos. Observava pela fresta da janela e via sua conselheira saudando os santos da casa e, logo após, a velha estava cantando em frente ao barracão. Louvava o galo que anunciava uma nova manhã, o dia e o sol. Eram cânticos já conhecidos dela, porém não os executava fazia muito tempo, desde sua última obrigação de ano, quando era obrigada a acordar bem cedo para os banhos e as rezas. Com a caneca em mãos, soprava e degustava lentamente o café enquanto a senhora trazia pratos com as farofas preparadas para *Exu* e uma quartinha com água. Com o conteúdo deles, despachava a porta antes de o sol nascer.

O café não foi forte o suficiente e dessa vez deitou-se na cama e dormiu até tarde. Foi acordada pela velha que achou estranho não tê-la visto até aquele horário. As meninas já cuidavam de seus afazeres e a mulher adentrou ao quarto abrindo as cortinas, dizendo que não deveria deixar o sol passar sua cabeça. Acordou ainda cansada e caminhou até o banheiro, onde lavou o rosto e a boca. Depois de se lavar, relatou o ocorrido durante a madrugada e as duas ficaram preocupadas.

Tardiamente cumpriu com seu ritual matinal, almoçou e descansou outra vez. À tarde visitou a clínica onde faria os exames e recebeu todas as instruções para proceder. Receberia os resultados durante a próxima semana. Nos dias que se seguiram, a toda madrugada ela acordava, já se tornava rotina. Atendendo aos conselhos da mãe, esperava pelos resultados dos exames. Foi acompanhada de seu ex-marido até a feira e escolheu os bichos para o sacrifício a *Oxumarê* e comprou todas as outras coisas necessárias. Escolheu bem as frutas e tudo que seria utilizado no preparo dos alimentos.

O dia da obrigação chegou e todos já esperavam para o início dos atos. Contava com a presença daquele *ogan* velho, que infelizmente não compareceu, mesmo assim a obrigação religiosa transcorreu naturalmente. Todos estavam apreensivos para a chegada da noite. Os atos foram feitos, inclusive o *Padê* ao cair da tarde, e quando já estavam com os convidados aguardando no barracão, os *atabaques* rufaram em homenagem àqueles dois velhos amigos que adentravam seguidos por alguns mais novos. A felicidade da mãe de santo que estava sentada em sua cadeira foi muito grande. Vieram cumprimentá-la e tomaram seus lugares entre as pessoas próximas aos *atabaques*.

O *Xirê* foi cantado longa e maravilhosamente por aquele senhor. Ao término, os mais novos demonstraram grande felicidade quando deram seus lugares aos velhos nos instrumentos, que executaram o toque característico de *Besén,* a forma como chamavam *Oxumarê* no antigo *Dahomé*. O *Adahun* foi precedido pelo toque da *Hamunha* e, na primeira pancada da transição, aquela senhora querida por todos e que as assessorava sentiu uma energia imensa brotar de dentro de seu corpo. Sua garganta travou e não conseguiu mais proferir uma só palavra. Sentia seu rosto suando frio e tentou se enxugar esfregando as mãos nele; o corpo todo formigava e a tensão era enorme; as pernas pareciam que iam falhar ensaiando uma pequena queda e, quando menos esperou, seu corpo ameaçou deitar-se para trás em direção ao chão e voltou para a posição inicial, parando graciosamente com as mãos de palmas coladas defronte ao peito; seus olhos já estavam fechados e sua boca emitia um som que imitava realmente uma cobra.

Todos olharam espantados. Quem possuía menos de 30 anos de idade passados naquela casa jamais tivera a oportunidade de ver aquele *Orixá* em terra no corpo daquela senhora. A mãe de santo estava feliz demais naquele momento. Fazia muitos anos desde a última vez que ouvira aquele toque e mais anos ainda que tivesse visto o santo da irmã.

Aquele *Oxumarê* já era conhecido dos dois senhores, que mantinham também um olhar atento sobre ele. O toque continuava magistralmente e as outras divindades acompanhavam a dança do *Orixá* já preparado pelas *equedes*. Os pais e mães de santo mais antigos que permaneciam conscientes ajudavam a responder ao cântico que se seguia após o *Adahun*. Os outros santos que foram virados durante a execução do toque iam sendo arrumados para dançarem.

Cantaram meia dúzia de músicas em louvor àquela divindade antes de ser recolhida. Seria vestida com outras roupas e retornaria ao barracão depois para ser louvado como o dono da festa. O *candomblé* se seguiu e a magia se refez. Vários santos chegavam durante a dança dos presentes e os velhos constantemente saíam para se recompor e colocar seus assuntos em dia enquanto degustavam uma cerveja, depois retornavam ao barracão e quando sentiam vontade, cantavam. Nenhum dos dois pegou novamente nos *atabaques* até o fim da festa, que começou cedo e provavelmente acabaria tarde. Havia somente um *Oxumarê* no *candomblé* e os outros bem poucos iniciados para aquele santo não receberam sua divindade em terra e puderam apreciar a dança do *Orixá* mais velho – talvez aprendendo algo com ele.

Alguns dos *ebomis* mais antigos foram desvirados por ordem da matriarca e tiveram a oportunidade única de testemunhar aquele momento mágico, em que a *Hamunha* cantada pelo mais velho colocava *Oxumarê* vestido todo de branco, dançando pelo barracão com roupas simples e uma rodilha adornando sua cabeça. Trazia poucos *brajás*[120] em seu pescoço entrelaçados sobre o peito e um pequeno alfange prateado à mão, enquanto a herdeira da casa o seguia tocando um pequeno instrumento, uma das ferramentas mantidas em segredo e que correspondia àquele *Orixá*. Ele entrava lentamente e reverenciava os pontos--chave do barracão e, após reverenciar os *atabaques* e os velhos *ogans*,

---

120. *Brajá* é um fio de contas confeccionado com búzios.

parou com uma das mãos para trás e a outra apontando a ponta do alfange para o peito.

Mandaram que tocassem o *modubí*,[121] como é conhecido em algumas terras de *Jeje*, o santo fazia as passagens mais simples da dança pelo barracão e dançava firmemente, e de novo parava diante dos pontos-chave e aquele que tocava o *hun* quebrava o som do *atabaque* e as batidas em contratempo eram todas acompanhadas pelo santo, que fazia sinais em respeito àquilo ou a quem estivesse reverenciando.

Executando toda essa sequência de movimentos, ele parou novamente diante dos senhores, que agora começavam a cantar. O *Orixá* foi louvado primeiro no *Ketu*, e muitas cantigas contendo gestos que possuíam significados ocultos aos olhos das outras pessoas, que ainda não tinham absorvido o conhecimento acerca dessa ritualística, eram cantadas de maneira divina. Os outros *Orixás* permaneciam todos de canto e com as mãos espalmadas, alguns ajoelhados por causa da idade de santo. Os convidados compartilhavam desses mesmos sinais de respeito, recebendo o *Axé* que vinha dele. Entregou o alfange nas mãos da mãe de santo ajoelhando-se à sua frente e continuou a dançar com as mãos nuas.

Começavam agora a entrar nas terras do *Jeje* e, como de costume, o santo cantou uma cantiga pedindo que os *ogans* cantassem para ele; cantaram em seguida as primeiras cantigas – pediam licença para o fazer – e os participantes que eram dessa nação e estavam presentes esboçavam um semblante de total aprovação pelo respeito às suas tradições que era expresso ali no local. O toque do *Sató*[122] conduzia o divino pelo barracão; dançando, imitava os movimentos de uma serpente que bailava por todo espaço que tinha livre, e as pessoas se exaltavam e faziam reverências, um ou outro recebia o abraço caloroso e sentia orgulho do acontecido. Os dois se revezavam cantando e percebendo que as atenções estavam sobre aquele *Orixá*, a herdeira pediu ao ouvido de sua mãe a autorização para ir desvirando os outros santos, pois provavelmente, pelo adiantado da hora, eles não teriam a oportunidade de continuar dançando. Lenta e discretamente as *equedes* foram retirando alguns dos iniciados que estavam incorporados com entidades do barracão e, levando-os a um quarto em separado, os desviravam.

Algumas outras pessoas que foram recebendo suas divindades ao longo da festa, foram levadas também para o local reservado e, de acordo com a vontade do sagrado, permaneciam ou foram convidadas a retornar ao *Orun*. A senhora a tudo assistia maravilhada. Às vezes em pé

---

121. Um ritmo musical do *Candomblé*, litúrgico. Ver glossário.
122. Um ritmo musical do *Candomblé*, litúrgico. Ver glossário.

diante de sua cadeira, ela mesma acompanhava o dançar daquele *Orixá* e cantava em baixo tom, acompanhando os mestres ali presentes.

Um ato muito bonito foi executado – ao som de um dos cânticos, o corpo da senhora encorporada tomou uma posição em frente aos *atabaques* e exibiu um movimento com os braços, foi descendo lentamente acompanhada pelas batidas do *hun,* que pareciam guiar seus movimentos; foi serpenteando enquanto descendia e chegou próximo ao pé dos *atabaques* que não pararam. A cantiga mudou e o santo continuou com seus movimentos esfregando o peito no chão lentamente e realmente se assemelhava ao rastejar de uma cobra. As pessoas ficaram maravilhadas, ao passo que o cântico mudou novamente e lentamente ele foi se levantando, agora ficava de pé e continuava com a dança. Os senhores já cantavam sorrindo desde o começo, fazia muito tempo que não testemunhavam um *Orixá* velho executando uma dança tão perfeita e que realmente ensinava qualquer tocador mais atento a executar as passagens que acompanhasse os pés do *Orixá* ao dançar.

E o velho *ogan* de outra casa agora iniciava mais um cântico. No ritmo do *bravun,*[123] o *Orixá* exibia suas belas passadas e, enquanto passeava lentamente pelo barracão, uma de suas mãos estava colocada nas costas acima da cintura e a outra executava movimentos graciosos e pausados em direção ao céu e depois ao chão. O *atabaque* acompanhava com suas batidas a esses movimentos e, ao levantar a cabeça e fazer a saudação verbal a *Oxumarê*, a mãe de santo não podia acreditar quando viu se rastejando pelo madeiramento do telhado uma serpente com o corpo enorme e possuindo uma cabeça relativamente grande para seu corpo. As pessoas já passavam a reparar e todos mantinham os olhos atentos e apreensivos, alguns sentiam medo e iam se ajuntando no fundo do barracão e os mais velhos chegavam a despejar lágrimas de comoção por tal momento mágico.

Serpenteou vagarosamente pelas vigas do telhado em um movimento de ascensão e descensão. O *Orixá* parou em frente ao *Axé* plantado no centro, onde ficava a coluna principal da casa, e estendeu o braço com o dedo indicador apontando para o céu. Muitos não acreditavam no fato que ocorria. A serpente de cabeça grande desceu lentamente o corpo acompanhando o som do *hun* quebrando a passagem e tocou seu focinho na ponta do dedo indicador do santo. Ela foi se enrolando na mão e descendo pelo pulso e antebraço até se projetar um pouco. Ficou face a face com o *Orixá*, encarando-o. Muitas pessoas se exaltaram em suas louvações e reverências. Outros estavam bolando no santo e a velha

---

123. Um ritmo musical do *Candomblé*, litúrgico. Ver glossário.

mãe emocionada, aos prantos, despendeu suas reverências à *Oxumarê* e retirou seu torso. Com dificuldade, apoiando nos braços da cadeira e sendo amparada pelas *equedes,* ela colocou sua cabeça *ao chão.*

Quando se levantou, o *hun* parou a base de seu toque e a serpente se recolheu. *Oxumarê* retornou a dançar e, enquanto dava suas voltas pelo barracão, a serpente continuava seus movimentos entre as vigas e um vento entrou pela porta e janelas tremulando as bandeirinhas no teto, ocultando-a. Ao cessar das bandeirolas, todos procuram pela cobra encantada e já não mais conseguiam vê-la.

Oxumarê acompanhava o *bravun* e corria em voltas ao redor do *Axé* central esfregando as palmas das mãos e em seguida parava em frente aos *atabaques* e fazia sequências de movimentos ritualísticos que eram acompanhados pelo *hun,* o toque se acelerava um pouco naquele momento e toda aquela beleza era admirada em sua forma primitiva.

Eles não param de cantar; por muitas vezes durante todo o *hun* do santo as *equedes* tiveram de interrompê-lo para poderem secar o suor de seu rosto ou mesmo tirá-lo do salão por um ou dois minutos a fim de o reidratarem com água. A divindade ali em terra não se cansava, tampouco tinha necessidades fisiológicas, porém, tinha-se de zelar pela pessoa que uma hora recobraria a consciência e se faria necessária a reposição das energias de seu corpo.

Algumas pessoas olhavam desaprovando o fato de uma senhora tão velha estar com o corpo dançando ali há tanto tempo, parecia cruel para com ela que se fizessem tantos atos e tantos cânticos fossem cantados em louvor de sua divindade; porém o *Orixá* não queria ir embora e sua vontade não era contrariada. A própria saudade daqueles que já o conheciam os tornava egoístas, a ponto de não querer parar de cantar e tocar. Dançava agora ao som da *Hamunha* e divinamente demonstrava as passagens desse toque tão cheio de mística, de códigos secretos e significados. Somente os mais hábeis *ogans* saberiam executar todas as suas passagens e eram corrigidos pelos mais velhos, que acabaram se revezando enquanto tocavam músicas inteiras para aquela dança.

O adiantado da hora já era grande e muita gente já estava cansada, alguns participantes haviam deixado o barracão, mesmo contra suas vontades. Cantavam o *Jiká* que expressava a saudade que tinham daquele santo e o contentamento por poderem estar em sua presença. Louvavam o *Axé* da casa e o santo da mãe.

Finalmente *Oxumarê* quis se retirar e saiu ao som de uma linda canção no idioma *Fon*,[124] natural do território *Jeje Mahi*.[125] Novamente deu voltas no barracão e fez suas reverências de direito a quem ou o que fosse necessário – antes de sair pela porta em direção ao quarto reservado para os preceitos de retorno do sagrado ao *Orun* e a volta da consciência do iniciado para seu corpo – reverenciou os dois senhores e, ajoelhando à sua frente, presenteou-os cada um com um *brajá*, colocado em seus pescoços. Saiu ao som de aplausos e palavras em iorubá. Mesmo amanhecendo a festa continuava. Uns poucos outros *Orixás* estavam ainda presentes e queriam dançar. Foram atendidos pelos *ogans* que ainda ficaram no barracão. A matriarca tomou rumo a seu descanso, assim como os velhos que partiram com seus acompanhantes.

A herdeira do *Axé* ainda permanecia emocionada com toda aquela energia que se fez presente durante a noite e, ao término dos festejos, deu suas recomendações aos mais novos e tomou rumo à sua casa também. Dormiu até pouco antes do meio-dia recobrando as energias do corpo. Quando teve oportunidade, foi junto com sua irmã, a *Iá ebé*, visitar sua conselheira para se certificarem de que estivesse bem, encontraram-na ainda descansando. Fazia tantos anos que não era tomada por essa energia, nenhuma ferida ou dor estava por seu corpo, porém precisava de um tempo que a fizesse relaxar depois de tantas horas de dança.

Novamente ao anoitecer era despertada na madrugada e isso realmente a irritava. Mal podia esperar pelos resultados dos exames que tinha feito. Caminhou cedo até a clínica, coletando os resultados e os levando diretamente ao médico, que os examinou cautelosamente com uma imagem de surpresa no rosto.

Seus olhos corriam lentamente pelas folhas de papel e, ao término, erguia-os sobre as lentes dos óculos – ela estava apreensiva e curiosa, mal podia se conter. Sorriu e disse-lhe que não havia nada de errado. Sua saúde era excepcional e não tinha nenhum vestígio de doença que pudesse ter. Receitou-lhe um remédio para o estresse, que nem foi comprado, não queria ter de fazer uso de medicamento para dormir.

Retornou para casa abismada com os novos fatos e, ao relatar às pessoas de sua confiança, ouviu palavras de que realmente poderia ser algum problema sobrenatural, sendo assim no dia seguinte tomaria alguma providência para a solução. Consultaria os búzios para saber o que ocorria e se necessário prepararia os *ebós* que limpariam seu corpo

---

124. Idioma falado em algumas partes do antigo *Dahomé*, atual *Benin*.
125. Um território do antigo *Dahomé*, atual *Benin*, de onde veio boa parte da cultura e religiosidade da nação *Jeje*.

de más energias. Durante a noite, sentadas diante de sua casa, conversavam sobre a festa passada. Relembraram as passagens que ocorreram e se emocionaram com toda aquela magia que o *Candomblé* possuía, as demonstrações das energias sagradas que contribuiriam para a manutenção e o aumento da fé dos iniciados. Seu ex-marido acompanhava a conversa enquanto observava as meninas brincando no quintal; ele não ficaria por muito tempo, pois o próximo dia seria de trabalho e deveria voltar logo para casa a fim de dormir cedo.

Elogios eram tecidos acerca da pureza e da magnitude do santo da senhora, que não se manifestava havia tantos anos. A velha contou-lhes aspectos de seu *Orixá*, histórias sobre o mesmo e alguns poucos fundamentos dos cânticos que ele dançava.

Na madrugada, habitualmente acordou com o corpo molhado pelo suor, as mãos frias e um arrepio que subiu pela espinha. Levantou-se e acendeu a vela, verificou as crianças que dormiam um sono profundo e caminhou até a cozinha. Olhava pela janela e na frente da casa de *Oxosse* viu um vulto. Não sabia como proceder naquele momento e tomou-se de coragem, abriu lentamente a porta olhando pelas frestas e o vão à sua frente. Com a porta totalmente escancarada, caminhou pelo quintal até próximo da casa do *Orixá* e lá viu um senhor bem velho e negro; de barba e cabelos brancos e felpudos. Seus cabelos estavam sujos e suados como que por algum trabalho árduo, sentado em um banco ele trajava roupas simples, somente uma calça que parecia bem-feita de sacos de batata, amarrada pela cintura com um cordão e as barras mais ou menos um palmo abaixo dos joelhos. Usava também uma camisa mais clara, com um bolso na frente do peito e que parecia estar cheio de alguma coisa, os pés descalços. Acendia com o palito de fósforo um cachimbo com cheiro forte de fumo queimado.

Olhava-a atentamente enquanto pitava o cachimbo, fazendo-o acender com brilho forte. Ela se aproximou e podia notar uma capanga pendurada com uma tira de couro atravessada em seu peito, repousava essa bolsa ao lado de sua cintura; seus olhos, de pupilas negras rodeadas por um vermelho fosco de alguém que tivesse forçado as vistas o dia todo durante uma vida inteira, fitavam-na. Ele falava com a extremidade do cachimbo no canto da boca e desejava boa noite com sua voz grossa. Respondia cordialmente e indagava sobre sua identidade olhando para os lados e tentando cobrir as partes mais à mostra do corpo com as sobras de pano das roupas que usava para dormir.

O velho sorria ainda com o canto da boca e falava – com o linguajar mais simples, como o de uma pessoa arcaica e de pouca instrução –

que caminhava há muito tempo e encontrou ali um lugar para descansar. Perguntou se lhe autorizava que recobrasse suas energias para continuar sua jornada enquanto apreciava seu cachimbo e ela, comovida pela aparente idade dele, não negaria jamais.

O *Birreiro*[126] de *Oxosse* era grande e seu pé ficava bem ao lado da porta, lado oposto em que estava sentado. Elogiou a beleza da árvore e da casa. Olhava-o atentamente e já não sentia tanto medo, suas mãos calejadas e os pés cascudos mostravam ser pessoa que provavelmente conhecesse o trabalho desde muito jovem. A pele dos braços finos estavam enrugadas e sua posição denotava as veias acentuadas em seu pescoço, destacavam que era realmente pessoa de trabalho braçal, que merecia um bom descanso. Seu semblante sereno desarmava os auspícios de quem fosse, pois não aparentava ser uma pessoa maldosa, pelo contrário, parecia ser muito humilde e que não desse importância às riquezas materiais da vida, fosse provavelmente alguém que vivesse somente com a vontade de desbravar o dia seguinte, sem aspirações de acumular bens.

Perguntou se gostaria de um copo de água fresca, que mantinha no pote em sua casa, e ele agradecia de coração sem aceitar; justificava-se apontando com o dedo indicador para a direção da capanga, posicionada ao seu lado em frente à porta azul e falando que ali dentro tinha toda a água de que precisava e a caça que o alimentaria. Silenciosamente ele olhava as estrelas maravilhado, dizia que adorava caminhar durante o céu estrelado, que pelas estrelas ele sabia como se guiar e escolher a melhor época para semear o que lhe desse bons frutos um dia. Os ventos o refrescavam e o som vindo do mato o guiava até algo que pudesse cessar sua fome. A natureza era por ele apreciada. De pé ela acompanhava as vistas pelo céu, também o admirando.

Falou que tinha uma jornada longa a ser percorrida e que logo iria embora, gostava da conversa com a moça e da inocência que tinha. Destacou que ela realmente sabia amar e por isso teria longa vida e que não se desviasse de seu destino. Era também pessoa destinada a semear e colher bons frutos. A tormenta já lhe havia visitado algumas vezes e se fizera forte diante do apuro. Não deveria esmorecer nunca e jamais desistir de cumprir seus propósitos. Ouvia a tudo atentamente. As palavras pareciam enfeitiçá-la, não deixando que interrompesse a fala mansa e pausada. Levantou-se lentamente juntando suas coisas e dizia-lhe que, antes do término do ano, ele infelizmente visitaria a casa onde foi tão bem recebido novamente. Pediu desculpas se a assustava

---

126. Como é conhecida no *Candomblé* brasileiro um tipo de árvore cujas folhas são utilizadas de maneira ritualística.

ou se não pôde chegar a tempo de impedir que alguém ou alguma coisa o fizesse em noites anteriores e partiu em direção ao portão fechado. Olhava atentamente o seu caminhar e, quando se afastou por alguns metros, um vento forte bateu rapidamente forçando-a voltar seu rosto em direção a seu favor para que a poeira não entrasse em seus olhos; nos poucos segundos que demorou para fitá-lo novamente, a brisa parou e ele sumiu. Não ouviu nenhum barulho e a porta continuava fechada.

    Olhava à sua volta e nem sinal da passagem daquele homem por ali, nem mesmo o palito que jogou no chão, próximo à árvore, depois que acendeu seu cachimbo podia ser encontrado. Voltou para casa e apagou a vela com os dedos. Deitou-se na cama buscando retornar ao sono. Passava novamente do horário de acordar e despertava aos gritos que vinham do quintal. Atônita, ainda com as roupas de dormir, correu pelo espaço sagrado a fim de saber o que poderia estar acontecendo. Diante da porta da casa de sua mãe não podia acreditar no que via. A senhora estava em estado agonizante em cima da cama, fora encontrada por uma das filhas de santo que vinha lhe trazer o dejejum em vias de sofrer mal súbito; a jovem apressou-se em pedir socorro e mandar que um dos meninos da casa corresse em busca de ajuda. O barulho da viatura policial estancando o freio dentro do terreiro podia ser ouvido de longe.

    Entraram na casa e, constatando que precisava de rápida intervenção, os policiais não deram muitas explicações e carregaram a senhora para o veículo dizendo às pessoas para qual hospital prosseguiriam. Partiram levando como acompanhante apenas a outra senhora que já estava vestida com as roupas do dia a dia e se antecipou recolhendo documentos necessários e os laudos dos exames de sua irmã de santo. A herdeira correu para sua casa onde tomou um rápido banho e vestiu-se. Pegou seus objetos pessoais e documentos, caminhou até o ponto de ônibus e foi para o hospital.

    A notícia foi abafada para que não se espalhasse pela língua dos fofoqueiros de plantão, os filhos da casa que tinham mais proximidade eram os únicos que sabiam e a maioria deles permanecia ali no saguão do hospital aguardando alguma notícia. Horas se passaram antes que um médico viesse e procurasse por sua herdeira para que pudessem conversar em reservado. Explicou detalhadamente toda a gravidade do quadro, sofrera um infarto que graças a Deus não foi fulminante e, graças à rapidez em que foi atendida, puderam intervir e executar procedimentos para sua sobrevida. Já não estava mais correndo perigo, necessitando de muito repouso e alguns dias em observação no hospital.

A notícia foi retransmitida para o conforto dos presentes e algumas das mulheres se revezavam no acompanhamento dela durante a internação. Junto de sua conselheira, consultava os búzios para saber do estado físico da senhora e se podiam fazer alguma coisa. Constantemente as respostas eram de que tudo transcorria como deveria e nada podiam fazer, ainda não era a hora de sua partida para o *Orun*, porém as *ebomis*, *equedes* e *ogans* mais velhos da casa já pressentiam que o momento não estava muito longe.

Ela contrariava o pensamento de todos e mantinha-se perseverante na melhora de sua mãe. Fazia constantes pedidos e alguns poucos preceitos para que pudesse ocorrer logo o retorno para casa. O tempo era dos *Orixás* e somente eles saberiam quando se daria a volta para o seio do lar. Somente depois de algumas semanas de muitos exames e medicamentos, altos e baixos, sua saúde realmente estabilizou e pôde retornar ao terreiro, com várias ressalvas médicas. Efetivamente agora o repouso era fundamental para que tivesse uma maior chance de ficar bem, aliado à boa alimentação e uso dos medicamentos. Toda semana o médico que a acompanhava viria se certificar de seu estado e sempre que necessário faria novos exames. Passava a ter uma acompanhante a todo momento que lhe auxiliaria e alertaria os demais se existisse a necessidade por socorro. Juntaram-se todos e compraram a custosa linha telefônica, que ficava de fácil acesso para que, se preciso fosse, ligassem pedindo pela ambulância que não demoraria a chegar. Os policiais, amigos de seu ex-marido que estavam lotados ali perto, se puseram prestativos a ser chamados quando necessário para auxiliar novamente caso houvesse demora da ambulância.

As festas e obrigações que estavam previstas para o resto do calendário do ano foram todas suspensas e somente seriam efetuadas as obrigações de suma importância que não pudessem ser interrompidas ou adiadas. As pessoas que frequentavam o terreiro perdiam seu senso de humor e somente os risos das crianças eram ouvidos durante aqueles dias. A matriarca fazia graça de seu estado enquanto podia e dizia constantemente aos demais que não deveriam alterar suas rotinas, pois era natural que as pessoas ficassem doentes e isso não deveria atrapalhar seu dia a dia. A inocência dos pequenos era às vezes refreada quando os ânimos se alteravam. Algumas pessoas tinham o pensamento retrógrado e achavam falta de respeito ver a alegria dos demais.

Capítulo XVII

A Força da Fé

O processo de recuperação era lento e, por mais que o estado de saúde dela já obtivesse uma melhora, não podiam descuidar. Não ficou nenhuma sequela do acontecido e os convivas, mesmo assim, se empenhavam em certificar-se todos os dias da necessidade de algo que lhe trouxesse algum conforto.

Eram necessários vários dias de repouso e, nos primeiros, nem mesmo a visita de amigos mais íntimos que viessem lhe desejar votos de recuperação era recebida. As pessoas tinham o entendimento de que no começo seria vital que descansasse, a fim de se recuperar as forças, e depois teriam a oportunidade de passar alguns momentos agradáveis em sua companhia. Seus filhos se revezavam nos cuidados, alguns dos membros da casa já lidavam com esse tipo de situação, pois eram enfermeiros profissionais ou acompanhantes de idosos, o que a favorecia, pois já tinham toda a prática no trato com seu estado de saúde.

Mais do que nunca a casa precisava do apoio e união dos seus e toda a responsabilidade exigida de cada posto, cada cargo que tivesse um dia sido dado a algum integrante teria de ser realmente colocado em prática. Fazia o constante pedido para que as obrigações não fossem interrompidas, mas seus filhos achavam melhor restringi-las por algum tempo, até que uma melhora ainda maior fosse apresentada em seu quadro clínico. Dizia que o *Axé* era uma força cujo ciclo não se podia interromper, teria de ter continuidade. Essa energia precisava estar em constante movimento. A rotina diária continuava, todos os afazeres se mantinham ao longo dos dias mesmo com o ar de tristeza que assolava os cantos do terreiro.

Davam tempo necessário para que as energias trabalhassem em sua revitalização e iniciavam novos preceitos que pudessem trazê-la de volta às suas funções. Cogitavam constantemente a possibilidade de que alguns de seus representantes fossem até a ilha onde se praticavam o culto dos ancestrais. Alguns pensavam em pedir aconselhamento para a longevidade de sua matriarca, porém outros achavam melhor que não se misturassem as coisas.

A própria senhora em sua juventude visitou tanto aquelas terras, e se impressionava com a naturalidade que seus residentes tinham em lidar com seus ancestrais e com eles ainda aprenderem tanto, um aprendizado que ajudava em todos os problemas no mundo físico. Muita gente era arredia aos ritos, dogmas e preceitos que se praticavam na ilha, mas a velha teve oportunidade de ampliar seus horizontes com o saber que recebia de lá. Seria justo pedir auxílio a quem fosse de direito, mas os mais velhos decidiam que, como apresentava melhora, era mais prudente aguardar e, se algum mal voltasse a recair sobre ela, aí fariam o necessário para que se aprumasse.

Zelava pela mãe de santo todos os dias como se os papéis se invertessem. Não deixava que os afazeres atrapalhassem seu trato com a enfermidade, desdobrava-se em todas as funções coordenando e as delegando, era mais fácil para que os trabalhos não pendessem demais para uma só pessoa e todos tivessem tempo livre. Talvez os últimos ocorridos a sobrecarregassem muito e por isso passava a ser mais dura, objetiva e sem meias palavras. Alguns já começavam a dizer que havia se tornado arrogante, mas a maioria entendia que o acúmulo de funções aliado ao estresse pelo estado debilitado da matriarca a deixava com os nervos à flor da pele.

Procuravam entender quando se excedia e falavam com os mais velhos que ouviam atentamente as reclamações e a chamavam constantemente para uma conversa informal. Falavam calmamente sobre toda a situação e pediam-lhe compreensão e paciência, tudo uma hora ia se acertar, mas deveria ter mais calma no trato com as pessoas e, quando ela percebia que realmente acontecera algum descuido e sua doçura havia se amargado no lidar com os mais novos, chorava reservadamente e, longe das vistas das pessoas, pedia desculpas a si mesma de uma maneira particular e sem demonstrar fraqueza ou falta de liderança; era uma muralha que se rachava somente diante de um ou outro irmão, que percebia como o fardo que estava sendo carregado era realmente pesado.

Os *abians* da casa tinham um papel essencial, que desempenhavam com sua ajuda. Trabalhavam com muita vontade para poderem conquistar seu lugar de maneira respeitosa entre os membros da sociedade, talvez trabalhassem até muito mais do que vários dos iniciados e com o coração aberto, o que era mais importante, e acabavam assim sofrendo pelas mãos e palavras de pessoas ignorantes. Os sentimentos estavam todos abalados e o nível de estresse era muito alto, a compostura poderia sair dos eixos e, como nem todos tinham o controle emocional, não era difícil acontecer de que um ou outro descarregasse suas amarguras em seu mais novo e, em um momento de erro, viesse a reprimir as pessoas na frente de quem quer que fosse. A vergonha seria imediata e, sendo mais novo o receptor, nem poderia retrucar – somente aceitar abaixado e pedindo-lhe a bênção no final. Sofriam, pois entre todos os da casa eram efetivamente os mais novos e se o laço de comprometimento com o terreiro fosse realmente grande, entenderiam e aceitariam sem nada responder – se não o houvesse, tomavam suas coisas e abandonariam tudo sem retornar.

Em certa época, precisaram de alguém que executasse algumas obras em alvenaria e um rapaz apareceu oferecendo-se a realizar o serviço com todo o préstimo e capricho que pudesse ter. Trabalharia em troca de estadia e comida. E a herdeira do terreiro o hospedou em uma casinha simples perto da casa dos ancestrais e a ele protegia daqueles que, porventura, pudessem tratá-lo mal. Constantemente dizia a todos que o rapaz deveria ser bem reconhecido por gostar de trabalhar e pela ajuda que estava dando ao terreiro. Assim ele permaneceu e durante um rito ou outro foi se interessando e se tornando mais um dos *abians* da casa.

Já havia se passado mais de um ano que teve seu primeiro contato como *abian* e, em uma das obrigações da casa, foi suspenso como *ogan* de um dos *Orixás*. Tinha todo o apreço da futura dirigente, pois era rapaz sem preguiça e todos os trabalhos que lhe fossem requisitados eram cumpridos em silêncio e de bom grado. Mostrava-se inteligente e atento a tudo. Aprendia calado sobre muitas coisas, mas a hora de sua confirmação nunca chegava. Sempre que oportunamente algum conhecimento dos mais velhos chegava até ele, com sua protetora conversava descontraidamente por várias vezes a respeito de cada assunto novo que lhe era aberto. Ela dizia constantemente que Deus nos havia dado dois olhos, dois ouvidos e somente uma boca; para que pudéssemos ver mais e ouvir mais, falando menos. Eles riam juntos e o rapaz entendia que o bom *Vodunsi* não falava, não via e não ouvia. Era um provérbio constantemente repetido entre os iniciados, que deveriam ser discretos em relação a muitas coisas. A importância dada ao segredo era enorme.

Ela ensinava que o *abian* não deveria se sentir desmerecido, eram pessoas de quem se esperava que fizesse muitos dos trabalhos da casa, trabalhos que os mais velhos já não mais fariam e talvez a soberba dos iniciados mais novos os impedisse, porém era costumeiro ver os dotados de responsabilidade desempenhando tais papéis e inspirando seus mais novos, que de pronto tomavam-lhes os lugares. Falava constantemente da importância de ser *abian* em várias casas. Se realmente fosse o destino da pessoa entrar para a vida do *Candomblé*, onde seu coração ficasse, deveria ser sua morada.

    Desde o início ele sentia que ali era seu lugar e durante sua estadia frequentou várias outras casas e nelas não sentia a mesma presença da energia que podia sentir ali. Inspirava-se em muito naquele outro *abian* mais velho, o militar que impunha tanto respeito e tinha tanta dedicação pelos afazeres. Nem todas as funções que gostaria de desempenhar poderiam ser executadas por ele, mesmo assim assessorava sempre que possível e de tudo fazia para que o melhor de suas habilidades se mostrasse nas horas que estivesse em suas ocupações.

    Limpava constantemente os coqueiros, retirando suas folhas e os frutos secos. Escalava as grandes árvores sempre que necessário e as podava para que crescessem, dando mais galhos e folhas. À medida que saía com pessoas mais experientes, aumentava seu aprendizado conhecendo novas folhas que podiam ser utilizadas no *Axé*. Visitava muito a mata e procurava por mudas, que trazia e plantava no espaço sagrado. Sempre que havia material em mãos, ele reformava as portas e janelas, tudo permanecia em perfeita ordem sob seus cuidados. Os poucos balaústres de madeira eram revitalizados, lixava-os quando precisava e os pintava novamente.

    Os filhos de santo que eram preparados levavam aquelas representações materiais – os *Ibás*[127] – e os conteúdos do quarto de santo para um outro local apropriado e tomava todos os sinais de respeito, entrava com os materiais de construção e reformava o local todo. Passava horas reparando os buracos e reboques que estivessem se desfazendo com o tempo, limpava o telhado que não possuísse forro interno e o madeiramento era examinado para ver se não havia nenhum perigo em deixá-lo como estava; se houvesse, dava um jeito e trocava as madeiras que precisavam ser substituídas. Executava todo o trabalho que fosse necessário com carinho e tal zelo que o deixasse orgulhoso de seus feitos.

    A ajuda financeira que vinha de uns poucos filhos e descendentes de outros estados era muito bem-vinda e auxiliava em todos os sentidos. Ali se tornara sua casa e, sendo assim, queria mantê-la em perfeita ordem. Quando havia algum empecilho que atrapalhasse a compra dos materiais pela responsável da casa, ele mesmo tirava de suas poucas economias ou aceitava outros trabalhos fora. Com o dinheiro adquirido

---

127. Representação material do santo. Ver glossário.

cumpria com o que havia iniciado. Fazia sem alarde e com o coração, sem precisar afirmar a outras pessoas acerca de seus esforços desprendidos.

Era questão de honra cumprir religiosamente com qualquer intento que iniciasse. Muitas de suas obras levariam dias e até semanas para ficarem prontas. Tinha ajuda, algumas vezes, de outros *abians* ou mesmo de *ogans* que se empenhavam pelo bom estado da casa. Se alguém o viesse ajudar e demonstrasse preguiça ou insatisfação, irritava-se e tratava com ignorância até mesmo se a pessoa já fosse confirmada, e o Conselho dos *Ogans* lhe dava razão. Trabalhava tão corretamente que não poderia ser desmerecido de maneira alguma.

A manutenção do terreiro sempre esteve em boas condições: a partir de sua chegada, o que já era bom tornou-se melhor. Diversos elogios eram tecidos a seu respeito e, sempre que podia, sua zeladora cuidava de sua vida espiritual. Muitas vezes nem entendia o motivo de ser chamado e a razão de passar por aqueles *ebós*, mas ficava contente de haver alguém que se preocupasse com sua integridade.

Não só os homens mas as mulheres também tinham seu papel, as *abians* participavam dos trabalhos femininos e auxiliavam na cozinha enquanto faziam trabalhos mais simples como a limpeza, descascar batatas e outros alimentos. Ajudavam a cuidar das crianças e de toda a ordem do terreiro. Eram sempre supervisionadas por alguma *ebomi*, que delegavam a elas funções específicas das que podiam cumprir. A *Ialorixá* não aceitava abusos cometidos a esse povo de tão bom coração, eles eram todos tratados como bons filhos da casa e, quando chegasse a hora, aquele tempo em que os *Orixás* tomariam conta de suas vidas mais efetivamente com a iniciação, eles seriam chamados e os preceitos eram concluídos.

Enquanto ajudava o rapaz em uma reforma, o militar lhe explicou que ao Conselho dos *Ogans* caberia se reunir e decidir se havia merecimento por parte de um *abian* suspenso ser confirmado, sua palavra se sobrepunha até à da dirigente. Se não houvesse a aceitação deles, a pessoa receberia toda a explicação necessária e, se fosse imprescindível sua iniciação, seria instruída a procurar uma nova casa que pudesse frequentar. As *equedes* decidiam sobre a vida das mulheres, suas reuniões colocavam em pauta o merecimento de uma nova *equede* ser aceita e iniciada dentro da casa e seu consenso também não era discutido com outras pessoas.

Somente aos *Iaôs*, os rodantes, é que a mãe de santo tinha a palavra final, mesmo assim colocava à apreciação do Conselho dos Homens e das Mulheres que avaliavam toda a conduta dessas pessoas, existia mesmo um processo seletivo que se passava durante todo o tempo de *abian*. Poderiam se passar meses e anos até que a pessoa recebesse o aval satisfatório, podendo integrar aquele *Ebé* de maneira mais efetiva.

Era um mecanismo utilizado para que as pessoas que entrassem fossem pessoas que contribuíssem de alguma forma para aquela sociedade, nenhuma das casas mais antigas gostaria de incluir membros que não compartilhassem do pensamento coletivo.

Não importavam os números, e sim a qualidade. A necessidade era de que tivessem bons filhos para poder elevar a qualidade da casa e não muitos filhos somente para mantê-la financeiramente. E deveriam passar por aquele processo iniciático demorado, em que aprenderiam sobre o cotidiano de uma sociedade de adeptos do *Candomblé* e seus dogmas incontestáveis. Todas as casas mais antigas faziam uso daquele processo para se protegerem de pessoas que estivessem ali sem compromisso algum, pessoas que trairiam seus juramentos e abririam ao mundo o interior dos ritos e costumes particulares, pessoas que iriam denegrir a imagem construída ao longo dos anos por tanta gente compromissada com a filosofia adquirida naquele espaço sagrado.

Conforme os anos se passassem e o terreiro recebesse maior destaque e notoriedade entre as outras comunidades, acabaria sendo procurada por muitas pessoas em busca de *status* ou mesmo que viessem de outras casas e, fazendo agora parte daquele *Axé*, poderiam utilizar-se de seu nome para fundamentarem suas condutas errôneas e controversas. Ao longo dos tempos, muita gente poderia acabar passando pelas mãos de muitos pais e mães de santo, agregando conhecimento sobre vários ritos de várias raízes e tradições diferentes, formando uma colcha de retalhos com todo esse saber e os separando, fazendo uso, de acordo com sua conveniência, do rito que lhe fosse mais interessante no momento. As referências seriam totalmente perdidas e essas pessoas, quando fossem indagadas, se justificariam utilizando o nome da casa em que fizessem parte atualmente.

Atitude que era lamentável – todo praticante de *Candomblé* deveria ter a referência de sua casa matriz e seguir sua ritualística e seus costumes. Poderiam receber um iniciado que tivesse o interesse de frequentar a casa e se achegar aos poucos, nenhum dos segredos lhe seria revelado até então. Procurariam saber seus antecedentes e observar sua conduta e, quando fossem requisitados a opinarem pela aceitação ou não da pessoa dentro do *Axé*, exporiam tudo que foi apurado, justificando o ato de incluir, ou não, a pessoa em sua comunidade.

A velha mãe de santo do terreiro imaginava que no futuro as pessoas abandonariam esses critérios de aceitação e que algumas casas passariam a incluir indiscriminadamente seus membros; o que se tornaria mais importante seriam os números, quantidades de filhos de uma casa e as cifras de uma conta bancária gorda. Mas relutava e era de sua vontade que na sua se mantivesse firme a palavra dos Conselhos e que o amor ao divino não se pervertesse jamais. Desde o início de sua gestão ela procurava disseminar a ideia da importância das tradições e costumes antigos aos mais novos. Em sua casa, esses esforços davam frutos. Nas casas dos descendentes, como era esperado, com o tempo esses e alguns outros pensamentos podiam se diluir à medida que os anos passassem, mas dentro da raiz a dinamização seria um processo muito lento e quase nenhuma modernidade seria aceita.

E o rapaz trabalhador passava a se empenhar ainda mais em servir aos *Orixás* da casa após aquela conversa. A fé que demonstrava era enorme e jamais algum outro membro da roça o viu reclamar de qualquer fato. Cumpria com suas obrigações e, à medida que aprendia novas lições, ele se sentia ainda com mais vontade de conhecer a fundo o mundo do *Candomblé*. Aquele velho *ogan* que voltava a frequentar a casa sentiu certo descontentamento ao ter visto os *atabaques* durante a festa. Relembrava os tempos áureos, em que o som daqueles instrumentos era ouvido a grande distância pelas pessoas, que em suas casas saberiam do início de algum preceito ou festa quando escutavam o som reverberando de tão longe. Estavam velhos e a madeira ainda forte, porém, malcuidada. Os mais jovens, em sua gana por apenas tocar, já não mais tomavam os devidos cuidados. Muitos dos *ogans* confirmados trabalhavam e não tinham tanto tempo livre e acabavam cumprindo com suas obrigações fracionadamente.

Chegou cedo ao terreiro e indagou ao *abian,* que terminava de gastar a massa de cimento nas paredes, se era de seu interesse ajudá-lo no trabalho que iria iniciar e prontamente foi atendido sem mesmo perguntar do que se tratava. Escolheu o rapaz por causa do esforço que desempenhava na casa e já ouvira falar bem dele, que fazia o que podia por sua manutenção e era compromissado com o *Axé* onde residia.

O velho havia encomendado de um amigo de muitos anos, que se tornou mestre na fabricação de instrumentos de percussão, tanto profanos, como sagrados, um jogo de novos *atabaques* que ficariam guardados de reserva para qualquer adversidade. Caminharam pela feira até a oficina do mestre, que os recebeu muito bem. Foi apresentado ao senhor já de muita idade, que trabalhava magistralmente e com muito amor naquelas peças todas de madeira que davam vida ao som. Impressionava-se com o trabalho do homem e foi elogiado, também por ele, que destacava já ter sabido de toda a sua labuta realizada na roça.

Colocou os instrumentos embalados em muitas folhas de jornal, para que não sofressem nenhum dano, em cima do carrinho de rodas que trouxeram, e empurrou até o terreiro em uma caminhada longa; o velho ensinava toda a importância daqueles pedaços de madeira. Falava sobre o *Orixá* que mora dentro dos *atabaques* e as obrigações religiosas pelas quais eles tinham de passar. Contava sobre a idade que possuíam os que faziam parte do barracão, e as pessoas que ali já tocaram, deixando parte de sua história impressa em cada ranhura de seu corpo, feitas com as batidas dos *aguidavis*[128] e a importância do couro colocado em seu topo. Aquele couro que devia ser retirado de maneira ritual do corpo dos animais e tratado para depois fazer parte da orquestra. Relembrava as imagens e os sons vivenciados por ele nos anos em que acompanhava os mais velhos e seus amigos e irmãos. Todo o aprendizado que acumulava era fruto do ver e ouvir.

Espantava-se ao saber que, mesmo morando todo aquele tempo na casa, jamais havia tentado sequer tocar um *atabaque* e a humildade em dizer que era muito difícil aprender aquelas cantigas, que tinha medo de entoar com palavras erradas; tudo o comovia e fazia enxergar a fé que morava no coração do humilde trabalhador. Este sim tinha bons propósitos, ficava longe dele qualquer soberba, e suas mãos calejadas e o suor todo que derramava sobre a terra eram mesmo pelos santos que ali moravam e não para as pessoas que estavam à sua volta.

Lá chegando, encontraram morada para aqueles novos instrumentos e, antes de depositá-los em algum canto que ali ficassem só sendo requisitados quando houvesse algum problema com os outros que estivessem sendo usados, o velho mandou que chamasse alguns dos *ogans* confirmados que estavam na roça – os que possuíam certa confiança do ancião – e foram todos para o barracão. Mandou que lhe trouxessem os couros que já haviam sido preparados anteriormente e estavam guardados. Enquanto buscavam o material, ensinava ao *abian* como desmontar o *atabaque*, a retirada das cordas e das cunhas; os aros deveriam ser removidos e depois o couro.

O balde com água foi utilizado para amolecer a pele que se endureceu com o tempo; depois mostrou como medir seu tamanho. Cortou com a faca bem afiada o círculo que ficaria sobre o *atabaque* e posi-

---

128. Como são chamadas dentro do *Candomblé* brasileiro as varinhas ou varetas que se utilizam para tocar os *atabaques*.

cionou os outros elementos todos. Era meticuloso e sempre auxiliado pelo rapaz que aprendia atentamente. A linha que pediu que trouxessem serviu para amarrar as bordas, de forma que se entrelaçassem aos dois aros do topo, prendendo o couro por cima deles. A passada da corda entre os aros superiores e os inferiores foi ensinada, assim como os nós de arremate. Mostrou como deveria firmar tudo com as cunhas de madeira nos aros de baixo, para que não se soltassem e pudessem afinar o som do instrumento no término do processo; deixou que o rapaz o repetisse nos outros dois *atabaques*, corrigindo suas pequenas falhas.

Depois que levaram os instrumentos para os couros secarem ao sol por algumas horas, foram tomar seu café da manhã em companhia dos presentes e lá conversaram durante algum tempo. Desempenhavam outros afazeres e o rapaz a todo momento verificava o estado dos instrumentos. Quando o sol já estava a pino, o velho se aproximou e mandou que cortasse as linhas que haviam sido costuradas e, feito isso, abaixou o couro sobre as bordas dos aros e apertou as cunhas. Novamente mandou que amarrasse o couro nas bordas e lhe trouxesse a faca mais bem afiada ou uma navalha que não fosse usada em nenhum ritual. Raspou todo o pelo do couro com a lâmina e mandou que fizesse da mesma forma, e cuidadosamente ele o fez nos outros dois instrumentos. O azeite de dendê foi espalhado em cima do couro, que foi deixado ali durante o resto do dia, ao sol.

Durante alguns dias repetia a rotina, carregava os *atabaques* e os deixava ao sol até que pudessem, as cunhas, ser apertadas definitivamente e mantivessem o som sem desafinar. O velho experimentava o som diariamente e, quando estiveram a contento, os afinou de acordo e mandou que levassem para dentro do barracão. A portas fechadas os *ogans* de sua confiança trouxeram todos os temperos que seriam utilizados, a faca e os animais.

Acima das esteiras, o rito em homenagem ao santo que reside em seu interior foi presidido pelo mais velho, que fez toda questão da presença do *abian*, que o auxiliou. O *amassi*[129] de folhas frescas maceradas foi trazido, aquelas folhas foram escolhidas cuidadosamente pelo velho enquanto o rapaz as tirava dos galhos e depois entregue às *Iaôs*, para que preparassem o sangue da folha, e com ele os instrumentos foram purificados. O ritual foi completo e, depois, tudo que deveria ser oferecido na obrigação foi arriado de acordo e somente eles participaram.

---

129. Como é chamado, dentro do *Candomblé* brasileiro, o aglutinado dos restos de folhas maceradas para a preparação do *Omi èró*; esse *amassi* pode ser usado para esfregar, retirando a sujeira de uma maneira melhor.

Durante os dias que foram necessários, as coisas permaneceram ali sem ser perturbadas por quem fosse e, ao término, os preceitos para se levantar os instrumentos foram feitos.

Mandou que tomassem seus postos e, guiados por ele, executaram o toque que se faz necessário quando se dá comida aos *atabaques*. A resposta veio na hora, e os santos das pessoas que estavam na casa foram entrando um a um no barracão e um pequeno *candomblé* foi feito. Os poucos *Orixás* que se fizeram presentes dançaram ao som dos novos *atabaques* e o rapaz a tudo olhava atentamente. O santo da matriarca também chegou, mesmo em cima de sua cama, e a senhora logo foi trazida de volta à consciência pelas *equedes*. A velha demonstrava contentamento ao ouvir os toques de onde estava, e mais ainda ao saber da iniciativa de seu irmão de santo. Incentivava os *ebomis* de sua casa que continuassem com os ritos, continuava afirmando a todos que seu estado de saúde não deveria interferir na rotina da casa.

Tudo que fora oferecido ao *Orixá* do *atabaque* foi recolhido e o que deveria ser despachado tomava seu destino. Substituiriam os velhos instrumentos da casa pelos novos e iniciariam seu processo de restauração. Os dois desmontaram os tambores e passaram dias ali lixando-os cuidadosamente e refazendo cada elemento que compusesse os veículos que fariam a ponte entre a vinda dos *Orixás* do mundo espiritual para o físico. Dessa vez o processo seria um pouco diferente, pois esses *atabaques* eram de *birro*, ou seja, *cravilhas* que prenderiam o couro nos aros em vez das cordas entrelaçadas pelo seu corpo até as cunhas abaixo dos aros, onde seriam esticados. Ao término do processo, fizeram da mesma forma consagrando novamente os instrumentos junto com a presença do *agogô* que os acompanhava.

No dia em que foram tocados no barracão, realmente seu som pôde ser ouvido a grande distância dali e buscaram de longe o santo da herdeira da casa. Ela fazia compras a alguns quarteirões de lá e as pessoas que presenciaram se espantaram ao vê-la cambalear e abandonar os objetos que estavam em suas mãos. Os pés ficaram descalços e as mãos foram levadas para as costas. Sem emitir nenhum som, ela caminhou lentamente em direção ao terreiro e ninguém ousava tocá-la ou falar com ela. Um *abian* de outra casa passava próximo quando viu a situação e se colocou ao lado do santo como um guardião; e sem falar nada o acompanhou para onde estivesse indo e, chegando à roça, *Iemanjá* dançou junto aos outros *Orixás* presentes. As pessoas louvavam e agradeciam pela presença do divino que fora bem recebido pela alegria de todos, e o menino que a acompanhou até o terreiro foi agradecido e convidado a assistir o que acontecia.

A saúde da senhora ia se recuperando com o passar dos dias e, ao tempo que ia passando, as coisas entravam nos eixos. Uma das *ebomis* veio de longe, conversar com a matriarca, e passaram horas em sua casa falando sobre diversos assuntos, até que ouviu uma pergunta acerca de algo que a incomodava e ela não estava conseguindo colocar para fora. A mãe conhecia suas filhas melhor do que elas mesmas e a moça cedeu dizendo que se sentia muito envergonhada, mas deveria mesmo assim pedir autorização para que os festejos ao seu *Orixá* fossem feitos.

Ficou muito entusiasmada enquanto falava que não era vergonha nenhuma fazer esse pedido e batia na mesma tecla quando dizia que ela estava um tanto debilitada, porém o *Axé* continuava a seguir seus propósitos. Era sabido por todos que o *Orixá* da moça viera de outra casa, e somente anos após o falecimento de seu pai de santo anterior ela tinha conquistado seu espaço na roça, com a senhora lhe dando suas obrigações necessárias e também os direitos de mãe de santo; ela assim constituía nova família de descendentes de sua nova matriz em outra cidade e era fiel à nova tradição que fez questão de aprender, deixando parte de seu conhecimento anterior para trás. Novo *Ilê Axé*, nova tradição, e por isso a senhora a adorava e tinha toda a consideração.

Sua herdeira foi chamada e, quando da chegada, foi incumbida da missão de organizar um grupo voluntário de pessoas de confiança a se ausentarem do terreiro e ajudarem com as obrigações da irmã. E as pessoas de confiança foram solicitadas. O velho se alegrou em poder participar também e exigia a presença de seu novo aprendiz. A mulher mal poderia expressar seu contentamento em ter os irmão de sua casa acompanhando as obrigações de seu *Orixá* durante os festejos, e contou com o apoio de todos que puderam fazer presença.

Seguiu cedo com algumas pessoas até uma feira, em que os animais foram escolhidos com carinho e as comidas que seriam preparadas ao povo também foram compradas; tudo foi embalado e colocado no velho caminhão que seu marido utilizava para trabalhar. Algumas pessoas embarcaram e viajaram para sua cidade levando as compras e já empenhandos em se preparar para receber seus irmãos que compareceriam.

Um dia após tudo isso, eles já estavam todos na casa ajeitando tudo para os ritos. Buscaram as outras pessoas com o caminhão e ninguém se importou em vir sentado em sua caçamba. Apenas a *ebomi* que presidiria os atos a pedido da mãe, o velho *ogan* e seu novo auxiliar vieram com o ônibus que saiu da rodoviária e suas passagens pagas pela velha, que se felicitou com a vontade deles. À *Iá Ebé* ficou a responsabilidade de tomar conta da roça na ausência deles, junto da companhia da outra senhora, a de *Oxumarê*, sua tia de santo. Aqueles que foram de caminhão passaram algumas horas durante a manhã e a tarde na estrada; enquanto brincavam e se descontraíam, os homens bebiam e cantavam, aguardando o término da jornada, e logo após receberam o merecido descanso para que pudessem dar início aos atos.

Os que partiram de ônibus não tiveram muito a fazer, viajaram durante a noite e puderam dormir o caminho todo. Ao chegarem de manhã, foram recebidos e levados ao terreiro. Nos dias que precederam as obrigações, eles ajeitaram tudo que foi possível para fazer uma grande festa e os filhos da casa de sua irmã se colocaram prestativos em auxiliar. Observavam tudo para poderem aprender com as pessoas de sua matriz. Era algo feito com carinho e amor. No dia da obrigação, o clima era de total entrega por parte dos participantes, ninguém demonstrava preguiça e os de casa sentiam-se muito bem amparados, não viam por parte de seus tios de santo nenhum comportamento que os desmerecesse e a humildade imperava no ambiente.

Durante todo o preceito, que foi presidido pela jovem e executado pelo mais velho e seus auxiliares, o rapaz suspenso que o acompanhava foi trazido para junto do quarto de santo a fim de que pudesse ajudar e aprender. A confiança que o senhor depositava sobre ele era imensa e algumas pessoas até se enciumaram, achavam errado que alguém não iniciado presenciasse os ritos guardados em segredo, porém ninguém teve voz para repreendê-lo ou mesmo questionar suas vontades.

Os ventos de *Oyá*[130] se abateram forte sobre a casa e a vitalidade de sua energia era sentida e apreciada, nenhum dano recaiu sobre qualquer parte do domicílio e as pessoas gritavam louvando, enquanto as telhas ameaçavam se soltar do madeiramento.

O fim da tarde chegou e, como a casa ainda não possuía todos os elementos necessários, puseram-se no barracão a despachar *Exu*, em vez de realizar o *padê*. Cantaram para esse *Orixá* e as pessoas predeterminadas despacharam as portas da casa. Quando de seu retorno ao barracão, cantaram normalmente para *Airá* e, no desfecho, as mulheres se apressaram em terminar o preparo das comidas para que pudessem se revezar e vestirem-se para o início dos festejos. Os homens que já não tinham mais função a desempenhar procuraram um lugar onde pudessem tomar uma cerveja e bater um bom papo. Os

---

130. Divindade do panteão *Yorùbá*. Ver glossário.

outros descansaram esperando o anoitecer e a roça se encheria de visitantes vindos de todos os lugares, inclusive outros pais e mães de santo descendentes de outras matrizes.

    A casa estava cheia, era a primeira vez que se fazia festa em louvor ao santo de sua dona, e muita gente veio para conferir. Muitos chegaram, inclusive com o coração fechado e os olhos abertos para qualquer irregularidade que pudessem encontrar, porém tudo foi feito sob a supervisão e os olhares meticulosos da futura matriarca daquela família. O *candomblé* era cantado por um *ogan* de peso, que tinha junto de si um aprendiz, uma pessoa a quem ele fazia votos da maior confiança e o deixava ali a seu lado, para que as palavras vindas de seu interior se cravassem no fundo de sua mente e aprendesse os cânticos que por ele eram cantados. As pessoas se fascinavam com a beleza e o compasso em que tudo se alinhava e muitos proferiam palavras de imenso contentamento e gratidão.

    Ao término da roda de *Xangô*, todos os *Orixás* que estavam no barracão foram recolhidos para ser vestidos e um intervalo foi feito. O *Xirê* havia se alongado e alguns já estavam cansados, esse tempo serviria para que se entrosassem melhor dando o necessário para que algumas pessoas recobrassem as energias. As comidas e bebidas começavam a ser servidas e as alcoólicas foram reservadas a um pequeno grupo dos *ogans* que participavam. Existia a preocupação de que alguns dos participantes se alterassem, podendo vir a causar algum embaraço à festa. Pais e mães de santo que eram amigos da *ebomi* dona da casa também compartilharam discretamente de algumas bebidas e, no retorno ao barracão – durante a passagem da jovem –, ela pôde ouvir comentários de alguns que diziam sobre a dirigente daquele lugar. Falavam que era charlatã e que em sua cabeça não passava santo nenhum, aos olhos destes ela dissimulava e enganava a todos atuando como se estivesse incorporada com o *Orixá*.

    Aquilo tudo que foi ouvido se transformou em sentimento de raiva imensa que consumiu em silêncio o coração da moça, ela não poderia deixar essas calúnias serem feitas acerca de sua irmã. Manteve-se firme sem nada falar a nenhum dos presentes. Na hora em que o *Orixá* foi trazido ao barracão, parecia que *Oyá* ali vestida pudesse sentir o mesmo que a futura matriarca e dançava como nunca, ela flutuava em seu bailar pelos metros quadrados e muitas vezes parava diante das pessoas que disseminavam aqueles comentários, como se realmente os ouvisse e mostrasse nas feições que os desaprovava. Nenhuma palavra solta ao vento era perdida, ela flutuava para algum lugar e era ouvida e às vezes atendida por alguém.

Oyá foi sentada em sua cadeira e ali permaneceu esperando o momento certo, enquanto os outros santos dançavam no barracão. A moça que estava lá para presidir todo o evento chamou uma das *equedes* da casa e falou em seu ouvido. Algumas pessoas perceberam a movimentação e não entendiam, mas ficavam curiosas a respeito de quais instruções poderiam estar sendo dadas. Os *ogans* perguntavam discretamente e não obtinham nenhuma resposta, apenas se recomendava que aguardassem e no momento certo todo mundo entenderia. A jovem *equede* retornou e entregou ocultamente alguma coisa em suas mãos.

No ponto alto da festa, enquanto todos os ânimos estavam exaltados e as pessoas louvavam parecendo contentes, o olhar de banda e os beiços tortos de alguns eram percebidos. Passou a dançar junto com o *Orixá* e o conduziu pela porta até a cozinha, dando sinal para que os *ogans* não parassem de tocar. Passados alguns instantes, elas retornam e a surpresa nos olhos do povo era muito grande quando viram *Oyá* passando pelos batentes com um tacho de cobre fumegante na cabeça, sem nenhuma rodilha de pano embaixo, e ela o equilibrava segurando em uma das alças enquanto dançava ao som do *Daró*,[131] o popular *quebra pratos* de *Iansan*,[132] afirmando seus passos com intensidade, enquanto a mão livre chacoalhava a barra das saias e o conteúdo do receptáculo não se via, apenas era notada a pouca fumaça que saía de dentro e o cheiro de azeite de dendê que se espalhava pelo barracão.

Ela encarava aqueles fofoqueiros que tanto falavam anteriormente. O santo parou à sua frente abaixando e entregando, nas mãos da *equede*, o tacho, que era aparado por uma grossa camada de panos, que ela já segurava. Ao som dos toques, diante das vista de todos a moça jogou um punhado de moedas na cor de cobre dentro do óleo fervente que repousava no fundo do tacho e o *Orixá* despendeu seu *Ilá*, o grito sagrado, que arrepiou o corpo de muitos. Tremia graciosamente seus ombros e assim fazendo reverência a quem estava à sua frente; ela mergulhou a mão no líquido incandescente e, como que procurando alguma coisa por alguns segundos, retirou a mão vermelha coberta de azeite, portando uma das moedas ungida no óleo.

Com a mão ainda respingando, ela caminhou lentamente em direção a um dos caluniadores e entregou na dele a moeda ainda quente, que foi recebida com indecisão e insegurança. Ao toque no objeto, o *Orixá*

---

131. Um ritmo musical do *Candomblé*, litúrgico. Ver glossário.
132. Dentro do *Candomblé* brasileiro, é uma outra forma de se referir ao *Òrìṣà Oyá*.

da pessoa se fez presente e foi aprontado para dançar sem que soltasse a moeda. Ela repetiu esse ato mais oito vezes e as nove moedas foram entregues, calando a boca dos que dispersavam os maus dizeres. Quatro das pessoas que receberam as moedas não manifestaram nenhum *Orixá* e queimaram suas mãos com o objeto, deixando-o cair na frente de todos os presentes. O primeiro fez cara de descontentamento e deu as costas saindo do barracão às pressas e rumando à sua casa. Os outros, talvez pela soberba e subestimando sua própria fé, tentaram receber as moedas achando que seriam amparados por suas divindades e acabaram se envergonhando ao ficarem com a palma das mãos marcadas, por desacreditarem no que estavam vendo. Eles se envergonhavam mas não desistiam de ficar até o final da festa.

O *Orixá* recebia o tacho novamente em sua cabeça e dançava pelo barracão junto com a *ebomi*, que fez a todos que não acreditavam na presença do divino ali em seu meio engolirem suas palavras, e a toda volta o colocava na cabeça dos outros *Orixás* filhos daquela casa, para que dançassem também com o tacho ainda quente. Recolhida novamente para guardar o objeto, ela retornou com os *acarajés* que foram distribuídos aos participantes, era a comida símbolo de *Iansan,* que a compartilhava com o povo para que pudessem ter suas bênçãos.

O velho *ogan* assistia enquanto cantava e se maravilhou com as energias que estavam manifestadas, já havia muitos anos vivenciou situação parecida e não imaginava que antes de sua morte fosse presenciar um ato tão bonito novamente, que provasse a todos os presentes que naquela matéria diante de seus olhos realmente estivesse uma divindade. E *Oyá* dançou a noite toda acompanhada dos outros santos que permaneceram presentes até o amanhecer, toda a confraternização durante e depois da festa foi apreciada pelas pessoas.

Como de costume, os mais velhos já se sentiam cansados e partiam para o aconchego de algum lugar onde pudessem recobrar as forças. Os novos faziam samba, *afoxé* e bebiam; os homens e mulheres dançavam e confraternizavam. Alguns olhares mais maliciosos poderiam ser dirigidos a uma ou outra dama, ou mesmo senhor, e podia se perceber um flerte por aqui e por ali. As pessoas queriam aproveitar toda aquela bagunça e, se houvesse interesse pelo sexo oposto – ou, sabe-se lá, até o mesmo sexo –, deixariam para concluir esses intentos do portão do terreiro para fora.

A carne era abundante e se apressaram em acender o fogo, assaram-na para que pudessem se alimentar durante a confraternização. A mãe de santo da casa se sentia muito cansada e retirou-se para seu quarto ao término do *candomblé*, a fim de que também se recuperasse em um justo descanso. Permaneceram nos dias necessários até o fim dos preceitos e vários foram os comentários acerca do ocorrido na festa. As pessoas ficaram espantadas com toda a magia e encanto que *Iansan* despejou nas vistas dos presentes e ficaram boquiabertos quando perceberam, depois, que nenhuma só marca estava presente nas mãos ou braços do *elegún*.

Muitas pessoas já começavam a indagar se algum preceito secreto foi empreendido para que se fizesse tal ato, e alguns *ebomis* usavam do interesse para aprender aquele fundamento. Nada dizia. Apenas à sua irmã falava que a fé removia montanhas realmente e que para *Orixá* não existiam limites, todos eles podiam ser transpassados. O velho degustava sua cerveja enquanto ensinava alguns cânticos a seu aprendiz, passava os significados e comentava também do ocorrido na noite. Dizia que nunca se devia duvidar do que estivesse vendo, não se tinha como saber o que estava ou não estava ali, só se podia louvar e deixar a cargo do santo tomar ou não suas providências.

Duvidar era uma coisa complicada, pois, quando se pede prova de algo, pode ser atendido e essa prova pode ser pesarosa – é difícil imaginar como os *Orixás* vão reagir. Era recomendado que se tomasse muito cuidado com as palavras que proferia – sempre tem alguém ouvindo, mesmo que seja do sobrenatural. Eles se divertiam lembrando da feição das pessoas ao verem *Iansan* entrando com o tacho na cabeça e faziam brincadeiras a respeito do que podiam ter pensado naquele momento mágico. Se nenhum dos participantes dos ritos tinha ideia do que seria feito, o que diriam dos convidados.

Aproveitaram o tempo que passaram ali e assentaram um ou outro elemento que a casa ainda não possuía, fizeram alguns outros preceitos e passaram conhecimento para que a dona pudesse melhor atender às necessidades de seu *Ilê Axé*. Adoraram a recepção e a estadia que tiveram; mesmo que humilde, não houve nada que ficasse a desejar. Todos foram bem tratados e deixaram a promessa de voltar sempre que fosse preciso. Mesmo que não houvesse uma forma de ir, dariam um jeito de mandar um ou outro representante para fazê-lo.

A mãe de santo da casa se sentia amparada por contar com o apoio de seus irmãos e seus filhos ficaram ainda felizes, por terem o prazer de conviver de forma respeitável e harmoniosa com seus tios. Adquiriam aspectos da postura das pessoas de sua raiz e para eles aquilo tudo era uma honra imensa, sabiam reconhecer a bondade e o esforço que fizeram para comparecer e ajudar, só podiam retribuir fazendo com que se sentissem em casa e confortáveis da melhor maneira.

Partiram na frente. A despedida foi longa e cheia de lamentações. Todos os membros daquela sociedade compareceram na rodoviária e puderam dar um longo abraço em sua futura matriarca e seus acompanhantes. Os três novamente viajaram de ônibus, enquanto os outros seriam levados no velho caminhão. Durante a viagem foram relembrando dos acontecimentos. Enquanto o *abian* dormia ela confidenciava ao velho que de início seu coração se inflamou pela raiva que sentiu das pessoas ao duvidarem do sagrado à sua frente, ela queria arrumar um jeito de mostrar a todos que a magia do *Candomblé* era viva e estava muito presente. Sentiu uma certa insegurança enquanto pensava no meio que empreenderia, e depois que a ideia se fortaleceu em sua mente não havia como duvidar: investida de toda a fé e amor que tinha, solicitou à *equede* que aprontasse tudo sem dar muitos detalhes e colocou o *Orixá* para que queimasse a língua dos maldosos.

O velho sorriu e aprovou a atitude de sua mais nova, às vezes era necessário fazer com que a fé das pessoas se inflamasse em seus corações e para isso alguns precisavam de prova material – homens de pouca fé. Infelizmente o *Candomblé*, assim como todas as religiões, estava repleto deles e não havia mal nenhum em, vez ou outra, executar atos que os emocionasse e fizesse com que olhassem para seu interior e repensassem suas atitudes – *Orixá* era vivo e a tudo observava –, e o velho usava sua sabedoria e falava que alguns faziam mau uso de suas energias e propósitos, mas uma hora eram cobrados e, esses atos em especial, talvez viessem para lembrar que ninguém estava livre do julgamento divino, que, dado algum momento da vida das pessoas, elas iriam sofrer consequências. Bom seria quando um simples ato mágico viesse do santo e as alertaria com amor, duro seria quando as pessoas continuassem ignorando os sinais de que estivessem fazendo coisas erradas e recebessem um doloroso castigo.

Ela concordava com essas sábias palavras e cada um se reconfortava em sua poltrona e descansava até sua chegada no local de origem.

Foram todos recepcionados com alegria, que se tornou maior com as notícias de que a matriarca havia tido melhoras. Os médicos que a visitavam estavam confiantes quando anunciavam sua boa recuperação a cada dia. Foi dado tempo a todos que chegaram para que descansassem da viagem. A senhora mandou que fosse colocada uma mesa farta para que se alimentassem e, na hora oportuna, chamou a jovem em sua casa para colocarem os assuntos em dia, e a outra velha descobriu que as notícias haviam chegado antes de todos eles.

Já se faziam comentários em outras casas a respeito do acontecido e esses comentários foram repassados a alguns membros de sua roça, chegando aos ouvidos da velha. As mulheres adoraram os fatos e a parabenizaram pela atitude que teve diante da língua dos maldosos, aproveitavam e se descontraíam lembrando de passagens parecidas nos tempos mais antigos, quando toda essa mística se fazia mais presente na vida dos iniciados.

Diziam que, nos tempos antigos, o sobrenatural convivia muito mais com eles, mas com o passar dos anos tudo ia ficando mais sutil. Achavam que a fé das pessoas não deveria ser estimulada pelo que viam e sim pelo que sentiam, e talvez os *Orixás* compartilhassem dessa ideia, fazendo com que esse tipo de manifestação se tornasse mais rara ao longo do tempo. Mesmo assim, os seres humanos deveriam preservar as boas ações, pois, onde existe a fé, não existe a dúvida!

Capítulo XVIII

As Bênçãos dos Orixás

O respeito das pessoas de fora se tornava bem maior, vinham diversos convites para eventos ou mesmo festas de *candomblé* que ela não podia recusar e, quando das poucas vezes que saía para a casa dos outros, juntava sua delegação que a acompanhava e assessorava prestigiando aos amigos. Com a melhora apresentada pela senhora, podiam estar mais presentes aos convites que lhes traziam e, com eles, recebiam também bons votos de recuperação. Sentiam-se muito bem em ver que as pessoas se condoíam pelo estado de sua líder espiritual e retransmitiam todas as vezes as palavras de aconchego e carinho que dirigiam a ela.

Seu ex-marido já adquiria muito conhecimento dentro do *Candomblé* e, graças à sua frequência na casa, conhecia diversas pessoas. A mãe de santo não queria que o rapaz vivesse sozinho e o incentivava a encontrar uma mulher que lhe aquecesse o coração e a cama. Ele não conseguia deixar de amar a pessoa com quem tivera filhos e todo aquele amor tornou-se fraterno. Não havendo mais a atração entre homem e mulher, em razão do alto grau de amizade que possuíam, ela mesma o aconselhava a encontrar um novo amor. Suas crianças já tinham certo entendimento e jamais recriminariam as atitudes do pai, porém não davam sinal de que nutririam algum apreço por mulher que fosse.

Dividia vários momentos de felicidade com muitos dos irmãos de santo e não eram poucas as mulheres que tinham interesse físico por ele, mas todos demonstravam grande respeito e admiração; esses sentimentos não deixavam com que enxergasse os reais sentimentos que uma ou outra mulher pudesse ter para com ele. Durante uma festa profana pela cidade, em que era acompanhado pelo irmão – o outro *abian* que havia se tornado discípulo do velho –, ele encontrou alguns de seus outros irmãos e irmãs de santo, além de pessoas de outras casas. Todos ali em comunhão aproveitavam o calor da noite ao som da bagunça misturada a copos de cerveja. Ele dançava descontraído e conheceu uma outra jovem que lhe despertou atenção, porém não desferia olhares maliciosos e procurava manter sua inocência, até que os muitos copos de cerveja fizeram efeito. Beijava a moça diante de todos e muitos ficavam felizes em ver o rapaz superando realmente todos os acontecidos e levando sua vida adiante.

A noite brilhava com as estrelas que a compunham e o som das caixas elétricas balançava os corpos da multidão. As pessoas flertavam e se relacionavam umas com as outras, mesmo que não fossem essas as intenções que movessem, alguns, a saírem de suas casas. O clima era todo propício para que encontrassem um par naquele mar de gente imenso diante de seus olhos. O povo sabia realmente como fazer uma boa festa e toda curtição era feita de maneira que eles mesmos se policiavam para que não houvesse brigas e desentendimentos.

Pela manhã deixaram o local em grande grupo e ao longo do trajeto as pessoas foram ficando em suas moradas. A nova amiga ficou em sua casa e solicitava a ele que fizesse uma visita assim que possível. Acordou do sono reparador e se recriminava pelo acontecido da noite. Os amigos diziam-lhe que era besteira e que seria justo consigo se permitir a essa nova oportunidade. Não deixou de comentar o fato com a ex-esposa, que o apoiou a todo momento e, sentindo-se ainda meio confuso, visitou a mulher e conversaram durante horas, retomando os carinhos da noite anterior.

Eles se enamoraram e o sentimento foi aumentando desde o princípio, aqueles que acompanhavam sua história viam com olhar de satisfação e desejavam que bons ventos os mantivessem juntos. A moça nada entendia de *Candomblé* mas incentivava e compreendia sua preocupação em frequentar a casa, o papel que lá desempenhava, e desde o início nenhum mistério acerca de suas filhas e vida anterior lhe foi feito. Desenvolveu boa amizade com a ex-mulher de seu namorado e se mantinham neutras a respeito uma da outra sem misturar as coisas; nenhum ciúmes partia daquelas mulheres. As filhas, com o tempo, passaram a respeitar a pessoa que estava ao lado de seu pai e a tratavam como uma tia que lhes queria o bem e brincava com elas, sempre muito amável; recebia a atenção e o carinho tanto dos de casa como da família de santo de seu namorado.

Nunca deixou de estar presente e, durante todo o tempo de sua vida, ele frequentou religiosamente o terreiro, participava de todos os ritos quando tinha tempo disponível. Administrava suas horas para suas famílias e dava atenção à sua nova companheira. Sua palavra era de peso naquele

Conselho de *Ogans*, em que somente o outro irmão e ele participavam como *abians* entre os iniciados. Infelizmente, por motivos particulares jamais foi confirmado e muitos anos mais tarde, quando de sua partida para o mundo espiritual, recebeu homenagens a altura de seus feitos. Não podia ser cultuado como um dos *Esás* da casa – um dos ancestrais –, pois nunca havia passado pelo processo da iniciação. Mesmo assim, deixou uma marca profunda na história daquele lugar e as areias do tempo jamais o cobriram; era um exemplo grande da postura e educação daquele *Axé* e seu nome seria sempre citado pelos mais velhos, fazendo com que os mais novos não deixassem que caísse no esquecimento.

 O velho já havia passado bons conhecimentos ao seu discípulo e, em um encontro do qual o rapaz não participou, ele propôs aos outros homens que lhe fosse dada a honra de ser confirmado. A decisão era unânime e foi levada à apreciação da dirigente do terreiro. A velha o entregou às mãos de sua filha, como fizera em gestos anteriores, dando a ressalva de que gostaria, apesar de seu estado debilitado, de participar dos ritos também e contribuir com seu *Axé* na confirmação de uma pessoa de respeito e tanta responsabilidade. Não foi contrariada e a cerimônia foi interna, sendo ele apresentado em cerimônia pública tardiamente e, mesmo assim, não deixou de cumprir com todos os seus preceitos. Ao término das obrigações ele foi levado para que conhecesse as pessoas de respeito e destaque, e, sendo assim, apresentado aos mais velhos que atestariam que era um novo *ogan* confirmado.

 As palavras daqueles que o apresentavam ao novo mundo jamais seriam contestadas por quem quer que fosse e seu mentor se fazia presente desde a missa até o encontro com os membros da última casa que foi levado a conhecer. Era pessoa realmente respeitosa e interessada, foi seguindo os passos de seu mestre durante o aprendizado, tinha muito mais afinidade com os trabalhos manuais e por isso fortalecia seu conhecimento acerca dos fundamentos e *orôs* de quarto de santo. Aprendia a cantar diversas cantigas, mas não tinha muito interesse pelo tocar; aprendeu apenas o básico para que, na falta de quem o fizesse, pudesse tomar o lugar. A herdeira o adorava e depositava nele total confiança, motivo que fez com que se tornasse seu braço direito na falta do senhor que havia voltado a frequentar a casa.

 Ainda vivia de trabalhos esporádicos e da manutenção da roça, pois nem deter o fato ter se tornado confirmado o atrapalhava: não esmorecia nem deixava de cumprir com as funções que ele mesmo chamou à sua responsabilidade. Acompanhava-a por diversas viagens que continuavam fazendo, dando obrigações a algumas pessoas em outras cidades e estados. Tornou-se grande amigo do *ogan* que hospedava e acompanhava sua mãe de santo sempre que viajava para o local onde ele residia e com ele aprendeu muitas outras coisas também.

Várias viagens foram feitas e muitos se revezavam fazendo parte daquelas histórias. A casa se mantinha e a velha ia sentindo, ao passar de cada dia, que suas forças se esvaíam. Já não tinha mais nenhuma preocupação, deixou as pessoas que zelariam por sua casa e pelos segredos lá contidos muito bem preparadas, mas infelizmente ela só esperava pelo momento em que partiria para o mundo espiritual, e iria feliz em saber que sua vida foi a contento e próspera, pois deixava seus filhos, na maioria, muito bem encaminhados e já conscientes da nova liderança que teriam.

Era muito ínfima a quantidade de pessoas que se descontentavam com a nova gestão que um dia se seguiria; a maioria já apoiava e respeitava aquela mulher como sua mãe. Já era de direito, mas esperavam ainda que demorasse muito para que fosse de fato. Aquela senhora, a quem um dia todos testemunharam a força de *Oxumarê* em seu corpo, também já se encontrava cansada pelo tempo, mas suas energias pareciam não se esgotar, e as pessoas ficavam maravilhadas ao imaginar sua idade e estimavam pela longevidade que era aparente.

Parecia estar mais forte a cada dia e não deixava de cumprir com suas obrigações. A velha ainda tinha forças para acordar bem cedo e dormir tarde, mesmo nos dias em que não houvessem festejos. Estava lá sempre ajudando, ensinando e fiscalizando o povo e suas obrigações. Assessorava e cuidava dos interesses das pessoas do terreiro. Cuidava também da vida espiritual de sua sobrinha de santo destinada a liderar aquela comunidade um dia. Dividia com seu velho irmão a responsabilidade de zelar também pela matriarca, enquanto ainda se fazia presente entre os seus. Passava dias ensaiando e dançando junto da primeira filha de santo de sua sobrinha e aquele *Omolú* tomava um pé de dança que impressionava a todos que o viam. Ela o disciplinava e cobrava dele rigorosamente, como fora feito em seus tempos de *Iaô*, o empenho em aprender e não se contaminar com os vícios das pessoas de fora, que enchiam os *Orixás* de movimentos desajeitados e espalhafatosos, fugindo da normalidade. E todas as *Iaôs* que possuíam boa vontade participavam e aprendiam juntas ali. Os *ogans* aproveitavam o momento para praticar seus toques sob a regência do senhor mais velho que demonstrava a boa vontade em orientá-los.

Sempre que podiam, que havia um tempo livre, essa rotina se repetia e os *Orixás* daquela casa dançavam cada vez mais bonitos.

As festas ainda estavam suspensas e aos mais novos só era permitido que vestissem suas divindades nas festas dos *ebomis* de sua raiz que possuíam casa aberta e na presença da herdeira da casa que iria para fazer as obrigações necessárias. Era totalmente vetado que vestissem seu santo em casas alheias àquela família de *Axé*, durante o período em que estavam. Não havia problema algum, todos ainda mantinham a mentalidade de que, se o *Orixá* chegasse em qualquer *candomblé*, ele deveria dançar, a não ser que fosse de sua própria vontade ir embora, mas era visto meio que como um sinal de respeito pela atual condição da matriarca. Se fossem convidados e comparecessem a algum *candomblé*, jamais iriam sozinhos, e as *equedes*, *ogans* ou mesmo *ebomis* que os acompanhassem se certificariam de acordá-los do sono em que permaneciam na chegada de suas divindades, em local apropriado e depois se desculpando com os dirigentes das casas.

As pessoas sentiam falta das grandes festas, somente ritos internos faziam parte do calendário da casa havia um bom tempo. Atendiam normalmente aos clientes que lá chegavam em busca de auxílio espiritual. A matriarca era contra essa conduta e dizia que as festas deveriam ocorrer normalmente, mas preferiam poupá-la de querer participar e não poder. Imaginavam que sentiria alguma amargura em aparecer rapidamente no barracão apenas para ser vista pelos presentes e ter de retornar aos seus aposentos mantendo-se em repouso. Era melhor que não se fizessem festejos públicos até que estivesse bem recuperada.

A *Iá Ebé* tinha competência e assumia o comando toda vez que sua irmã se ausentava, e várias recomendações lhe eram deixadas. Seguia à risca, tendo de improvisar em alguns momentos de acordo com o desenrolar dos fatos do dia a dia. Seu marido estava sempre pronto a ajudá-la junto aos irmãos que ficavam e participavam dos ritos da casa. Sempre que existia uma dúvida, havia a velha conselheira à disposição para poder passar algum conhecimento que fosse necessário e ajudasse a encontrar respostas.

Não lhe cabiam somente as responsabilidades com os ritos, mas também tinha de visitar constantemente as feiras comprando os alimentos frescos para ser utilizados na casa, visitar os artesãos e ferreiros, aqueles artistas que tinham o dom de trabalhar o metal e também a madeira, esculpindo e dando vida àquelas formas que adornariam os *Orixás* ou fariam parte dos *Ibás*; era de fato perfeccionista e não dava moleza aos homens que seriam pagos para que fizessem esses lindos trabalhos. Sempre que podia estava junto de sua irmã discutindo a respeito dos assuntos da casa, das obrigações que algumas pessoas deveriam tomar, *ebós* e *boris* a ser dados e também, de acordo com a conveniência, recebia a missão de viajar e fazer o mesmo trabalho que sua futura *Ialorixá* desempenhava. A confiança era mútua e, de acordo com a disponibilidade, frequentava a casa dos irmãos e descendentes para que pudesse auxiliá-los em trabalhos que não necessitassem da presença de sua irmã. Ia de bom grado programando-se anteriormente pelo fato de ser casada e ter filhos.

Sentia-se bem em poder contribuir para a divulgação e o crescimento do *Ebé* do qual fazia parte e, estando em outras terras, era porta-voz de suas origens e deveria ter uma postura totalmente respeitável diante dos demais, seu posto era de grande importância. Deveria ser mesmo como a própria mãe de santo enquanto da enfermidade de sua mãe e a ausência da irmã. Sua responsabilidade era com todos os elementos que faziam parte daquela sociedade, das pedras e paus e até as folhas do terreiro; as pessoas e animais também, e deveria mostrar ser segura e que merecesse de fato o posto adquirido. Assim o fazia, sem que ninguém a desmerecesse, pois realmente se empenhava e tinha total aval das mais velhas, que não questionavam seus propósitos e entendiam sua metodologia aplicada. Às vezes doutrinava os mais novos com punho firme, um pouco diferente de sua irmã que era mais amável. Esse antagonismo era essencial para a perpetuação do *Axé*.

As pessoas, se tratadas com amor demasiado, tendiam a confundir tudo e a liberdade virava libertinagem; se tratadas a duras penas pela força, o respeito virava medo e somente havendo um meio-termo que equilibrasse a balança é que a harmonia podia ser mantida e elas assim faziam, mesmo que inconscientes do antagonismo essencial para a sobrevivência de suas tradições.

Todos eram agentes de fiscalização e aplicação das normas do terreiro e, policiando-se dessa forma, não havia desentendimentos entre as pessoas que se relacionavam muito bem. Era muita presunção imaginar que a totalidade sempre estaria contente, existia em todo meio pessoas que se incomodavam com tudo e reclamam da vida até quando estava boa. Dentro de uma casa de *Candomblé* não era diferente, mas, graças à maioria, que não se deixava contaminar com tais pensamentos, tudo corria de maneira favorável.

A mãe de santo já se encontrava em melhor estado e começava a passar tardes na varanda de sua casa particular. A senilidade, aliada ao semiconfinamento anterior, contribuíra para que seus sentimentos acerca das pessoas se tornassem muito maiores, e ela apreciava ver as crianças brincando pelo quintal e admirava longamente a beleza daquelas mulheres fortes trabalhando pela sociedade. Horas eram passadas ao lado de sua irmã entre conversas que os mais novos não ousavam interromper e somente o faziam quando eram chamados ou mesmo traziam a merenda às duas, os remédios que tinham horário certo para ser tomados eram levados e se fazia aquela pausa até que toda a profilaxia fosse obedecida.

Somente a história dos bons anos que tiveram desde o momento, no qual o mundo do *Candomblé* lhes foi apresentado, as animaria para continuar pelos dias que se passavam. O velho *ogan* participara às vezes de conversas com suas irmãs e a herdeira da casa constantemente estava junto. Tinha uma bagagem muito grande de informações que podiam ser discutidas e compartilhadas durante os momentos em que as filhas descansavam de seus afazeres; todos apreciavam o alaranjar do ambiente ao entardecer e a senhora era recolhida de volta a seu quarto, enquanto a vida continuava e mais à noite, na outra varanda, da outra casa, a moça se juntava com sua conselheira e novamente iniciavam outras conversas que pareciam nunca ter fim. Eram tantos assuntos que tratavam que toda vez que alguém parasse para ver, sem mesmo tentar ouvi-las, achava que estavam falando do mesmo assunto todos os dias. Era uma das poucas diversões que realmente tinham.

As crianças, que já estavam com certa idade e deixando de ser crianças já há algum tempo, conviviam e estudavam com a ajuda de seu pai, e as duas *ebomis* permaneciam na longa interação vespertina e às vezes noturna. Os outros membros da casa cuidavam de suas vidas e somente iam até a casa de sua líder espiritual quando de necessidade, e ela mesma fazia questão de ver os que passaram por suas mãos enquanto fosse possível. Sempre dava palavras que acalentavam os corações e traziam sabedoria a um ou outro e ensinava alguma coisinha a todos, que continuavam aguardando e rezando em particular para que fosse dado mais tempo à senhora, permanecendo junto de sua família.

Mandou chamar o velho que passou a representar o Conselho dos *Ogans* por ser o mais antigo; a *equede* mais velha; sua irmã de santo; a *Iá Ebé* e sua futura substituta. Todos foram ressabiados sem saber do que se tratava e faziam conjecturas as quais não revelavam uns aos outros. Nos rostos estava estampada a curiosidade acerca do que poderia estar ocorrendo. Quando da presença de todos, um certo ar de mistério tomava conta do quarto e ela nada dizia.

As pessoas esperavam que o elucidasse e somente receberam seu silêncio. Esperou até que pôde examinar a todos os presentes e disse-lhes que não estava contente com a suspensão dos festejos da casa e que provavelmente nem mesmo os *Orixás* estivessem. Pediu que, mesmo ela estando daquela forma, seria de seu agrado que fosse realizada a festa em homenagem ao *Orixá Oxosse* e eles deveriam obedecê-la incontestavelmente, marcando a data para as obrigações e o *candomblé*.

Ponderaram entre eles e chegaram à conclusão de que a senhora deveria ser atendida. Marcaram uma nova data para discutirem a respeito do calendário e consultaram os búzios para saber se realmente era vontade do *Orixá* e se não haveria nenhum problema em fazerem os festejos. Tudo foi satisfatório e todos se colocavam a imaginar uma data que fosse interessante para a presença dos mais próximos e amigos, que viriam em homenagem não só ao *Orixá*, mas também à velha mãe de santo.

Seu *Odun*,[133] ou aniversário de iniciação, já estava próximo e resolveram escolher uma data depois dessa, quando poderiam também comemorar seus muitos anos de iniciada nos mistérios do *Candomblé*. Já se passava muito mais de meio século desde que uma navalha tocou sua cabeça pela primeira vez e seria um evento memorável e aguardado por muitas pessoas que estariam presentes com muito orgulho. Marcaram definitivamente a data e a resposta do Conselho dos Homens e das Mulheres foi favorável à ideia, e coube à futura sucessora levar à apreciação de sua mãe. Não tinha como não adorar o proposto, ficaria encabulada de comemorar com os demais naquele estado físico em que se encontrava, infelizmente não poderia dar o ar da presença de sua *Oxum* como fizera em muitas ocasiões anteriores, mesmo assim não deixava de aguardar ansiosamente pelo dia.

As mulheres juntaram-se e, com aquele dinheiro que guardavam para ajudar umas às outras, compraram lindos panos que usariam para fazer uma esplêndida roupa que vestisse sua *Ialorixá* no dia do festejo. Quem ficou responsável pelo feito acompanhava diariamente a confecção do traje em mínimos detalhes nas mãos da costureira. Empenharam-se todos na compra dos adornos que fariam a decoração da casa e mesmo nos convites que distribuiriam a pessoas mais ilustres do *Candomblé*. Aos demais fizeram convites mais singelos, mas dotados de todo capricho e graça. Alguns foram incumbidos de entregar todos esses convites ao longo das semanas que antecederiam o *candomblé*.

Dias antes da festa, seu ex-marido subiu na grande escada e pendurava a gambiarra de bocais de luzes com lâmpadas na entrada do barracão. Na ponta da viga que dividia o telhado e abrigava em seu meio a cumeeira da casa, ele amarrava a ponta do cordão de maneira que não se soltasse e, ao descer, houve um descuido. Quando pôde perceber,

---

133. Do original em *Yorùbá*, *Ọdún*. Data festiva de comemoração ao aniversário.

via-se em um vasto campo de um verde intenso, muitas eram as folhagens que lhe davam vida. Ele viu, sentado de pernas cruzadas ao pé de uma árvore de imensa largura, um senhor negro que possuía uma corda atravessada em seu peito contendo algumas cabaças amarradas a ela.

Ele o via de longe fumando seu cachimbo e resolveu se aproximar. O senhor ofereceu água e, quando ele aceitou, retirou uma das cabaças e com o conteúdo ele saciou sua sede e perguntou onde estava e como veio parar ali. Dizia para não se preocupar, a visita era rápida e mesmo assim a apreciava. Sentia por aquele rapaz, que se empenhava tanto, não poder ser confirmado. Mas os *Orixás* tinham sobre ele um olhar atento e lhe dariam longevidade. Explicava que nem todas as pessoas tinham a necessidade de ser iniciadas nos mistérios do sagrado, mesmo assim poderiam fazer parte da vida espiritual como ele mesmo fazia.

Enquanto apreciavam o horizonte de ventos que balançavam as folhagens e refrescavam os poucos animais que por ali pastavam, ele falava que em breve as pessoas sentiriam um pesar muito grande, mas que usasse toda a sua força e influência para não deixar os demais desistirem e os inspirasse a continuar com o trabalho que estavam desempenhando – ouvia as palavras atentamente e não se desviava.

Seria importante que desse apoio a quem de direito, assim como tinha feito todos aqueles anos, e cuidasse principalmente de suas filhas, que, apesar de não mais serem tão novas, deveriam continuar a receber o amor do pai eternamente. Perguntava novamente o que estava fazendo ali e como havia chegado. Em resposta havia apenas o sorriso e o pedido de que mantivesse a discrição a respeito do encontro. Falava sobre a importância das folhas e seu trabalho medicinal; poderiam curar todos os males do mundo se utilizadas com sabedoria pelas pessoas que conhecem sua verdadeira magia, e as mesmas folhas poderiam dar ou tirar a vida.

Quando necessário, que invocasse o poder delas e a intuição acerca do que fazer o levaria até a pessoa que as prepararia para ajudar quando possível, mas que nem em todos os casos se devia interferir nos desígnios divinos. Às vezes o tempo das pessoas na terra findava e elas deviam partir naturalmente, sem que o egoísmo dos que ficassem as prendesse naquele ciclo. Tragou longamente seu cachimbo e o baforou antes que mais algum questionamento fosse feito, a fumaça irritava os olhos do militar e o fazia tossir. Podia ouvir a reafirmação de que o encontro não fosse comentado com mais ninguém.

Abriu os olhos ainda tossindo e viu o rosto apreensivo das pessoas. A multidão se formou à sua volta e se preocupava com a queda que sofreu da escada. Hesitaram em chamar uma ambulância e somente a velha, que se mantinha firme e menos preocupada, apanhou um *amassi* de folhas, que aplicou no pequeno ferimento em sua cabeça e rezou em voz baixa até que recobrasse a consciência. Não sentia nenhuma dor, porém demorou alguns instantes até que colocasse as ideias em ordem. Foi levado a descansar na espreguiçadeira de sua ex-mulher e ali tentava entender o sonho que teve enquanto se encontrava desacordado. Não fez nenhum comentário às pessoas, dizendo não se lembrar de nada até o momento em que acordou. Ficou sob constante observação da mais velha, enquanto os outros terminavam de executar os trabalhos.

Durante os dias que se seguiram, todas as paredes e cômodos receberam nova camada de tinta para que estivesse tudo muito bem arrumado no grande dia. As folhagens das plantas sagradas e das grandes árvores ancestrais estavam muito bem cuidadas e, onde ainda havia terra, foi plantada grama retirada de lugares onde as pessoas não se importariam. Só faltava esperar até a chegada dos animais que seriam oferecidos em sacrifício, para que descansassem antes da obrigação.

Na manhã do ato sagrado, todos os filhos e muitos descendentes estavam presentes e aguardavam para o início dos trabalhos. E tudo correu no mais belo dos conformes. A hora da festa era muito esperada. O barracão estava cheio e tinha representantes de praticamente todas as casas da região e até de outros lugares. Todos queriam participar daquele festejo, já havia muito tempo que a casa só fazia ritos internos e era enorme o contingente de pessoas que sentia saudades dos lindos *candomblés* que se realizavam ali.

Havia vários *ogans* presentes e foi instituído, no Conselho dos Homens, que somente os filhos e descendentes da casa iriam tocar; de fora, somente as pessoas que fossem mais próximas. Não queriam nenhum tipo de bagunça ou atitude que viesse a estragar aquele momento perfeito. A festa foi maravilhosa e dela ainda se lembrariam muitas pessoas por muitos anos. A entrada das filhas de santo, todas de pés no chão e dançando magnificamente o *Xirê;* a linda roda de *Xangô* que foi acompanhada pela matriarca de sua cadeira com o *Xére* na mão e o momento de possessão em que as divindades se fizeram presentes, foram acompanhados pelo carinho de todos.

As roupas dos *Orixás* estavam perfeitas e todos eles dançaram durante horas. No meio da festa, antes que se tornasse desgastante para aquela senhora, fizeram a homenagem merecida e foi recebida aos prantos em um momento comovente. Discursos foram dados pelos mais próximos, que falavam da importância da história daquela mulher dentro da sociedade do *Candomblé* e todas as suas demonstrações de fé, amor e bondade que foram feitas ao longo dos anos.

Era um momento fantástico. O velho *ogan* de outra casa estava com seus discípulos e soltava cânticos que foram entoados em louvor aos *Orixás* patronos de casa, da sua linhagem e ao *Orixá* da mãe de santo. Palavras e mais palavras eram ditas para falar da importância e do significado daquela comemoração. Todos desejavam que ela vivesse eternamente em meio aos presentes, brindando-os com sua sabedoria. *Oxosse,* em seu momento, dançava divinamente no barracão e seu sorriso enquanto bailava emocionava até aos corações mais duros que o acompanhavam, enquanto uma ou outra lágrima escorria de seus olhos.

Em determinado momento, *Oxosse* carregava uma bolsa de couro bem larga e, enquanto dançava seu toque da caça, a abriu e de dentro dela saíram inúmeros pássaros coloridos que voaram pelo salão. As pessoas faziam reverências com gritos que ecoavam por todo o espaço do barracão e tentavam pegar as aves com suas mãos. Alguns poucos conseguiam, e a maioria sorria por não conseguir segurar os animais.

Enquanto dançava em direção à cadeira da mãe de santo, nos movimentos de suas mãos, *Oxosse* pegou um dos pássaros em pleno voo e o segurou até chegar à sua frente e, quando todos imaginavam que iria entregá-lo nas mãos da senhora, ele o libertou fazendo com que voasse em direção à janela, tomando rumo ao exterior do terreiro. Era mais uma festa para se lembrar, e aquele homem velho que tanto acompanhou essa história por muitos anos ali cantava músicas que muitas pessoas nem mesmo se lembravam ou sabiam que existia. E todos sentiam um certo clima de adeus em meio à euforia e ao êxtase dos presentes e iniciados.

Quando menos se esperou, o brilho do ouro de *Oxum* pareceu tomar conta do barracão irradiando seu amor aos convidados e a senhora foi arrebatada pelas forças de seu *Orixá*, que a levantaram da cadeira. Seus filhos pensavam em sua saúde e não queriam deixá-la continuar, mas suas palavras se fincaram nas pessoas que não a contrariaram e, acompanhada do *Oxumarê* de sua irmã, permaneceram dançando ao som dos *atabaques* que não cessavam. Aqueles *Jikás* foram cantados em louvor e somente os dois santos dançaram aos olhos de todos. Parecia que toda enfermidade e a dor que poderia estar sobre aqueles corpos frágeis não existiam mais e o vigor com que seus passos eram distribuídos pelo salão era observado pela totalidade de adeptos e simpatizantes do *Candomblé*.

Dançavam como se fossem aquelas jovens que outrora animavam as festas com suas divindades, e os dois velhos se revezavam cantando com vontade e amor. A inteligência emocional que possuíam fazia com que soubessem que o sagrado não permitiria a elas desgastarem seu corpo diante de toda a demonstração da magia que ocorria ali. Alguns pediam para que tudo fosse interrompido e eles os repudiavam energicamente enquanto continuavam, talvez inconscientemente imaginassem ser a última vez que teriam a oportunidade de louvarem daquela forma os dois *Orixás*, que ali juntos tinham mais de um século de existência. Talvez fosse somente amor, fé ou a paixão intensa pelo sagrado que os movia e não deixava parar.

Oxum se despediu e, antes de sair, retirou todos os seus pertences, as contas que seu *elegún* carregava no pescoço; os poucos anéis e colares de ouro; as pulseiras e os brincos; e distribuiu às pessoas que fizeram parte da vida e história da matriarca daquele *Ilê Axé*. Após um abraço longo, ela retirou o pano que formava o grande laço em sua cabeça e o entregou nas mãos da futura matriarca daquela sociedade, que o recebeu com os olhos vermelhos e cheios de lágrimas.

Houve muitos aplausos durante os metros que percorreu até a porta e o volume desses aplausos aumentou durante a reverência que precedeu sua saída. *Oxumarê* seguiu o mesmo exemplo e entregou todos os seus pertences, ficando apenas com uma conta muito fina, que antes que saísse, retirou e colocou no pescoço da moça e logo depois a abraçou. Muitas pessoas estavam aos prantos e não podiam conter suas emoções, a festa continuou e todos os *Orixás*, como de costume, foram guiados a dançarem pelo barracão. Ao final, *Oxalá* deu sua presença para abrilhantar mais ainda e muitas cantigas lhe foram cantadas, assim como a *Oxaguian*[134] que permaneceu junto desde sua chegada.

A festa terminou e as pessoas esperavam bater o *Paó* para agradecer por toda a comunhão que ali foi feita, mas foram interrompidos pela felicidade dos que regiam os instrumentos e agora tocavam e cantavam no ritmo da *Angola*, prestigiando essa nação e colocando as *ebomis* da casa para dançar. Todos se contagiavam com a alegria espalhada. A senhora mãe de santo recobrou sua consciência já em sua casa, onde foi assistida pelas *equedes*; sentia-se muito bem. A outra velha retornou ao barracão, tomou a bênção daqueles de direito e se juntou à dança.

Era muito comovente ver as mulheres compartilhando da dança, e mesmo os homens também dançavam em um ou outro momento, como se tudo aquilo também fosse uma brincadeira que dividia suas alegrias

---

134. *Òrìṣà* do panteão *Yorùbá*. Ver glossário.

entre os presentes. Todo aquele clima triste de despedida que se formou antes foi quebrado pela descontração das pessoas enquanto confraternizavam e depois da festa seguiam os mesmos costumes, comiam e bebiam, papeavam os mais diversos assuntos e eram todos otimistas acerca do futuro.

Nos dias que se seguiram, a vida continuava a mesma; cheia dos rituais e maneirismos das pessoas, com cada um fazendo de sua individualidade elemento que completasse a coletividade e contribuísse para a história daquele *Ebé*, aquela sociedade formada por tanta gente diferente com costumes e tradições iguais.

A herdeira pensava no fardo que carregava inevitavelmente até o momento e, se fosse permitido, ainda seria por muitos mais anos. Adorava a presença de sua mãe e lhe seria doloroso o momento da partida, tinha uma pessoa que, por mais que não estivesse tão presente como gostaria, lhe dava diretrizes para cumprir com seu papel, mas um dia estaria sozinha e tomaria a responsabilidade de zelar pela felicidade e bem-estar de tanta gente; ela se tornaria referência de muitos e mais ainda seria exigido dela. Não queria mesmo pensar em quanto tempo ainda havia ao lado de sua mãe, somente queria aproveitar todo o tempo que fosse possível.

Os preceitos depois dos festejos foram todos feitos e as pessoas compartilhavam desse pensamento e aproveitavam o vigor que a matriarca ainda possuía para estarem em sua companhia e desfrutarem de todo o seu amor, sua irreverência e sabedoria. A moça já estava em idade de boa maturidade e relembrava com ela de sua mocidade e todas aquelas passagens ao longo dos anos. Recordava de seu amor jamais esquecido e a distância que se fizera entre eles. A senhora lhe dizia que tempo e distância são barreiras feitas apenas para o homem, para as pessoas que vivem neste mundo físico. Que amor de verdade estava além de qualquer barreira, ele nunca se acaba; se acabou, então não era amor. Emocionava-se com tais palavras e sentia que jamais teria fim realmente, mesmo com a distância e a falta de notícias, mesmo assim o lapso de lembrança passava por sua cabeça silenciosamente todos os dias e sempre sentia vontade de visitar aquelas pedras e rever o momento de sua conjunção. Mas não tinha forças para aguentar a cachoeira de sentimentos que desaguariam em seu âmago.

Semanas depois da festa em louvor ao *Orixá Oxosse*, ela seguiu seu ritual ao dormir; colocou as filhas na cama, tomou seu banho e se vestiu com roupas frescas. A umidade do ar aumentava relativamente e respingos de chuva caíram pelo chão do quintal. Apagou a luz do candeeiro e deitou-se em sua cama. Pensava detalhadamente nos momentos de sua vida até ali e fazia um apanhado de *flashes* de momentos que marcaram seus dias. Surgia uma certa curiosidade a respeito do homem que amava, se também se casou, teve filhos, por onde vivia e o que andava fazendo. Mas era apenas retórica e nem teria coragem de ir atrás das respostas.

Antes que pudesse perceber, o sono a pegou e horas depois, durante a madrugada, acordou como se fosse dia e andou até o banheiro, onde se lavou e escovou os dentes. Vestiu uma roupa de ração e, sem perceber que ainda estava escuro, saiu de casa e caminhou até a grande árvore do terreiro. Lá encontrou aquele velho viajante trajando as mesmas roupas de antes, agora sentado ao pé da árvore e com um arco e uma aljava de flechas ao lado. Havia algo que chamava atenção, apenas uma flecha estava contida dentro do receptáculo e usava um chapéu de banda, feito em couro, como o chapéu dos antigos homens do sertão. Cumpriu com o prometido e outra vez visitava a casa. Ofereceu novamente água ao viajante, que a recusou. Dizia já estar satisfeito com o banquete que desfrutou dias antes e ainda guardava em sua capanga um pouco da caça para outras horas e, por ora, já havia se saciado com o conteúdo dos quartilhões ao pé da grande árvore.

Parecia descontente com alguma coisa. Dizia que muitos anos se passaram durante sua jornada e que permanecia andando pelo mundo. Era errante e andava por muitas terras, não se prendia a nenhuma obrigação por parte de ninguém, fazia do mundo sua casa, e suas vontades ele saciava quando sentia necessidade, executou muitos feitos ao longo de sua vida e muitos de seus feitos não o deixavam contente, mas jamais se arrependera de nada.

Sua visita não era esperada naquele momento e sabia disso. Queria que as pessoas fossem mais amáveis umas com as outras e deixassem suas vaidades de lado, principalmente no momento em que assumiam a responsabilidade de uma vida reclusa e de sacerdócio, ou mesmo uma vida apenas de devoção para com tudo que era divino. Que fosse da maneira que escolhessem e como quisessem chamar as divindades a quem davam força alimentando com sua fé, mas que deveriam ter uma fé. Dizia que ainda apreciava quando via as pessoas se impressionarem com as coisas simples da vida, pois em tudo havia vida. E as pessoas deveriam se aproximar mais da natureza e de todos os elementos que a compunham, pois em toda a sua existência o essencial sempre esteve presente, mas só aqueles que abrissem seus olhos para a simplicidade enxergariam o verdadeiro sentido da vida.

Falava que, infelizmente para ele, era muito triste testemunhar a passagem, para o outro mundo, de pessoas que se devotaram de tal maneira pelas coisas sagradas, e se de sua vontade fosse, queria que vivessem além do tempo escolhido para elas, para que pudessem deixar o exemplo aos mais novos. Por toda essa tristeza em ver as coisas se perdendo, disse-lhe que muito tempo atrás ele se propôs a acompanhar essa passagem e guiar as pessoas pelo caminho necessário.

O mundo estava em constante movimento e tudo era dinâmico e se modificava com os anos, só bastava ser perseverante e esperar que a natureza sempre encontrasse um meio de perpetuar os ensinamentos sagrados e as tradições para que nunca se perdessem. Dizia-lhe que a maneira de tornar alguma coisa imortal era lembrar para que nunca se perdesse, uma pessoa que firmasse sua história no mundo, que deixasse a marca de seus passos, jamais deixaria de existir. Ela deveria usar a mesma força do amor que nunca esqueceu, para fazer as pessoas lembrarem dos bons exemplos que tiveram.

A moça permanecia atenta às palavras daquele velho que demonstrava tanta sabedoria de vida e, mesmo assim, parecia amargurado como se viesse fazer algo que realmente não lhe contentava. Ele elogiou todo trabalho desempenhado por ela e dizia que as notícias de seus feitos chegavam onde quer que estivesse, e não só ele como outros conheciam seu nome e suas obras, assim como a das pessoas que sempre a auxiliavam. A humildade expressa nele encantava e a fazia imaginar como um homem tão simples poderia proporcionar isso, e enquanto ela pensava, a interrompeu dizendo que a abençoava e, a partir daquele momento, nem ela ou as pessoas que lhe fizessem qualquer bem passariam por necessidade.

Sem saber o motivo, ela se emocionou e derrubou poucas lágrimas. Ele se levantou e, caminhando alguns metros para longe da árvore, parou diante da pequena cerca de madeira à sua volta e a fitou com olhar de compaixão. Ela, sem saber por quê, assumiu seu egoísmo e disse-lhe que, se um dia tivesse a oportunidade de ter um único pedido atendido, seria o de estar junto do homem que verdadeiramente amava, e o velho se emocionou. Lágrimas caíram de seus olhos no chão enquanto a olhava. Suas últimas palavras foram de que não era egoísmo nenhum caçar sua felicidade, deu-lhe as costas e se pôs a caminhar em direção ao centro do terreiro.

Ouviu os berros de sua conselheira perguntando o motivo de estar ali naquele horário e, quando deu por si, o homem havia sumido novamente. A velha veio ver o que estava se passando e indagou sobre os fatos. Colocou-a a par do acontecimento e bem poderia ela ter se deparado com a figura misteriosa no trajeto até aquele local, porém, não viu viva alma que se esbarrasse com a senhora. Grande foi o espanto das duas no momento em que apontou para o canto onde disse que o homem se comoveu com sua história e derramou poucas lágrimas em homenagem a um amor lindo, porém proibido. Aquele espaço todo estava repleto de "tereminan",[135] uma planta que se sabia pertencer ao *Orixá Oxosse*.

A velha, que acordava cedo, antes de o sol nascer, para louvar o dia que se iniciava e despachar a porta, foi interrompida pela imagem da mulher próxima da árvore sagrada e, depois de todo o relato, sentou com ela aos pés da mesma árvore e juntas chegaram à conclusão de que era o próprio *Oxosse* quem tinha vindo falar com ela e deixou sua planta com as flores de um lilás intenso desabrochadas naquele canto, demonstrando todo o seu carinho e a prosperidade que trazia.

As duas colocaram suas cabeças ao chão reverenciando a dádiva que lhes foi dada ao presenciarem essa grande energia. A senhora queria ser colocada a par de todos os detalhes desse encontro e a história, desde o primeiro encontro, começou a ser contada ali mesmo. Elas não imaginavam o real propósito da presença desse *Orixá* materializado ali sem que o corpo de um iniciado fosse necessariamente utilizado como ponte entre os dois mundos. Elas estavam sentadas juntas aos pés da árvore e recitaram todas as rezas que conheciam em sua língua litúrgica e ficaram repetindo durante muito tempo. Esqueceram de despachar a porta do terreiro e podiam ouvir o cantar dos galos, e sentir os primeiros raios solares a aquecerem seus corpos e a terra abaixo deles.

Os pássaros cantavam com vontade nos galhos das árvores ao seu redor e as folhas da árvore ancestral derrubavam sobre suas cabeças aquele orvalho matinal em grandes gotas. O som dos ventos zunindo pelo entrelaçar dos galhos das árvores imitava um som de lamentação e quem presenciasse toda aquela cena podia dizer que a natureza estava em prantos. Quando puderam perceber, a grande serpente que esteve presente durante os festejos em homenagem a *Oxumarê* estava entrelaçada aos galhos da grande gameleira branca que ficava a poucos metros de onde estavam e permanecia ali quieta sem muito se mexer, apenas as olhando e movimentando sua língua para fora da boca.

Até mesmo os morcegos voavam de galho em galho nas árvores e nunca haviam testemunhado o comportamento desses animais à luz do

---

135. Dentro do *Candomblé* brasileiro, é uma planta que se atribui ao Òrìṣà Ọṣọ́ọ̀sì. É conhecida também como crista-de-galo.

dia, ainda não estava totalmente claro, mas não era natural que esses mamíferos de hábitos noturnos voassem daquela maneira já naquele horário.

Podiam ouvir o som das águas inquietas da fonte, mesmo estando ela a metros dali. Não seria natural, pois era um poço de águas paradas, o que indicava que alguém a estivesse perturbando ou mesmo as retirando de lá. Cães andavam à sua volta ganindo, como que lamentando por algum fato ocorrido, e deitavam aos pés da cerca, ali permaneciam quietos por alguns instantes. Eles dividiam o mesmo espaço com os gatos e elas olhavam a tudo atentamente. Passos podiam ser ouvidos pelo chão do quintal e elas observavam mas não viam nenhuma pessoa, os passos se aproximavam e distanciavam, e nenhuma figura se colocava à mostra.

O dia parecia que se iniciaria belo e ensolarado, até que do nada um raio cortou o céu brilhando no horizonte e as nuvens se escureceram, tomando um tom púrpura repentinamente. Um forte vento bateu levando folhagens ao chão e a chuva fina caía lentamente, e ao fundo, como que por cima do barracão, um belo arco-íris estava formado. Levantaram-se e tomaram o rumo do salão. Sensações e sentimentos se misturavam a todo aquele êxtase e confundia seu julgamento das coisas, não sabiam o que sentir e o que esperar. Apenas a vontade de cumprir com os ritos de início do dia em uma casa de *Candomblé* se fazia necessária. E elas caminharam juntas em passos pesarosos até a entrada.

Capítulo XIX

O Intercâmbio

Não lhe agradava viajar de outra maneira que não fosse perto do solo, voar era algo realmente novo e o deixava apreensivo, nervoso demais. Nunca tinha colocado seus pés em um avião anteriormente e, para tanto, precisou tomar algumas doses de conhaque antes da chegada ao aeroporto. Os gringos que o acompanhavam riam demasiadamente e se divertiam com a situação, tentavam com seu português enrolado explicar que não havia perigo algum, mas ele continuava achando que aquelas toneladas de metal desabariam pelos céus e o levariam a uma morte prematura.

Antes mesmo que o pássaro metálico taxiasse pela pista, um coquetel de embriaguez e medo misturados o derrubou, fazendo com que dormisse naquela poltrona, que estava até confortável. Muitas horas antes da chegada ao seu destino ele já acordou acostumando-se melhor com o traslado. Sempre que tinha oportunidade ingeria mais bebida alcoólica para poder continuar seu sono e não precisar lembrar-se de que estava a quilômetros de altitude.

Um empurrão seguido de risadas o fizeram acordar naquele clima frio que o deixava batendo o queixo. Começaria sua turnê pela Europa, onde passaria por vários países mostrando a cultura da percussão afro-brasileira. Foi hospedado em uma casa grande e muito bonita que pertencia a um de seus acompanhantes e lá mesmo, depois de mais horas de descanso em uma verdadeira cama confortável, foi brindado com a presença de músicos europeus que vieram para conhecê-lo e conversar sobre musicalidade, traduzidos pelas pessoas que o haviam trazido de longe.

A comunicação era difícil, os gringos que o acompanhavam não falavam muito bem o português e ele não falava outra língua que não fosse a sua nativa e a utilizada em seu culto a *Orixás*. Com algum esforço conseguiam se comunicar e a música, que era a linguagem universal utilizada por todos aqueles, os unia realmente.

Achava tudo muito interessante nos países pelos quais passava, as palavras estranhas que ouvia, o comportamento e até mesmo as roupas que usavam. Foi muito bem recebido e era melhor ainda tratado. As pessoas davam real valor àquele músico brasileiro que tanto tinha a lhes ensinar e, durante os meses que se passavam, o intercâmbio era muito bom. Estudava música e começava a entender aqueles desenhos estranhos nas linhas horizontais que chamavam de partituras. A música contida nas páginas passava a ser traduzida em som nas congas e tumbadoras que também eram utilizadas para ensinar um pouquinho do som do *Candomblé*. A dificuldade de cifrar aqueles tons quebrados e compassados dos toques de origem afro-brasileira era muito grande. As passagens do *hun*, que tanto queriam documentar, não eram diagramadas em sua totalidade, era um som que podia ser tocado na prática e dificilmente estudado na teoria.

Antes que o primeiro mês se acabasse, a saudade de sua terra natal já era imensa e, mesmo com o advento do telefone, era difícil de se comunicar; o aparelho ainda não era muito popular no Brasil e as ligações vindas do estrangeiro eram muito caras. Somente a diversão das noites europeias o distraiam realmente, aquelas belas mulheres brancas de olhos claros se maravilhavam com seu corpo negro. Aproveitava sempre que podia e arrumava uma nova acompanhante que lhe mostrasse a vida noturna e patrocinasse suas boemias pelas cidades que visitava. Sempre era acompanhado pelos que o trouxeram de além-mar, que o levavam para muitos lugares povoados por artistas e pessoas influentes. A certa altura já passava a arriscar alguns termos em outras línguas, o que ajudava a demonstrar seus desejos pelo sexo oposto. A linguagem do amor era entendida em qualquer lugar e dificilmente terminava uma noite sozinho na cama.

As apresentações estavam sempre lotadas e as pessoas realmente prestigiavam a cultura trazida por ele. Elas vinham de longe e acompanhavam alguns de seus passos querendo ver e ouvir a execução daqueles toques. Participava de grupos mistos com outros músicos que faziam uma arte diferente e contemporânea, recebiam várias boas críticas e sentia que o povo de fora dava muito mais importância e valor ao seu trabalho do que o próprio brasileiro. Em certos momentos ficava orgulhoso, em outros se martirizava pela falta de prestígio e interesse de um país tão grande, onde só era apreciado pelos adeptos de sua religião, pessoas que realmente davam valor e faziam gosto pela musicalidade que expressava durante as festas em que tocava.

Estava em lugares onde as pessoas o respeitavam como artista e se interessavam por sua cultura, elas queriam sugar seu conhecimento, mas não com a ganância do saber religioso e sim artístico; preocupavam-se em registrar tudo e quem sabe seus registros fossem posteriormente vistos como históricos. Foram meses que valeram a pena, muita bagagem foi adquirida pelos dois lados. Ouve uma troca cultural muito boa e o aprendizado acerca da teoria musical veio a contribuir muito para suas técnicas. Os exercícios que aprendeu o deixaram ainda mais virtuoso em cima dos *atabaques*.

Quando da chegada em sua terra natal, a lembrança das coisas que deixou lá fora o faziam pensar sobre o quanto era bom conhecer novos lugares, mas a saudade do povo de santo, seus amigos e parentes era imensa. Não queria jamais atravessar novamente as fronteiras de sua pátria, preferindo desfrutar a vida ao lado do que realmente amava. Muitas coisas já haviam acontecido, eram meses longe de sua terra, de suas pessoas. Pareciam ter passados verdadeiros anos e os amigos o recebiam calorosamente. A saudade tomava conta de todos.

Presentes vindos da turnê que havia tido por todos aqueles países do exterior eram distribuídos. Havia gasto quase todo o dinheiro acumulado lá fora com as lembranças para as pessoas que realmente lhe importavam. Todos faziam uma verdadeira festa quando recebiam sua visita e eram entregues os presentes, nem todos de bom valor financeiro, mas o gesto em ter se preocupado lembrando-se daquelas pessoas humildes fazia com que recebessem de coração puro tudo que lhes era dado. Muitas pessoas achavam que havia mudado, vestia agora novas roupas que tinha ganhado de seus amigos do exterior e ostentava pequenas joias e até mesmo um relógio que foi presenteado por uma mulher com quem se relacionou. Seu jeito simples acabava demonstrando que tudo aquilo era apenas ilusório e sua essência permanecia a mesma. Estava entregue às festividades com os amigos na praça central em meio ao centro histórico; aquele bairro antigo de paredes gastas pelo tempo inspiravam a mente de qualquer artista a compor suas melhores obras.

Sintetizavam toda a sua musicalidade em horas de música popular brasileira, regados a boa cerveja e também ao rebolado das belas mulatas a sua volta, e de lá surgiam várias homenagens em louvor às curvas estonteantes dos corpos bronzeados ao sambar hipnotizante de alguma diva anônima que só fosse notada em meio ao seu gingado, com as saias esvoaçantes e os ombros que ficavam desnudos enquanto a camisa se desalinhava em movimentos ritmados e cobertos pela cobiça e o desejo daqueles à sua volta. Em meio ao clima de total entrega aos prazeres mundanos ele sentia-se em casa, podia ver toda a alegria das pessoas ao ouvirem seus toques no timbal que repicava e conduzia a harmonia dos outros tambores.

    Esse era o local onde se originava grande parte de suas aventuras amorosas, eram constantes os olhares femininos dispersos sobre ele enquanto colocava seus sentimentos em cima do instrumento que tocasse. Depois de tanto tempo longe de seu país, não via a hora de encontrar uma brasileira que correspondesse a toda fervura de seus desejos. A sensualidade que demonstravam em meio a toda a folia também alegrava seus olhos e por horas bebericava o copo de cerveja e analisava uma a uma, escolhendo quem teria a oportunidade de ser cortejada, e talvez o desfecho fosse uma noite aquecida pela chama da luxúria entre os lençóis de sua cama.

    Uma das mulheres com quem já havia saído anteriormente lhe chamou atenção, estava mudada ao longo dos meses que tinha passado viajando, ela talvez tivesse aflorado ainda mais sua vaidade e agora vestia-se de maneira sensual, despojada e que chamava atenção de muitos homens. Sambava habilmente em cima daquelas sandálias de saltos bem altos, e a saia, pouco acima dos joelhos, fazia a mente de um homem divagar quando a barra ligeiramente subia e era recolocada no lugar pelas lindas mãos de unhas cumpridas e bem feitas. A blusa deixava sua barriga à mostra e aquele abdome firme o provocava, quase sem nenhuma gordura que deformasse o corpo escultural, que sustentava um belo par de seios volumosos. Comentava com os amigos que já havia visto todo aquele corpo desnudo e nunca antes tinha reparado o quanto era fenomenal. Foi informado de que, durante sua incursão em terras exteriores, a moça havia entrado para um grupo teatral e praticado a dança que torneou ainda mais a carne sobre seus ossos.

    Desferiu olhares de grande cobiça medindo o corpo dela todo e, com um sorriso malicioso, fazia com que entendesse suas pretensões. O sorriso era correspondido por ela, que passava a dançar de maneira ainda mais sensual. As pessoas à volta desejavam-na mais, deixando-o excitado em saber que queriam algo que ele já havia possuído e provavelmente viesse a desfrutar novamente. O *samba reggae* dava uma batida cadenciada e os homens aos poucos se aproximavam e faziam--lhe a corte, que era sutilmente negada: um a um eram rejeitados e ela o provocava, olhando-o nos olhos ao repelir cada intento dos que a bajulavam. Bebia morosamente o refrigerante pelo gargalo da garrafa, encarando-o profundamente e ao mesmo tempo lambendo e brincando com o topo do recipiente pelos lábios carnudos e molhados.

A grande maioria dos foliões estava concentrada na orgia à sua volta e somente ele e mais alguns poucos apreciavam todas aquelas sensações que eram despertadas ao verem tal ato de obscenidade, talvez outras mulheres ainda estivessem também fazendo com que outros se perdessem em meio a atributos físicos e atos de sedução, mas naquele momento já estaria preso em meio à teia de sedução que fora tecida a seu redor sem que ao menos percebesse.

Na inocência audaciosa de suas vontades, caminhou em sua direção, desviando-se dos que vinham tentar dialogar, desvencilhava-se de qualquer conversa educadamente e se embrenhava naquela multidão até que pôde alcançá-la. Ao aproximar-se, deu-lhe as costas forçando-o a ficar bem junto de seu corpo e falar em seu ouvido, ajeitando-lhe os cabelos por cima da orelha. Dizia quanta saudade ele sentiu durante sua jornada e que trouxera um presente para a mulher que habitou seus pensamentos por meses. Obviamente ela não acreditava em tal estratagema, mas fingia-se interessada e sarcasticamente o indagava sobre o motivo de nunca mais tê-la procurado em tanto tempo anterior à viagem. Ele a pegava pela cintura enquanto cheirava forte seu pescoço que exalava um bom perfume inebriante, aquele corpo pouco suado ainda mantinha seu aroma natural misturado à essência que atraía os homens que passavam perto.

Virou-se rapidamente, estando face a face sorriu graciosamente e, com os lábios bem próximos, contemplava o olhar hipnotizado do rapaz. Antes que se afastasse, pôde deixar bem claro que não seria tão fácil se aproveitar daquele corpo novamente. Seus amigos, que presenciavam toda a cena, riam ao vê-lo imóvel de pé apreciando o rebolado daquela mulher caminhando até uma mesa, na qual depositou sua garrafa de refrigerante e os amigos dela também achavam graça e demonstravam-se orgulhosos por ela ter repelido mais um homem de maneira tão elegante.

Havia falhado mas não se daria por vencido ainda; horas depois, tentava várias outras abordagens mais suaves sem demonstrar grande interesse. Tentava fazer com que acreditasse que tinha aceitado o não como resposta a seus anseios e, quando ela menos esperou, o viu aos abraços com uma nova mulher. O ciúme a incomodou e fez com que ficasse inquieta, observava os dois a distância e começava a sentir-se mal por haver tentado ensinar-lhe uma lição. A essa altura seus amigos começavam a ir embora e seus desejos já estavam sobre a mulher com quem se relacionava.

Podia ver claramente que a outra jovem se incomodava com a situação e, antes que tomasse rumo acompanhado à sua casa, teve ainda a audácia de provocá-la. Deixou sua acompanhante por uns instantes e nesse intervalo de tempo pôde dizer que realmente se conformava em não ter sua companhia, mas que se ela mudasse de ideia sua casa estaria sempre de portas abertas. Silenciosa, a raiva dominava-a completamente enquanto o via sumindo em direção à sua morada acompanhado, imaginava quem realmente deveria estar sobre a cama com aquele corpo masculino suado de prazer madrugada adentro. Consumia-se com pensamentos de que, por mais que fizesse de tudo para esquecê-lo, se igualaria a todas as outras que passavam por sua vida, mulheres que, mesmo não tendo nenhum motivo para acreditar na promessa de um relacionamento duradouro, ainda assim não podiam deixar de pensar – de amar aquele homem.

Nos momentos lascivos da conjunção entre seus corpos, ele se entregava de uma maneira transcendental e, mesmo que só por aquelas horas em que seus corpos estivessem unidos, realmente as amava com grande intensidade. Eram tratadas como se fossem as únicas mulheres do mundo, como se fossem as mais desejadas e as possuía de tal maneira que homem algum que já houvesse passado por suas vidas o fizesse. A chama que ardia em seu corpo passava a arder intensamente no delas e jamais o esqueceriam, assim como a jovem que o recusou por um impulso de fazer com que sentisse rejeitado e acabou arrependendo-se tardiamente.

Antes que pudesse despir aquele corpo, pensou brevemente na oportunidade que deixou para trás, sabia que não lhe faltariam oportunidades, mas a vontade que sentiu talvez não fosse a mesma em outra hora e, calado, sorria apreciando a jovem com quem dividiria a cama naquela noite. No começo achava-o meio distante e imaginava que não teria uma boa noite de prazer, mas pôde perceber que estava totalmente enganada. Antes que ela pudesse esperar, ele se projetou contra o corpo dela com vontade e a sensibilidade dele ao tocar seu corpo de uma forma expressiva, forte ao mesmo tempo que como se adivinhasse cada vontade que a mulher possuía, e sua força a fazia submissa em suas mãos e os toques que se espalhavam por seu corpo eram mesmo de uma grande suavidade, que não ultrapassava o ponto em que ela viesse a sentir-se em total harmonia. Jamais tivera experiência tão intensa e, ao final, tornar-se-ia mais uma que se apaixonaria loucamente e talvez aceitasse, ou não, sua vida boêmia e de desapegos pelo amor.

A manhã era fresca e coberta pela certeza de que talvez fosse uma experiência única que houvesse passado e por isso talvez fosse forçada a recompor-se e se despedir com um beijo doce na boca de um homem que nem se levantava da cama ao ver a acompanhante deixar o calor de seus lençóis. A promessa de um novo encontro assim que fosse possível era o combustível que alimentava a chama do interesse, e havia sido tão claro quanto a suas aspirações que fazia ideia de que no momento oportuno o encontraria novamente.

Retomava o sono e iria acordar só no meio da tarde, quando tomaria seu banho frio e, após se alimentar, caminhou até a feira para que pudesse comprar um peixe. Estava já há dias com vontade de preparar e assar a carne branca, convidaria alguns amigos de surpresa e talvez agradasse seu paladar com a comida que lhes proporcionaria.

Assim foi o restante daquele fim de semana, os amigos reunidos desfrutando uma boa refeição e comentando sobre vários assuntos à mesa. A experiência de conhecer um novo país era relatada aos convivas, que se interessavam pela nova cultura com que teve contato e foi colocado a par de todas as novidades que aconteceram durante sua ausência.

Capítulo XX

De Volta às Origens

Sentia muita saudade de tocar um *candomblé*, fazia muitos meses desde a última vez que teve aquele contato com as energias divinas. Soube por meio de um de seus amigos que no final de semana próximo haveria uma festividade em homenagem a *Logum Edé*.[136] Adorava cantar e tocar para aquele santo, os ritmos da nação *Ijexá* eram tocados nas mãos e se sentia muito à vontade com esses toques, eram simples mas podiam mostrar toda a sua virtuosidade de uma maneira natural sem que parecessem uma mistura de ritmos dos toques de escola de samba.

A casa era simples e muito humilde, as pessoas demostravam sua verdadeira fé naquele local e isso lhe chamava mais atenção. Alguns dos *ogans* da cidade não demonstravam, naquela época, interesse em participar de eventos em locais menos frequentados pelos grandes tocadores. Ele vinha de outra safra, de um tempo em que o importante era o respeito e o amor pelas divindades, e por isso não se incomodava de ir em locais menos frequentados desde que os *Orixás* fossem louvados com o coração. Aquele seria um local agraciado por sua visita durante o *candomblé* que se aproximava.

Seu velho mestre apresentava muitas rugas em sua expressão, frutos do tempo. Os traços de sua experiência eram ainda mais fortes e demonstravam nitidamente, em cada parte de seu corpo, os anos de aprendizado e sabedoria daquele grande ancião. Ficou tão feliz em revê-lo que o abraçou fortemente após lhe tomar a bênção. A felicidade dos dois era bem visível e maior ainda quando tirou o relógio do braço e presenteou o velho como uma forma de carinho. Passaram a tarde conversando sobre todo aquele tempo que estivera fora. O feijão gordo que dividiam no bar enquanto tomavam cerveja bem gelada enchia suas barrigas e não os deixava embriagados, ainda estavam no meio da

---

136. *Òrìṣà* do panteão *Yorùbá*. Ver glossário.

semana e, para o velho, seu tempo de curtir a embriaguez já havia se passado muitos anos antes. *Ogans* deveriam ter postura, mas, como seres humanos que eram, se rendiam aos prazeres da boemia nos momentos profanos. Eles ali conversavam e colocavam o assunto em dia.

    Toda a viagem foi descrita com detalhes e se felicitava com as oportunidades que seu aluno pôde aproveitar, sentia-se orgulhoso em ter tido a chance de ensinar algumas lições que tornaram aquele garoto, que vidrava os olhos quando um bom *ogan* tocava, em um músico habilidoso e um homem de bom coração.

    Os olhos brilhavam enquanto dissertava sobre os belos cenários e o interesse dos músicos gringos na cultura brasileira, falava em como devorava as partituras musicais que havia aprendido a decifrar e naqueles incansáveis exercícios que passou a praticar diariamente durante horas e como sua postura de mãos ao tocar havia sido trabalhada pelos músicos tão técnicos que intercambiavam informações com ele. Olhava-o naquele momento com um ar ressabiado e o aconselhou a tomar cuidado com todo o novo aprendizado, realmente poderia ser uma coisa muito boa a se adicionar, mas precisava se policiar para não perder sua essência. Convidou-o para a festa de que iria participar no final de semana e houve a felicidade dos dois em estarem juntos novamente louvando o que mais amavam. Combinaram de se encontrar lá mesmo e já poderiam imaginar qual seria a reação da dirigente da casa ao vê-los juntos prestigiando sua festa sem que soubesse previamente.

    Na manhã seguinte, caminhou apressado até o porto onde os saveiros ficavam atracados, não carregava nenhum indicativo de que se ausentaria por dias de sua casa. Todo aquele tempo em que debruçado no balaústre do barco observava o mar lhe remetia a momentos do início de sua juventude. Pensava como teria sido se não houvesse restrições para o amor que um dia havia encontrado. Suspirava enquanto observava as águas e sussurrava um cântico a *Iemanjá*. Seus olhos demonstravam indiferença ao pensar nas coisas que poderiam ter ocorrido se ainda estivessem juntos. Lembrou-se do desfecho trágico de sua tentativa de vida conjugal e achava, ali naquele momento que, se fosse a outra no lugar de sua esposa, talvez como ela, estivesse morta. Sabia que era uma pessoa difícil de se relacionar e que talvez, mesmo amando do fundo do coração, sua avidez pelo sexo oposto o colocasse em situações em que a fidelidade e a monogamia se tornassem difíceis de ser mantidas.

    O mar era tão grande e ali somente havia uma parte dele, as águas tão densas poderiam esconder ainda tantos mistérios, eram como a vida, cheias de coisas que ninguém talvez pudesse imaginar. Sofria estando em um daqueles momentos que sempre tentava evitar – refletir sobre o passado –, tantas coisas que havia conquistado e tantas ainda que haveria pela frente, mesmo assim se tornava melancólico, pois parecia que nem todas as coisas que realmente gostaria de ter estavam à sua mão, e as coisas que estavam à sua mão não podiam ser mantidas. Observava o mar e com um suspiro indagou à marola que se abatia na lateral do barco o motivo de não ter tudo que mais desejava. Sentiu a vontade de jogar-se ao mar e talvez, ao submergir lentamente, as águas lhe preenchessem os pulmões e os sentidos fossem suprimidos, a consciência fosse tomada pelo vazio e o nada aplacasse a ânsia de seu coração.

O marinheiro gargalhou alto, apontando para o horizonte. Os poucos que tripulavam a embarcação olhavam a calda de uma baleia que emergia das águas e nelas tornava a afundar. Pôde contemplar o acontecido e se distraiu aguardando um novo movimento, que nunca houve. Não era comum baleias serem vistas naquele trajeto e, assim como ele, o experiente navegante se impressionou. Pode até ter se sentido como injusto ao dizer que todas as suas vontades não eram atendidas, sabia que, mesmo tendo alcançado muitas de suas aspirações, a mais almejada lhe havia sido tomada há um bom tempo. Encheu-se de vitalidade e, ao vislumbrar a terra que se aproximava, o sorriso se formou em seus lábios e a alegria por estar chegando à ilha novamente ocupou seu coração.

Muitos amigos estavam próximos de seu desembarque e todos ficaram ainda mais felizes em saber que as notícias de sua volta eram verdadeiras. O convite para um almoço vinha de todos, cada um gostaria de levá-lo para sua casa e servir-lhe um banquete de boas-vindas, mas recusou. Tomou destino à terra dos *Eguns* e lá foi encontrar-se com seu *Alabá*. Próximo da entrada da casa do velho a vizinhança permanecia da mesma forma que anos atrás. Ele sentado em sua cadeira com as pernas cruzadas de maneira confortável e às mãos uma caneca de metal de onde bebericava.

Com o cigarro de palha ainda aceso e depositado sobre a borda do pires em cima de um banquinho, ele fumava olhando para o horizonte e toda aquela paz dava a impressão de que aquele senhor viveria eternamente. Todos os sinais de respeito eram feitos e em seguida ouviu o convite para que sentasse ao seu lado. Tinha fala mansa e, antes que o outro pudesse abrir a boca, mandou que olhasse atentamente para a mesma direção. A entrada da mata densa era o que visualizavam à sua frente e o velho respirava aliviado ao imaginar que tudo aquilo estava da mesma forma durante as gerações antes dele e as que pôde acompanhar.

Aquele era um lugar de paz, onde talvez um dia seu espírito vivesse feliz depois de tantos anos de servidão. Tantos anos de amor e dedicação fariam com que um dia fosse livre e ficasse em comunhão com todas as energias dos antepassados, que se espalhavam naquele outro mundo à sua frente, um mundo onde a vaidade do ser humano jamais poderia tocar, onde as coisas fossem puras novamente e apenas a fé das pessoas fosse importante para que tivesse a força de trazê-lo de volta para matar a saudade dos entes queridos que ficavam.

Seu coração se apertava ao ouvir as palavras do ancião, e o interrompia, dizendo que ainda seriam vários os anos que desfrutaria a visão daquele mundo harmonioso. O velho concordou educadamente sorrindo, ainda dizendo que não se enganasse por muito mais tempo; chegava um dia que, por mais que a mente e o espírito ainda fossem jovens, o corpo se tornava cansado e as carnes sobre ele, pesadas. A força dos braços se esvaía e até mesmo um leve *Ixan*,[137] se tornaria incômodo de ser segurado. O andar das pernas que já haviam percorrido tantos quilômetros ao longo da vida se tornaria pesaroso e a morosidade alcançada.

Os jovens já caminhavam todos tão rápido que não tinham tempo de apreciar as coisas simples da vida, como o nascer do sol e o cantar dos pássaros. Somente quando atingissem muitos anos teriam uma visão diferente das coisas e realmente seria importante analisar cada som, cada cor e cada movimento da natureza. Fez-se silêncio e os dois ali podiam ouvir a música da floresta. As folhas chacoalhando nos galhos com os ventos e o sibilar das aves presenteando aquele momento com a vida que se escondia naquela imensidão verde. O velho falava que muitos pensavam que os iniciados nos mistérios da ilha eram adoradores da morte, quando na verdade cultuavam a vida.

Dizia a seu pupilo que, durante todo o tempo em que esteve fora, os ancestrais mantinham seus olhos sobre ele e traziam boas notícias a respeito de seu estado e segurança, acompanhavam também a vida dos entes queridos e não deixavam que nenhum mal se abatesse. A fé naquelas palavras era indubitável e agradecia de coração por toda a preocupação que tinha para com ele. Não deixava de pensar no homem que tanto lhe ensinou e retirou do pescoço o cordão de ouro que havia trazido do exterior e, ao tentar entregá-lo nas mãos, se surpreendeu com a recusa.

O homem sorria e explicava que se comovia com o gesto, mas que vivia apenas com as coisas que lhe fossem necessárias e nunca foi de

---

137. Do original em *Yorùbá, Işan*. É uma vara retirada dos galhos das árvores ancestrais, um objeto que se torna litúrgico e é respeitado pelos *Egúns* do culto.

seu interesse acumular bens materiais. A casa e os poucos objetos que possuía eram apenas para sua necessidade e que, se realmente quisesse presenteá-lo, que vivesse uma vida plena e de amor sincero pelo que realmente valia a pena. Explicou que na verdade nada deste mundo os pertencia, nem mesmo a pele do corpo era realmente deles. Que aproveitasse então aquele objeto valioso e desse-o a quem necessitava – assim o fez na primeira oportunidade que teve, no continente o vendeu e enviou o dinheiro obtido por meio de uma pessoa de confiança para o velho, com as instruções de que comprasse alimentos e distribuísse aos moradores da ilha, e não foi feito de maneira diferente.

Matou a saudade de seus irmãos *Ojés* e, logo depois, pegou a última barca para o continente, já se aproximava o dia da festa de que iria participar e queria manter-se descansado até lá para que pudesse mostrar a seu mentor suas novas técnicas. Acreditava que o mestre fosse se impressionar ainda mais com o estágio alcançado por ele e que as pessoas se maravilhariam tanto com sua virtuosidade e seus corações se encheriam de satisfação por tê-lo ali tocando.

O dia seguiu normalmente e os amigos de tantos *candomblés* foram todos avisados para se encontrarem a fim de seguirem juntos para a festa. À chegada da noite, todos já estavam reunidos no ponto de encontro e caminharam a pé como faziam antigamente. A conversa era animada como nos tempos em que eram bem jovens, cantavam e brincavam uns com os outros seguindo aquela ritualidade como se nada jamais tivesse mudado. Da entrada no barracão, todos os presentes se espantaram ao ver aquele grupo tão falado chegar unido e de maneira humilde sem ser percebidos até que tomassem lugar ao lado dos *atabaques*.

O *Xirê* já estava perto do fim e os *ogans* da casa ficaram muito felizes em ter sua presença no local. Após serem cumprimentados pela mãe de santo do terreiro, o homem que conduzia a festa até aquele ponto cochichou nos ouvidos da senhora, que assentiu com a cabeça e logo depois pediu aos que chegaram que reiniciassem o *Xirê*. As pessoas olhavam meio estarrecidas, mas gostaram mesmo assim de ver começar tudo novamente ao som dos melhores músicos do *candomblé*, homens que faziam tudo com o coração para as divindades.

Tomaram posição aos instrumentos e ele, ali de pé ao lado da cadeira da velha, cantava. Dessa vez mais cânticos foram cantados para cada santo. A primeira feita, a dos residentes, havia sido breve e, mesmo se tivesse se alongado, ao término nem chegaria perto da meia-noite.

Quando da entrada do *Orixá* homenageado para vestir-se junto aos da casa, alguns outros, os das visitas, ainda permaneciam no barracão.

Passaram a cantar para eles até o retorno de *Logum Edé* e os que chegariam com ele. Não tinha pego ainda no *atabaque,* como se aguardando a chegada de seu mestre para que o visse tocar. Os outros se revesavam tocando e cantando naquela harmonia que lhe era habitual e, enquanto *Ogum* ainda bailava pelo barracão, o velho entrou sozinho e os olhos de todos se voltaram para ele. Passadas calmas e tranquilas, enquanto o *atabaque* principal rufava lentamente em sinal de respeito. Em retribuição, fez também seus sinais de respeito em frente aos *atabaques*. Ao tomar sua posição do lado daquele instrumento, muitos lhe dirigiram suas reverências que eram retribuídas com um singelo sorriso no rosto e um sinal com a cabeça.

Após cumprimentar seu mestre, subiu ao *atabaque* e começou a tocar. A palavra já havia sido passada ao senhor, que a cada toque balançava lentamente a cabeça como que aprovando, até que repentinamente, em uma passagem que exigia um pouco mais de destreza do tocador, o santo acompanhou e fez seus movimentos. O toque se embaralhou em floreios totalmente virtuosos que não tinham mais fim e os mais novos se impressionavam e comentavam o grau da habilidade de quem o executava; porém, o velho olhou por cima dos ombros e, em um dos estalos da vara no couro do *atabaque*, movimentou sua cabeça como se ele tivesse sido atingido pela varada.

Seu rosto já demonstrava um ar de desapontamento e podia ser percebido pelas pessoas à sua volta; o rapaz demonstrava toda a sua habilidade e não podia observar o rosto de descontentamento do homem que cantava – achou que estava agradando –, tocava com os olhos dispersos e não prestava atenção no *Orixá* à sua frente, que mesmo tentando acompanhar se atrapalhava. O sinal para parar foi expressivo. Houve chateação quando o mestre pediu gentilmente que desse lugar a um de seus amigos e, ainda sem entender, caminhou desolado até o lado de fora da casa. Olhava o lugar simples onde estavam e imaginava o que pudesse ter feito de errado.

Já estava novamente no interior enquanto todos os *Orixás* eram louvados perto do final da festa. *Oxaguian* começava a dançar e, antes que iniciasse um novo cântico, o velho tomou o *aguidavi* das mãos do tocador e subiu no *Hun*. Cantava e tocava com enorme maestria.

Ele observou atentamente seu mestre que, talvez em uma lição de humildade, deu as passagens mais virtuosas enquanto cantava sem errar nenhum toque e, por mais que quebrasse totalmente o tempo da música e fugisse completamente da harmonia, retornava de maneira natural e o *Orixá* o acompanhava sem errar nenhum passo.

Nunca tinha ouvido a varinha estalar daquela forma em passagens que acompanhavam todo o sentido do toque e rufavam brevemente entravando a consonância com todo o enredo do toque e retornando magistralmente ao *Vasi* que era tocado naquele momento. Ao longo dos anos a força e a potência não eram mais as mesmas, porém, podia-se ouvir nitidamente cada frase que formava naquela cadência de sons e todos os hábeis *ogans* ali presentes se impressionaram com a habilidade do homem. Não tocou mais do que três músicas antes que se cansasse e desse lugar ao rapaz, que se reservava a partir daí o direito de tocar da maneira mais simples possível. Encerraram a festa e a confraternização foi simples, porém com boa comida e nenhuma bebida alcoólica.

A senhora se desculpava com aqueles homens, pois não esperava ter sua presença em sua casa. Sentia-se muito envergonhada de ter todas aquelas pessoas de peso participando de sua festa e não demonstrava medo ao explicitar-lhes isso. O mais velho dizia que não se preocupavam, pois não faziam nada para as pessoas e sim para as divindades e que apreciavam sua humildade, sendo assim Deus ainda lhe daria muita felicidade e saúde para que continuasse tocando sua casa por muitos mais anos.

Acordou tarde e ainda se sentia mal pela noite anterior, não foi repreendido como se fazia antigamente quando as pessoas tocavam errado ou faziam macaquices sobre os *atabaques*, mesmo assim sentiu como se tivesse ocorrido. Ao entrar na casa de seu mentor, era visto com um olhar indiferente. Talvez o homem estivesse desapontado por algum motivo que ainda não tivesse percebido. Mandou que sentasse e serviu-lhe um café. Olhavam-se e nenhuma palavra era dita, somente aguardava que alguma coisa lhe fosse falada, que alguma orientação fosse dada, mas nenhuma palavra vinha da pessoa que tanto admirava, enquanto o mestre olhava para uma varinha de galho de goiabeira que descascava com um canivete.

Muito tempo se passou antes que proferisse alguma frase. Disse calmamente que tentou lapidar um jovem uma vez, como aquele *aguidavi,* que ao ser retirado de uma árvore ainda não podia ser usado para tocar. Ele tinha de ser descascado, depois deveria ser endireitado. Se estivesse muito torto passaria um pouco de azeite em sua totalidade e o fogo o esquentaria amolecendo-o para que pudesse ficar reto e depois seria resfriado e seco, só depois de um longo processo estaria pronto para ser usado. Se fosse muito usado e com muita força, ele se partiria e sua utilidade seria mais dificultosa ou não haveria mais nenhuma. Mas, se tocado com zelo e com cuidado, se fosse respeitado em suas limitações e da maneira correta de manuseá-lo, duraria por muito tempo.

Após acompanhá-lo em um copo de café sem que mais nada fosse dito, voltava à conversa que mais parecia um monólogo. Dizia que apreciava toda a habilidade que desenvolveu com os anos. Toda a força de vontade que fez com que estudasse música durante o tempo que passou fora o levaria a algum lugar, mas que esse lugar seria longe de um terreiro de *candomblé*. Relembrava quantas e quantas vezes já havia escutado as palavras que sempre dizia, que *candomblé* se tocava com o coração, os olhos deveriam se fixar no *Orixá*, em seus pés, e seus movimentos se harmonizariam com as batidas daquele *atabaque* principal.

Ficou desapontado com suas próprias atitudes enquanto escutava as palavras que mostravam o quanto havia se distanciado do que mais amava, que em certo ponto de sua caminhada ele errou e se desviou ao tentar agradar às pessoas, e não aos *Orixás*. Disse ao mestre que estava perdido e precisava se reencontrar, precisava desaprender certas coisas para que pudesse voltar a ser quem era antes, ou mantinha-se focado em uma coisa só ou não conseguiria se concentrar em mais nada. Podia ser um grande percussionista ou um ótimo *ogan*, mas para ser as duas coisas deveria ser medíocre, deveria equilibrar tudo para que não misturasse tanto a ponto de se perder no que estava fazendo. Não queria transformar os toques de sua cultura em simplesmente música folclórica e não se contentaria em estar na média, gostaria de um dia ser como seu mestre.

O que ainda lhe causava dor era o fato de não ter sido repreendido e expressou isso ao velho. Em resposta, sua sabedoria era passada e dizia-lhe que, enquanto se brigava e chamava atenção de alguém, era porque se importava com a pessoa. Quando não se desse mais atenção, era porque não se importava mais. Isso o chateou, pois fez imaginar que o mestre não se importava mais com ele e, vendo a feição do aluno, respondeu-lhe que estava em um outro estágio de aprendizado, onde não precisava mais dar nenhum pitaco nele, apenas uma simples atitude o faria enxergar a lição que o mestre queria ensinar e que tanto se importava com ele a ponto de lhe devolver o *atabaque* para que consertasse seus erros sozinhos. Por mais que amasse uma pessoa não poderia pegar em suas mãos a vida toda para mostrar o caminho certo, deveria apenas demonstrar suas intenções em certo ponto e a consciência e o entrosamento o ensinariam naturalmente.

Por último dizia para que nunca se esquecesse de outra lição. Havia errado em recomeçar o *Xirê* na casa, aquele ato tinha sido adotado pelo *Candomblé* como ato sagrado e particular de cada terreiro e deveria ter dado tal importância, a ponto de recusar educadamente o convite para recomeçá-lo. Aquele que o iniciou deveria terminá-lo.

As palavras humildes daquele velho *ogan* mexeram com ele e o fizeram ir para casa pensando em quais seriam seus reais interesses, ser um grande músico ou um bom *ogan*. Não gostava de todas as coisas que ouviu, mas elas lhe trouxeram um grande bem e fariam que, com o tempo, se encontrasse novamente e voltasse a viver uma vida voltada para o que mais amava. Passava a entender sua real responsabilidade e a confiança que o mestre lhe depositava.

Já fazia semanas que tinha retomado sua rotina normal, havia perdido o trabalho como motorista ao viajar e mesmo assim seu antigo patrão o empregou novamente, pois confiava no rapaz e sabia que com ele podia contar. Em suas horas de folga, praticava seu toque no íntimo de sua casa, visitava suas mulheres e filhos, e quando podia se rendia à boemia da noite fervorosa. Já havia optado pelo sagrado e passava a tocar somente os ritmos afro-brasileiros, tanto os sagrados como os profanos. A ilusão de poder se tornar um músico profissional foi deixada de lado e as aspirações de fama e reconhecimento não mais lhe eram importantes, gostava mesmo era de estar em meio ao seu povo.

Capítulo XXI

A Entrega às Águas

Passava com o caminhão por vários lugares e, ao fazer uma entrega em um estabelecimento comercial, toda aquela paisagem lhe era familiar. Descarregou, trancou as portas e caminhou um pouco mais à frente. Olhava tudo à sua volta, fazia tantos anos que não andava por aquele lugar, aquela praia. Podia sentir saudades das grandes pedras que beiravam o mar. Caminhou até elas vagarosamente e as olhava. Emocionou-se ao lembrar-se que naquele mesmo local se tornou homem e nunca sentiu tanta felicidade antes daquele instante. As sensações que as pedras lhe traziam eram avassaladoras e o deixavam triste por mais uma vez recordar de um amor que o tempo não apagava.

Resolveu que caminharia um pouco pela praia – e assim o fez. Distanciando-se das pedras, pensava profundamente em sua juventude, nos encontros e desencontros, na magia dos *Orixás*. Carregando os sapatos com as mãos em um andar cabisbaixo, remexia seu passado e se martirizava por não ter tido ao menos a decência de manter uma boa amizade com a mulher que amava. Tinha a certeza de que não aguentaria poder olhar e não a ter efetivamente em seus braços. Mesmo assim, não duvidava de maneira alguma que seu coração pertencia a ela.

Sentou-se na areia e ficou observando o horizonte, a imensidão do mar abrandava-lhe os pensamentos. As lágrimas de comoção por uma história tão linda de um amor proibido se espalhavam por seu rosto e toda essa demonstração singela da importância que todos os acontecimentos de um tempo que jamais voltaria talvez tivessem comovido outros além dele. As ondas que banhavam a areia próxima de seus pés retrocediam e deixaram à mostra um búzio aberto, o mineral lhe chamou atenção e com ele nas mãos o examinou. Houve um impulso de arremessá-lo de volta ao mar, porém foi cessado e resolveu guardá-lo no bolso.

Caminhava de volta olhando as grandes formações rochosas onde as ondas quebravam e, dando adeus àquele lugar, em que corpos apaixonados entraram em conjunção, tomou novamente o volante às mãos e dirigiu retornando à empresa para o término do dia de trabalho. Sua casa se mantinha bem arrumada e limpa, era comum que suas mulheres a deixassem em ordem quando o visitavam. As roupas estavam sempre bem limpas e perfumadas. Elas mesmas mantinham muito zelo pelos pertences do homem que amavam. Só não deixava que lavassem sua roupa de baixo: além de não ser justo com as mulheres, temia que fizessem algum tipo de feitiço com elas.

Não recebia muitas visitas de amigos, encontravam-se nos locais de sempre. As bagunças onde os músicos e os mais chegados se reuniam, os ensaios dos blocos de *Afoxé* e os *candomblés* eram os locais favoritos frequentados por eles. As mulheres que se interessavam, se houvesse a reciprocidade, eram levadas à sua casa e lá ele administrava todos os seus relacionamentos casuais, até mesmo os mais duradouros. Esforçava-se ao máximo para nunca se envolver com mulheres comprometidas, infelizmente às vezes acabava sendo ludibriado ou mesmo fingia não saber da real condição da moça e se entregava aos prazeres da vida.

Todas as vezes, depois do ato, colocava-se a refletir e se sentia hipócrita por saber que levava uma vida amorosa superficial e, mesmo assim, sempre que sentia a necessidade recorria às suas mulheres. Em algumas horas sentia vontade de acabar com todas as esperanças das que lhe vinham confortar à cama nos momentos de solidão e talvez ficar somente com a imagem de um amor puro e incondicional que jamais poderia ter.

Logo todos aqueles pensamentos mais puristas o deixariam e encontraria algo para se focar, distraindo-se das reflexões, ou mesmo se aproximaria de um novo belo exemplar do sexo oposto, que o faria esquecer completamente seus devaneios românticos, carregando-o para as entranhas dos lençóis, fazendo-o renovar a paixão que ardia de seu corpo no outro e levando-o a novas sensações e sentimentos. Admirava as mulheres como o objeto mais puro, eram a obra mais perfeita esculpida pelas mãos de um hábil artesão, que talvez se inspirasse nas melhores qualidades existentes no mundo. Tudo no corpo da mulher o atraía: as curvas, o cheiro, a voz. Não era homem de ficar se atirando a toda mulher que passasse, mas as que lhe chamavam atenção eram cortejadas com o maior empenho e só se dava por satisfeito quando atingia o objetivo.

Talvez fosse sua válvula de escape para poder se distanciar de uma realidade na qual jamais dividiria uma vida com a pessoa amada e, mesmo achando ser o dono de um coração que não lhe pertencia de fato, não se afastava das demais, vivendo uma vida de falsas promessas. Seu mestre se divertia ouvindo alguns relatos sobre suas aventuras amorosas e disse-lhe uma vez que o homem de *Xangô* tinha dois corações, um pertencia à mulher que realmente amava e o outro era dividido por todas as outras do mundo.

Por ser uma pessoa de grande responsabilidade e dono da confiança do dirigente de seu terreiro, foi convidado a viajar a uma cidade próxima onde ajudaria em uma obrigação. Recolheu suas coisas em uma pequena mala e se pôs a acompanhá-lo. Passaram-se horas de viagem e conversavam sobre diversos assuntos ligados ou não à sua religião. Em certo momento ele estava apenas acordado e observando as paisagens por onde passavam, via a rodovia margeada por belas praias desertas ou mesmo por uma imensidão verde que não tinha fim. Faziam paradas em outras cidades onde desciam e se alimentavam, aproveitavam também para que suas necessidades fisiológicas fossem aliviadas. Comunicavam-se com as outras pessoas dentro do transporte e aguardavam ansiosos por chegarem logo ao destino.

Foram recebidos na rodoviária por uma mulher que os aguardava e levados à sua residência que ficava um pouco afastada, e lá poucas pessoas os esperavam para a obrigação. Achavam que tudo seria feito de imediato, o pai de santo mandou que as pessoas se ocupassem de seus afazeres normais, já que nada seria executado ainda naquela noite – vieram da rua e seus corpos precisavam descansar. Um local para seu descanso foi arrumado e lá repousaram em um sono reparador que não se alcançava no leito de um ônibus.

Pela manhã acordaram cedo e foram preparar as coisas necessárias. Era uma casa comum, não um *Ilê Axé,* e por isso haviam peculiaridades a ser observadas. A casa térrea era ladeada de vegetação, um local bom para se fazerem certos preceitos que vieram para realizar. Durante o dia, as pessoas que estavam para ajudar acompanhavam o pai de santo e auxiliavam na compra de um ou outro elemento que estivesse faltando, enquanto outras mulheres cozinhavam os alimentos sagrados sob a dirigência do *ogan.*

Sendo *ogan,* não se sentia à vontade para cozinhar tendo outras mulheres iniciadas presentes, mas o faria com prazer e boa vontade se estivesse só no momento. As mulheres demonstravam certa dificuldade em fazer as comidas simples, existiam muitos segredos, pequenos detalhes que somente bons conhecedores da culinária do *Candomblé* conheciam; na confecção das comidas ensinava a elas para que fizessem da forma correta e sentiam muito prazer em aprender.

Durante a noite iníciou-se a obrigação. As comidas já estavam todas dispostas no local preparado, as pessoas que participariam já estavam com seus corpos purificados e devidamente trajadas. O pai de santo dava início ao momento solene e os outros acompanhavam suas rezas até certo ponto. Faziam apenas o que sabiam e em momento algum eram repreendidos ou se tentava forçar para que aprendessem. A humildade daqueles era reconhecida e admirada, faziam com amor.

A pessoa que recebia a obrigação já era mais aprofundada nos ritos e nada a surpreendia até o momento, eram poucas pessoas além dela mesma naquela sala: seu sacerdote, um *ogan* e mais duas mulheres. Em um instante de grande demonstração de confiança e fé, o sacerdote entregou nas mãos do *ogan* um dos elementos utilizados no ritual, pedindo que fizesse o que já sabia que deveria ser feito, e ele saiu da casa em direção à rua, era um momento que surpreendia a todos os presentes.

Caminhou alguns passos longe da porta e olhava para o céu. Muitas nuvens escondiam as estrelas e ele começava a rezar sussurrando com o objeto em mãos, ele pedia para que as estrelas se mostrassem. Suas palavras naquela língua ancestral aos poucos pareciam ser atendidas e ele vislumbrava, depois de um certo tempo, uma estrela que brilhava forte sobre sua cabeça. Olhou atentamente para ela e continuava suas preces. Um dos homens que aguardava os preceitos terminarem em outro cômodo caminhou para o lado de fora e o observava de longe, olhavam os dois atentamente para aquela estrela.

As preces eram fortes e pareciam não se acabar. Repentinamente o corpo celeste dava a intenção de se mover descendendo em linha reta e seu volume parecia aumentar ao passo que caía. Começavam a sentir-se assustados, porém a concentração não se perdia. As pernas queriam correr para que se distânciassem dali o mais rápido possível, mas não podia interromper o ato que realizava.

Brilhava cada vez mais forte e seu movimento não cessava, parecia acelerar. Um imenso círculo de energia brilhante estava acima do telhado da casa e de suas cabeças. Todo o ocorrido se passou em questão de segundos e, quando menos se esperou, ao término das rezas que entoava, o brilho partiu na diagonal em direção ao céu novamente, sumindo em meio às nuvens. Talvez a excitação e a concentração desprendida formasse uma ilusão diante de seus olhos, simplesmente não sabia o que pensar e nada foi comentado. Os dois se olharam abismados tentando entender se fora uma visão particular de cada um ou se o outro também a presenciava, mesmo assim palavras não foram ditas. Retornou para o cômodo, entregando o objeto nas mãos do sacerdote que deu sequência aos ritos.

Na hora dos cânticos, não havia muito espaço para que dançassem ao som das palmas e do agogô que o homem tocava, mesmo assim se revezavam e não deixavam que nenhum elemento faltasse. Findado todo o ato que vieram de longe para realizar, quem ficou incumbido de alguma tarefa se prontificou a realizar sem questionamentos e os outros tomaram rumo a seu descanso. Pela manhã, sentiu a necessidade de comentar o ocorrido da noite passada com seu zelador e o mesmo, após todo o relato, só dizia que não tinham como saber previamente como as energias com as quais lidavam se manifestariam.

Passaram mais alguns dias naquele lugar, enquanto todos os dias de resguardo necessários pelo rito eram cumpridos rigorosamente. E as outras pessoas, mesmo que pudessem ter sabido sobre a manifestação divina que ocorreu naquela noite, não comentavam e permaneciam caladas sobre o assunto. Retornavam da mesma forma, mais horas de viagem em um ônibus no qual as poltronas, por mais que tentassem ser confortáveis, não permitiam que descansassem efetivamente. Retomaram suas vidas e os dias continuavam passando.

Ao chegar no terreiro pela manhã, sentiu um clima feliz na casa. Havia várias pessoas andando por todos os lados empenhadas em muitos afazeres e estava meio deslocado sem poder entender o que se passava, até que uma de suas irmãs o fez recordar que estavam no dia da entrega do presente de *Iemanjá*. A festa já havia ocorrido algum tempo antes e, pelo fato de não ter participado, esqueceu-se completamente do presente que seria entregue ao mar para essa divindade. Estava lá, então era melhor procurar algo para fazer em vez de permanecer apenas olhando os outros trabalharem. Já estava praticamente tudo pronto e caberia a ele liderar os tocadores pela procissão até a praia onde embarcariam no saveiro para a entrega do presente. Seu mestre já não acompanharia, pois o pesar dos anos fez com que deixasse muitas das coisas nas mãos daqueles que lhe eram de confiança. As mulheres todas já estavam vestidas a caráter, assim como os homens e as crianças – todos vestiam branco.

Os *ogans* carregavam os *atabaques* amarrados com o *ojá*[138] atravessado ao peito, facilitando para que pudessem tocar enquanto andavam

---

138. Do original em *Yorùbá*, *Ọ̀já*. Um pano retangular longo, que inclusive é utilizado também para se fazer o *Gèlè* nas mulheres.

e iniciavam o toque ali diante da entrada da casa de *Iemanjá*. Começaram logo após o sinal do dirigente, que se deu após o término das rezas, e o som das batidas era misturado aos cânticos e às louvações dos presentes. Quando menos se esperava, os *Orixás* começavam a tomar seus iniciados. A *Ogum* foi dada a incumbência de carregar o pesado balaio adornado de flores e outros elementos contidos no recipiente em sua cabeça. Os vários adeptos da religião saíam do terreiro em procissão, em clima de festa eram observados por muitos durante o trajeto e esses engordavam o cortejo participando e cantando com fé e amor.

As ruas estavam lotadas pelos transeuntes que paravam para admirar aquele sinal de fé, assim como muitos de outras religiões que nada faziam, apenas olhavam com respeito e admiração o empenho daqueles que caminhavam de pés no chão com as roupas mais simples. Os policiais que passavam por perto se colocaram prontamente a escoltar a multidão, zelando pelos flancos para que nenhum veículo conduzido por algum motorista desatento cometesse um acidente e mesmo alguma pessoa avessa à manifestação pudesse atentar contra a integridade do povo de santo.

Os *Orixás* que possuíam enredo com a senhora dos mares revesavam-se carregando seu balaio e compartilhando da energia dispersa por todos. As mulheres carregavam os jarros com flores e água de cheiro, assim como outras oferendas particulares que seriam entregues também por elas. A caminhada era longa e cansativa, porém as pessoas não desanimavam e a exaltação dos cânticos fazia com que não pensassem em quantos passos as levariam até as embarcações.

O marinheiro já era velho conhecido deles, todos os anos carregava em sua barca aquele presente, e as pessoas o acompanhariam até alto-mar, onde depositariam sua fé nas águas em homenagem à divindade que era louvada. Embarcaram os músicos, o sacerdote, quatro *ogans* mais jovens e o *Orixá Ogum*, o filho mais velho que entregaria às águas toda a representação de amor que os devotos colocaram naqueles objetos.

O saveiro partiu cheio com o balaio e os vasos de flores que tomavam todo o espaço. As pessoas continuavam cantando ao som de palmas na areia enquanto observavam extasiadas o distanciamento da embarcação. Podiam observá-los já bem longe, quase que em mar aberto, e aguardavam atenciosamente sua volta, sabiam que o presente só seria aceito se submergisse nas águas, se permanecesse boiando era sinal de que alguma coisa desagradava ao santo e então deveriam descobrir a falha e consertá-la.

O sacerdote iníciou suas preces em meio ao silêncio dos instrumentos, que era respondida por todos que ali estavam. O balaio foi colocado pelas mãos do *Orixá* na água com a ajuda dos *ogans* e eles permaneciam apreensivos para saber se seria aceito. Observando todo aquele sinal de fé, o rapaz, ainda amargurado pelo seu amor proibido, dirigiu suas preces mais sinceras e dizia para seu interior que, antes de amar aos homens, seu coração pertencia aos *Orixás*; pediu que junto com o presente a senhora das água levasse para o fundo do oceano todo o sofrimento pelo qual pudessem passar.

Relaxaram-se as mãos e o objeto permaneceu flutuando por alguns tempo, até que a marola o balançou e ele desceu calmamente, como que em linha vertical reta. Gritos de saudação partiam de todos e o sacerdote espalhava o perfume sobre eles e também sobre o mar. Os vasos eram esvaziados e seu conteúdo perseguiu o balaio afundando, as peças de cerâmica não foram entregues para que não poluíssem os oceanos, e os toques, os cânticos em louvor reiniciaram.

O marinheiro fez a volta e, quando estavam não muito longe da praia, os músicos se olharam e o sorriso foi evidente. Junto com os irmãos de sua época, eles largam os *atabaques* nas mãos dos *ogans* mais jovens e mergulham no mar. Refrescaram-se e brincavam uns com os outros vendo a embarcação chegar à praia e nadaram em seguida em sua direção. Os mais velhos desaprovavam a atitude dos que haviam se banhado nas águas do mar, mas relevavam tendo como atitude de crianças.

Na areia, a festa foi ainda maior em razão de as oferendas terem sido aceitas. A multidão dançava e se cumprimentava, as pessoas pediam a bênção uns dos outros e retornavam na mesma procissão até o terreiro. No caminho, vários estavam emocionados com o ocorrido e partilhavam daquela felicidade com os expectadores, que de fora admiravam o ato sagrado.

Ao chegarem ao terreiro, os presentes foram convidados a habitar o barracão e os *ogans* trocaram-se rapidamente e tomaram seus lugares nos *atabaques*. Iniciou-se um *candomblé* e vários outros santos que ainda não estavam manifestados chegaram e fizeram parte de toda a festa. A movimentação pelas ruas da cidade havia atraído muitos olhares curiosos, trazendo muitas pessoas, inclusive turistas que passaram a fazer parte da festa. O pai de santo pedia para algumas das mulheres que permaneciam acordadas que tomassem direção à cozinha para poder preparar alguma comida que fosse distribuída aos visitantes.

Os *Orixás* dançavam lindamente no barracão e os cânticos eram respondidos pela grande quantidade de pessoas iniciadas que participava, os leigos assistiam a tudo atentamente e com certeza aquele dia adicionaram uma grande bagagem cultural. Por horas o som dos *atabaques* incessantes continuava sem dar nenhum intervalo e, ao final, a rainha homenageada tomava seu lugar no barracão e dançava conduzida pelos hábeis músicos. Entrou pela porta lateral do salão e calmamente, andando ao som dos tambores, reverenciou todos os pontos importantes em que havia *Axé* depositado, por fim o sacerdote e os *atabaques,* antes de iniciar sua dança.

Olhava emocionado enquanto o santo ocupava o barracão estando presente entre seus devotos, a lembrança de seu amor proibido lhe vinha à mente, assim como se recordava de suas obrigações para com o *Orixá* ao qual foi confirmado um dia. Cantou com o coração aberto e cheio de emoções, havia muito sentimento espalhado no ar e as pessoas podiam perceber como ele se sentia enquanto cantava o *Jiká* em louvação. Aquele toque tão forte e compassado ecoava por todos os cantos do terreiro e a voz dele se enchia de amor enquanto via os passos mais simples e bonitos daquele corpo adornado apenas pelas roupas brancas e o laço branco em sua cabeça. A feição que demonstrava era de uma mãe que sabia do sofrimento do filho, mas nada podia fazer a não ser consolá-lo. Ela o reverenciou e, logo depois, o abraçou forte acarinhando sua cabeça. Tocava com as duas mãos espalmadas, uma sobre a outra, o próprio peito e depois acariciava a cabeça dos tocadores. Uma a uma, puxava-as docilmente com as mãos e tocava sua fronte com a deles.

Os participantes eram todos saudados pelo *Orixá*, que parecia agradecer sua presença do fundo do coração. Ao fim, as pessoas foram servidas e puderam compartilhar do alimento que foi preparado. Aos poucos iam deixando a casa felizes com todo o carinho que haviam recebido. A gratidão pelo gesto não era somente vinda das divindades, mas também das pessoas que lá estavam.

Os *ogans* havia tempos não brincavam depois de uma festividade e resolveram iniciar os toques de *Angola*, quando louvaram o *N'kise*[139] correspondente a *Iemanjá* primeiro e de sua saída, quando não havia mais nenhum santo no salão, puxaram um cordão de cantigas que não tinha mais fim, as mulheres dançavam alegremente e o pai de santo a tudo olhava feliz por ver a alegria contagiante das pessoas. A festa não parou por aí. Um grupo de pessoas que tinha mais afinidade se juntou e caminharam para o bar próximo à entrada do terreiro e lá eles cantavam batucando nas mesas e o tilintar do cabo dos garfos nos copos e garrafas de cerveja levava as pessoas a cantarem o *afoxé* e o samba de

---

139. Correspondente a *Òrìṣà*. Como são chamadas as divindades no culto de origem *Angola*.

roda, e os presentes brincaram até tarde da noite e depois partiram para o descanso merecido.

No caminho para casa, encontrou com outros amigos que tentaram desviá-lo da rota sem êxito; queria repousar seu corpo na cama para que pudesse estar em plena forma no domingo que se iniciaria pela manhã. Nem mesmo a tentação das belas mulheres que os acompanhavam podia fazê-lo mudar de ideia. Chegando em casa, o rádio antigo tocava uma canção de amor que ele ouvia desatento enquanto preparava a cama. O banho frio naquela noite quente somente o refrescaria, e lembrava dos outros anos que também teve a oportunidade de fazer parte do cortejo que entregava o presente nas águas.

Durante aquela noite sonhou com uma negra que acabava de se tornar mãe de santo, podia vê-la cuidando de seus filhos biológicos, tanto como os filhos de santo, e não conseguia identificar seu rosto, mas imaginava ser uma mulher muito linda. Via uma casa com um jardim repleto de flores e uma árvore ancestral. As pessoas à sua volta demonstravam os mais importantes sinais de respeito e se via, logo depois, em uma grande festa de *candomblé*, onde muitos de seus amigos estavam presentes. Ao fim da festa as divindades cumprimentavam os dois, assim como muitos dos iniciados presentes. A mulher parecia casada com um homem forte e bem alinhado, as pessoas lhe demonstravam muito respeito e as crianças pareciam amá-lo. Quando teve a oportunidade de chegar perto dela e desvendar o mistério acerca de quem realmente era, acordou.

A manhã ainda não havia chegado e o sonho o deixava curioso, passou a pensar sobre a mulher que teve em mãos um dia, que amava e não possuía. Sabia que, assim como ele, deveria ter continuado sua vida e encontrado um novo amor, talvez o tivesse esquecido e formado uma nova família feliz. Com toda a sinceridade do mundo ele derramou poucas lágrimas enquanto desejava que ela tivesse encontrado uma felicidade plena, pois a dele ainda era incompleta.

Desejava que ela fosse mãe de lindos filhos e tivesse um bom marido que a respeitasse como a grande mulher que deveria ter se tornado. Sempre soube que era seu destino tornar-se mãe de santo um dia e esperava do fundo do coração que tivesse tido a oportunidade de aprender tudo que fosse necessário para ser uma pessoa que correspondesse a toda a aflição e necessidade de quem a procurasse. Pensava que ele mesmo teve oportunidades de ser um marido e pai respeitável – e assim tentou fazer enquanto pôde: suas crianças cresciam e, na medida que podia, acompanhava-as sem deixar que nada lhes faltasse, sempre que havia a possibilidade estava por perto acompanhando o desenvolver de seus filhos, mesmo que as mães de alguns deles tivesse encontrado novo par. Esforçava-se para que os outros homens os tratassem como filhos, mesmo sabendo que eram de outro homem e que eles ainda assim o tratassem como pai, ainda que soubessem que o companheiro de suas mães eram outros.

O relacionamento não era tão difícil, havia respeito de todas as partes e talvez fosse o elo que os mantinha unidos. Para ele seriam eternas crianças, mesmo que já não fossem mais tão novos assim e, quando podia, tentava entretê-los e passar um pouco de suas experiências e talvez fosse uma tentativa de que não incorressem nos mesmos erros cometidos por ele, talvez fosse apenas um gesto de compaixão consigo mesmo pela falta que fazia como um pai às vezes ausente. Havia aprendido muito tempo atrás a lição do perdão e, mesmo assim, em alguns momentos sentia um certo remorso por algumas de suas atitudes. Foi difícil retomar o sono depois de tantas coisas passando em sua cabeça, mas pôde ainda descansar e continuar sua rotina no outro dia.

Procurava tratar a todos da melhor forma possível e seu jeito doce e educado sempre lhe abria muitas portas. Os convites para visitar novos países ainda eram constantes e, depois da última experiência, procurava sempre recusá-los cordialmente. Continuava mantendo intercâmbio com quem tivesse o interesse pela percussão e muitos dos músicos de sua terra adicionavam conhecimento vindo da convivência e de seus ensinamentos. Não se desfocava mais, havia aprendido como diferenciar tudo e não se influenciava mais por outras culturas ou mesmo técnicas, seu toque no *candomblé* era apenas o tradicional que aprendeu ao longo dos anos, misturado aos seus virtuosos floreios sem sair do contexto religioso.

Era inspiração de muitas novas safras que o sucederam e muitos dos mais jovens também o procuravam para ter um pouco de sua experiência. Como sempre, seus ensinamentos eram fracionados, dando-lhes um norte para que pudessem usar sua criatividade. O interesse popular pela cultura afro-brasileira aumentava ao longo dos anos e participava de algumas apresentações e até mesmo fóruns de discussões com pessoas mais catedráticas do mundo musical, sempre lhes dava uma lição de tradicionalismo e humildade. Havia muito que não deixava sua terra natal, as viagens que fazia eram próximas e breves, apenas para auxiliar em ritos do povo de sua casa.

A notoriedade adquirida em muitas roças era grande. Não se fazia um rito fúnebre de iniciado no *Candomblé* em sua cidade sem que sua presença fosse requerida. Praticamente de todas as festas que se faziam chegavam convites, e de acordo com a disponibilidade ele participava. Os mais antigos com quem sempre aprendeu já estavam muito restritos e deixavam grande parte dos festejos e ritos em suas mãos e na de seus irmãos e amigos que os acompanhavam.

A quantidade de *ogans* confirmados havia aumentado bastante, assim como a qualidade caía. Em seu tempo de mais novo era obrigado a aprender a desempenhar as funções mais diversificadas para que pudesse suprir qualquer necessidade aparente. Os mais jovens não se interessavam tanto como os antigos e acabavam se especializando, de fato, apenas nos postos que recebiam ou em outras funções que julgavam mais importantes e acabavam por nem entender o significado de seus cargos. Não era difícil de ver um *ogan* que recebesse a obrigação de cantar e tocar não saber segurar um frango, quiçá sacrificá-lo corretamente aos *Orixás*. Talvez esse que deveria se tornar especialista nos instrumentos nem mesmo soubesse que a divindade dentro do *atabaque* também recebia ato litúrgico. Outros que receberiam outras funções talvez jamais tivessem o interesse em tocar e cantar. Muitas coisas estavam se perdendo com o tempo e a preocupação de não encontrar uma pessoa que se fizesse merecedor de todo o seu conhecimento era grande. Olhava para os de casa perseverante, mesmo assim não sentia aquela paixão que os de seu tempo e os mais antigos ainda possuíam.

A briga pelo saber estava começando. Pessoas inventavam fundamentos ou mesmo se utilizavam de fundamentos diversos de várias casas. Ouvia-se a respeito de *ogans* e *equedes* que queriam ser mais do que seus pais e mães de santo, isso quando eles mesmos não faziam as funções deles. Assim como haviam pais e mães de santo que queriam ser mais do que o próprio *Orixá*. Algumas pessoas juntavam palavras dispersas e diziam que era um cântico antigo que nem os antigos sabiam, mas essas pessoas cantavam longe dos olhos e ouvidos dos mais velhos. A soberba e a vaidade pessoal começavam a ser mais aparentes, mesmo que em poucos casos, mas que eram o suficiente para decepcionar os mais compromissados com a tradição.

Capítulo XXII

A Magia dos Ancestrais

A notícia da morte do velho *Alabá* o pegou de surpresa. Seu coração se despedaçava ao saber que uma pessoa que tanto bem lhe havia feito, que tantas coisas o havia ensinado, não mais estaria presente a todo instante em que sentisse a vontade de matar a saudade. Apressou-se em voltar para a ilha e no caminho sentia-se mal por não ter feito mais pelo culto dos ancestrais, por não ter estado junto em mais ritos e momentos em que desfrutasse da sabedoria antiga. Todos os *Ojés* estavam entristecidos assim como os outros presentes, e se puseram a iniciar os ritos de passagem do ancião.

Durante o início do *Axexê*, a tristeza se via no ar e as energias eram tão intensas que se podia ouvir lamentações vindas de fora do barracão. A cerimônia foi muito bonita e presidida pelo *Alapiní*,[140] um homem que havia presenciado muito dos mesmos tempos antigos daquele que se foi. Os *eguns* que deveriam, estavam presentes para deixar suas homenagens. No dia em que os *Ojés* invocaram sua presença, todo o sobrenatural mostrou que era bem vivo e participativo, o vento batia forte e as telhas tremulavam nas casas. Dava para ouvir o grito grave que surgia do *Lesên*[141] e até os *Aparakás*,[142] que se materializavam em um pano grande aberto e que caminhavam entre as pessoas, eles mesmos não chegavam perto da entrada do barracão.

O pano que foi colocado diante dos olhos dos presentes se ergueu do chão magicamente contendo a energia da vida do falecido e caminhava perto deles, que eram protegidos pelos *Ojés* e *amuixans* para

---

140. Membro do culto *Egúngún*. Ver glossário.
141. A casa do segredo, onde provavelmente estejam as representações físicas dos assentamentos dos *Egúns*, isto é, se tais assentamentos existem, é um segredo guardado a sete chaves pelos iniciados no culto. Quem não é iniciado só pode apenas imaginar o que se passa dentro desse local restrito.
142. Um espírito ainda em desenvolvimento, que depois de determinada época recebe, ou não, novas obrigações em que ganha roupa, podendo se comunicar com os descendentes.

que não tocassem o pano, e a cena comovia a todos. A fé no sobrenatural era imensa e com toda a certeza os ancestrais poderiam sentir durante aqueles breves instantes.

Todo o rito foi realizado pelo tempo que foi necessário e, depois dos dias reservados para tal ato, os irmãos *Ojés* se juntaram à beira da praia e comiam os frutos do mar preparados para eles, enquanto tomavam cerveja e conhaque. Relembravam os bons tempos que tiveram na presença daquele senhor e muitas histórias eram contadas. Eles se emocionavam e acreditavam piamente na máxima de que o iniciado no mistério não morria, faziam tudo aquilo em ritmo de festa comemorando a partida de seu mais velho para a casa do mistério, onde todos se encontrariam um dia.

Em muitos momentos eles se comunicavam em sua língua litúrgica fazendo com que os mais novos, que ficavam perto deles em outras mesas, se perdessem nas conversas. Toda a comunidade dos terreiros de *Candomblé* sentia pela perda do homem que liderava aquele culto tão admirado e também temido erroneamente. Durante várias semanas que se seguiram após o rito fúnebre na ilha, os pais e mães de santo faziam suas homenagens públicas para que muitos pudessem prestigiar aquele senhor.

Já de volta à sua casa, sempre que necessário era requisitado a comparecer nas demonstrações de carinho e afeto pelo velho que iniciava outro ciclo de vida no mundo espiritual. Comparecia respeitosamente junto de alguns de seus irmãos daquele culto e se emocionavam com as boas palavras que eram ditas. Sentiam que, onde estivesse, se orgulharia de ter sido tão benquisto por muitos.

Pôde comparecer a quase todas as obrigações de tempo necessárias e, meses depois da súbita partida daquele homem, já retomava sua vida aos eixos. Em certa época, acabou por aceitar um convite para participar de um fórum de discussões a respeito da cultura afro-brasileira em outro estado, junto com outros representantes de nações e terreiros. Dessa vez partiu antes e viajou de ônibus, deixando o grande pássaro de metal de lado. A viagem durou mais de um dia e foi cansativa, todos os custos saíram dos bolsos dos participantes, mas, como havia sido convencido pela ideia de que seria bom para divulgar sua religião, assim como desmistificar muito da imagem distorcida que as pessoas faziam do *Candomblé*, aceitou e se juntou a músicos que faziam muito gosto de acompanhá-lo, trocavam várias ideias durante o caminho.

Lá chegando, foram recepcionados por uma de suas irmãs de santo que havia partido muito tempo atrás. Ela lhes deu abrigo em sua casa humilde durante o tempo que precisaram e de lá eles partiam para o evento durante os dias em que aconteceria. Fora realizado em um terreiro de *Candomblé* de um pai de santo ainda jovem, a casa possuía algum luxo e muita gente compareceu. O dono da roça tinha bastante influência no meio político, assim como com a imprensa, que cobriu todo o evento.

Durante dias várias pessoas com nível educacional elevado discorriam sobre ancestralidade e liturgia, davam verdadeiras palestras sobre a vinda dos negros para o Brasil e seus costumes, o início da religião e o passar dos tempos, as pessoas de destaque, algumas já falecidas e outras que estavam presentes com as comunidades que foram bem representadas. Era algo que podia contribuir muito para a desmistificação de ideias que alguns mal-intencionados disseminavam sobre o *Candomblé*, assuntos como racismo e preconceito eram abordados também, ele a tudo apenas observava atentamente. Na abertura e no final de cada dia do evento, ele tocava com outros *ogans* e a dificuldade de tocar com aqueles que eram de outras terras era grande no começo; tocavam de maneira diferente e, para não demonstrar nenhum ar de superioridade ou arrogância, tentava se adaptar aos demais.

Ouvia tudo e refletia nas noites antes de dormir. Muitas das coisas que eram ditas pareciam o fruto de estudos acadêmicos vindos de livros aos seus ouvidos e não de depoimentos dos mais velhos como ele havia aprendido. Em grande parte as apresentações que faziam não tinham tanto a ver com as histórias que cresceu escutando, parecia que estavam mais preocupados em se afirmar contando algo bonito aos olhos dos brancos, que estudavam tanto sobre os negros, e não se preocupavam se os negros ficariam felizes em ver suas histórias adaptadas para os brancos.

Começava a ouvir nomes de *Orixás* e cultos que nunca lhe haviam chegado antes e o espaço do que aprendeu a cultuar desde muito novo era reduzido, os pais e mães de santo que falavam se preocupavam em demonstrar grande conhecimento de tradições africanas e esqueciam do tesouro que tinha sido trazido para o Brasil. Prestava atenção todos aqueles dias nas palavras dos grandes sabedores e, quando eles se aventuravam a cantar algo, cantavam com fé, mas muitos dos cânticos tinham palavras modificadas, assim como os ritmos que também não eram mais os mesmos que ele tanto havia estudado.

Os toques tinham outros nomes e eram executados de uma forma que o deixava confuso, sempre que alguém o convidava a tomar a palavra e dar seu depoimento, deixava passar, calando-se diante daqueles tão mais novos que ele, de iniciado, ou mesmo dos que pareciam possuir quase a mesma idade cronológica ou de santo. No último dia, outros conhecidos com quem já havia tocado anteriormente e passado um pouco de seu conhecimento estavam presentes e no término do evento lhe foi solicitado que tocasse. Pediu licença aos homens que tocavam e colocou nos *atabaques* aqueles que já o haviam acompanhado em alguns *candomblés* em sua terra.

Muitas pessoas estavam vestidas em seus panos africanos coloridos e brilhantes adornadas de grandiosos fios de conta e joias diversas em suas mãos, pulsos e pescoços. Olhavam em tom de indiferença e, quando iniciou o canto com sua voz maravilhosa e compassada, já começavam a ver com outros olhares. Deslumbravam-se com sua maneira tradicional e não entendiam direito o que estava cantando, parecia-se muito com algo que já havia sido entoado todos os dias anteriores pelos palestrantes e, mesmo assim, com palavras que somente alguns que estavam lá sabiam acompanhar, ele executava o que havia aprendido através da oralidade.

O evento tomou ritmo de festa e até mesmo alguns *Orixás* das pessoas chegaram para abrilhantar todo o cerimonial – o que foi visto com repúdio por alguns que acreditavam que não deveriam haver manifestações durante aquele ato –, mas outros acreditavam com o coração que *Orixá* era como um vento e o vento não se pegava, ele passava por onde tivesse vontade. Ao final, como de costume em todos os dias anteriores, um banquete foi servido e aquelas pessoas todas emperiquitadas vinham falar com ele elogiando-o e pedindo para que fizesse seus *candomblés*; quando recebiam a negativa, apelavam para o financeiro e sempre ouviam a resposta de que o que fosse feito para *Orixá* deveria ser feito com o coração, e não pelo dinheiro. Os *Orixás* haviam lhe dado saúde para trabalhar e um ofício, não seria justo para com aqueles que o ensinaram que trocasse seu saber por coisas materiais.

Durante um ou dois meses ele ainda permaneceu naquela terra a pedido da irmã que o abrigava e realizou algumas festas a pedido dela, inclusive na casa onde estava hospedado. Os adeptos do *Candomblé* recebiam a notícia de que estaria à frente de algum festejo e bastava para que enchessem os locais com sua presença.

Era difícil para ele, com toda a sua criação e costumes, ter de aceitar a presença de homens vestidos como mulheres e mulheres vestidas como os homens. No início se recusava a tocar e cantar quando via que homens participariam da roda do *Xirê*, assim como quando visualizava homens utilizando-se de *torso* e *banté*, sempre aprendeu que faziam parte do vestuário particular feminino e, somente depois de muita conversa e explicações, a consideração por sua irmã de santo e por algumas outras poucas pessoas o faziam se desarmar e fazer vistas grossas ao que ocorria.

Sempre soube que existiam homossexuais no culto, tanto homens como mulheres, porém era de um tempo onde essas pessoas se assumiam das portas para fora do terreiro e lá dentro se portavam da maneira como haviam nascido. Em sua terra natal, há algum tempo esses costumes começavam a se enraizar, mas existia o respeito pelos mais velhos e, onde eles estivessem, não era aceito esse comportamento.

Tudo no território em que estava era diferente. As pessoas se vestiam de maneira diferente, cantavam diferente, tocavam e dançavam diferente. Até os *Orixás* eram vestidos, a princípio da mesma maneira, porém, colocavam-lhes adornos dos mais variados tipos, muito brilhantes e de tamanhos diversos, abusavam do colorido e isso quando não inventavam algum outro adorno que diziam fazer parte da história daquele santo. Passava a tolerar muitas coisas e a única coisa que não deixava de exigir era que a roda do *Xirê* fosse composta apenas por mulheres, sendo que a presença do homem só era aceita se fosse o *Babalorixá* da casa. Se o contrariassem, simplesmente não cantava nem subia aos *atabaques*.

Comentava em particular com sua irmã sobre os costumes daquele povo que era da mesma religião, porém usava uma linguagem diversa da deles. Magoava-o ver aquelas lindas mulheres vestidas com um luxo tremendo e dançando para louvar os *Orixás* com os pés calçados de seus belos sapatos de salto alto. As *equedes* ele podia entender, pois não tinham a obrigatoriedade de estarem descalças a não ser no momento em que seu santo fosse louvado, ou o *Orixá* de seu sacerdote. Já os *Omo Orixás*[143] rodantes, esses deveriam permanecer fazendo a ligação do *Orún* com o *Ayê*, com seus pés e cabeças descobertas.

Com o tempo passava não a aceitar, mas a respeitar toda a diversidade, porém não sentia prazer nenhum em comparecer a mais festas naquela cidade. A fé das pessoas, mesmo que estando erradas aos seus olhos, era grande e bem-vista, mas ele se incomodava com o fato de querer lhes mostrar o correto e continuarem a fazer as coisas como lhes convinha. Aos descendentes de outras casas matrizes podia permanecer calado, pois achavam que estavam seguindo os princípios de sua origem.

Costumava dizer à sua irmã que o ignorante deve sempre ser perdoado, pois ele não sabe e não teve acesso ao que era correto, mas o burro, este era o pior de se lidar, pois recebia o conhecimento mas preferia continuar fazendo tudo errado. Antes de partir teve a oportunidade

---

143. Do original em *Yorùbá*, *Ọmọ Òrìṣà*. Tem o significado de "filho de santo".

de estar presente na festividade alusiva ao *Orixá* da irmã que o acolheu, e durante os dias necessários à obrigação ele permaneceu lá. Os *ogans* da casa dela se sentiam prestigiados por ter a presença de alguém de sua raiz e com ele aprendiam um pouco mais sobre a postura que deveriam ter, tiveram acesso ao conhecimento de um ou outro cântico que adicionasse ao seu repertório e algumas passagens de toques.

Durante o ato sagrado, demonstraram o respeito que tinham entregando-lhe a faca para que pudesse oferecer os animais à divindade. De início não queria se desfazer dos homens que a acompanhavam durante o ano todo e o tempo que não podia estar presente, então humildemente recusou o papel principal que lhe foi dado, mas, diante de todo o enredo que se formava, percebeu a satisfação das pessoas presentes em vê-lo presidir tal ato. Tomou a frente e cumpriu com toda a ritualística necessária naquele momento.

Durante a festa, ele se encantava com várias mulheres que vinham de outras casas e participavam. Muitas tentavam arrumar um meio de se relacionar mais intimamente com o *ogan* que vinha de longe, algumas com interesse visível em seu conhecimento ou o *status* que havia recebido em meio à comunidade, outras se atraíam mesmo por seus atributos físicos. Não era mais tão jovem e menos ainda se encontrava em idade avançada, estava talvez no auge de sua forma física e a beleza que os anos não lhe tiraram fazia com que muitas mulheres se interessassem realmente por ele. Algumas lhe demonstravam as intenções abertamente, enquanto outras deixavam a ideia pairando no ar. A uma delas que o cativou com seus olhos claros e os cabelos louros, muito bem vestida e apessoada, entregou todo o seu interesse. Era apenas cliente da casa e talvez por isso lhe chamasse tanto a atenção. Com ela, pôde marcar um encontro depois do tempo do preceito que ali tinha realizado. Ela veio buscá-lo um carro que era considerado a sensação da época. Estava muito bem vestida com suas roupas de grife, assim como ele, vestido com seu melhor traje, simples, porém de muito bom gosto.

Passou um longo fim de semana com a mulher, que o levou para conhecer muitos lugares e, durante os momentos mais particulares, lhe mostrava todos os seus dotes sensuais. Entregava-se à luxúria daquela mulher que o tratava como um rei e esgotava suas forças, atacando-o vorazmente sobre a cama, a mesa da cozinha ou qualquer outra dependência do apartamento onde estavam. Nem mesmo no elevador, que tanto custou a subir, deixava escapar a oportunidade; ele temia ser descoberto naquele local inóspito. Ao entrar, imaginava as parede se fechando e os cabos se rompendo, muita conversa era investida contra seus argumentos forçando-o subir, e não foram uma nem duas as vezes que ela utilizou-se de artimanhas para poder brecar a máquina durante a subida ou descida, e lá mesmo, antes que pudessem ser socorridos pelo zelador, se consumissem em um prazer que não poderia ser visto por nenhuma outra pessoa.

Já era hora de retornar para sua casa. A moça lhe deixava a promessa derradeira de que, sempre que fosse possível, viajaria e o encontraria em seu território e ao menos três vezes no ano ela se entregava às suas vontades e voava em direção àquela terra longínqua, onde se fazia a fêmea de uma fera voraz que a devorava todas as noites ou mesmo durante o dia. Em sua partida, comprometeu-se com a irmã de estar presente todos os anos nas festividades em homenagem ao seu santo. Se não houvesse recursos para que mandasse suas passagens, ele mesmo daria um jeito e viria. Assim embarcou no ônibus de volta à sua casa, deixando boas amizades e ótimas lembranças. Religiosamente ele cumpriu com o prometido e todo ano viajava para realizar os festejos na casa de sua irmã.

A vida provinciana dos cidadãos de sua cidade continuava, os jornais noticiavam os mesmos tipos de ocorrências do dia a dia, as mulheres saíam cedo carregando seus pertences em direção ao humilde trabalho e os homens se empenhavam em cumprir com suas tarefas, trazendo o dinheiro que seria para o sustento durante o mês. As crianças gastavam suas energias com a escola e as brincadeiras corriqueiras. Tudo era tão igual e aquela rotina familiar era adorada, e reparava como nunca que tudo aquilo se tornava tão essencial.

Sentia que a vida se passara toda em um breve instante e, desde aquele momento em que ainda era muito jovem, que brincava sob os olhos atentos dos adultos, já se havia passado tanto tempo que nem pôde perceber. Passava horas sozinho refletindo sentado em um banco de praça, de onde podia observar o mar, e as ondas que banhavam a areia traziam boas lembranças junto a elas, deixando-o com esperança de que retornassem levando para as profundezas todas as suas amarguras.

Não se separava do fino fio de contas que havia ganhado em sua confirmação, aquele fio recebeu o búzio que certa vez o mar lhe trouxe e acreditava que o protegeria de todos os males que viessem a recair sobre ele. Manuseava-o ainda em seu pescoço enquanto refletia.

Hora ou outra lembrava-se novamente de ter se apaixonado com tamanha intensidade que era como se uma imensa ferida estivesse cicatrizada em seu peito, imaginava se o mar pudesse, com a força de suas águas, moldar seu coração como moldava as areias, de maneira que não lhe causasse mais a dor da lembrança.

Ao chegar em casa uma triste notícia o abalou, o filho com quem tinha mais contato havia se envolvido com pessoas de idoneidade duvidosa. Foi surpreendido subtraindo objetos de uma grande loja e, de todos os que o acompanhavam, apenas o jovem havia sido apanhado. Partiu para a delegacia na qual o menino estava detido e a vergonha tomou conta dele, deixando-o ensandecido ao ouvir as palavras do comandante. O rebento havia entrado em uma verdadeira barca furada ao ser influenciado pelos falsos amigos que lhe prometiam tantas coisas, que lhe implantavam na mente falsas ideias de que a impunidade seria aliada dos que cometiam aquele tipo de ato desonroso.

Ao verem a inocência do adolescente e receberem de volta os objetos roubados, as queixas foram retiradas, mas a decepção estava instalada no coração de um pai que começava a se punir por não ter dado maior atenção à sua prole, por não ter educado mais. O desgosto por seus filhos não conhecerem a cultura que tanto havia aprendido podia ser lido em seu semblante. Procurava, a partir daquele momento, passar mais tempo com suas eternas crianças e sempre que podia as entregava aos ensinamentos dos velhos do terreiro. A tentação era constante na vida daqueles que o rodeavam e parecia que tudo que era feito acontecia com o intuito de magoá-lo.

Uma das senhoras de sua sociedade percebeu que algo de muito errado estava acontecendo e diante da situação o aconselhou a consultar o oráculo. A surpresa foi grande ao descobrir que uma antiga amante amargurada pela vontade de possuir algo que jamais lhe seria entregue – o amor de um homem que escolheu para si uma vida mais individual – havia trabalhado ferrenhamente para o obter e, da não consumação de suas vontades, acabou por atrapalhar a vida do rapaz. Os feitiços e todos os pedidos que fez para as divindades, para que pudesse estar junto à pessoa desejada, estavam atrapalhando e destruindo aos poucos a vida dele e tudo refletia nas pessoas de quem mais gostava, que acabavam por decepcioná-lo.

Todo o seu conhecimento foi usado para desfazer o mal que havia sido feito, a ajuda de seus mais velhos foi de grande valia e, depois de completar diversos atos – agrados para as divindades, limpeza de seu corpo e casa, dos filhos –, parecia que a vida retomava seus eixos. Deixava que a maré de vazante carregasse todas as coisas ruins para lugares onde não cantavam os galos nem as galinhas, lugares inimagináveis onde tudo de ruim que lhe fosse enviado se desintegrasse misteriosamente, dispersando as energias negativas.

As conversas com amigos eram prazerosas na porta do bar; sentados, bebiam a cerveja e apreciavam os belos corpos torneados das mulheres batalhadoras que caminhavam sob o sol escaldante carregando peso sobre suas cabeças. Muitas delas ainda levavam a trouxa pesada de roupa equilibrada em seu topo, enquanto as mãos levavam o material utilizado para que os panos ficassem alvos e uma ou outra segurava a mão dos filhos, que conduziam para que ficassem próximos de seus olhos enquanto labutavam na beira do rio e, depois da grande caminhada, os panos batiam forte nas pedras e a espuma fina se espalhava.

O sol quarava a roupa estendida e, no término do trabalho, um branco mais puro era conseguido com todo aquele esforço. Já eram tempos mais modernos e havia muitas facilidades para quem possuía uma situação financeira um pouco melhor, mas muitas das famílias ainda se utilizavam de vários métodos antigos em seu cotidiano. O futebol era um bom assunto a ser discutido entre um copo e outro. Muito se falava dos floreios e do molejo de um ou outro menino, as antigas jogadas ensaiadas eram relembradas a cada copo que se esvaía, refrescando os interlocutores e as brincadeiras, as chacotas e os risos fluíam naturalmente. Ao rumar para sua casa, pensava que toda aquela rotina já lhe estaria mostrando como estava envelhecendo e o tempo passando da mesma forma que a areia que se escorregava por entre os dedos.

Os anos lhe reservavam o direito de uma maior morosidade no trabalho, porém ainda com muita garra e responsabilidade. Já não tocava um *candomblé* do início ao fim, era justo que se ocupasse mais em cantar e deixar seus irmãos, que também possuíam grande sabedoria, demonstrarem seu amor e fé cantando e tocando. Os *candomblés* em outras casas eram visitados ainda com menos frequência e as pessoas sentiam sua falta. Suas farras com as mulheres já estavam se tornando mais reduzidas e preferia passar mais tempo com os amigos e os filhos, os irmãos de *Axé* também compartilhavam muito de sua presença.

Não abdicava das tardes tranquilas observando o mar e contemplando o anoitecer, adorando toda aquela manifestação da vida que se mostrava diante de seus olhos. Observava a brincadeira das crianças na praia e relembrava seus tempos de infância, imaginava como aqueles pequenos homens conduziriam suas vidas e como seria o futuro de sua cultura e religião. Às vezes olhava para o lado e pensava como seria mais prazeroso admirar as coisas simples da vida acompanhado de uma bela mulher que o amasse, e ele correspondesse a esse amor incondicionalmente.

Capítulo XXIII

Um Presente para a Árvore Sagrada

Certa noite, entre seus sonhos se via como na época áurea de sua juventude, rapaz bem-apessoado e atraente. Tocava seu *atabaque* no momento do *afoxé* e as pessoas dançavam e cantavam contagiando todos que estivessem presentes. A noite era linda como um lençol negro aveludado e as estrelas brilhavam forte como se estivessem vivas. O mar ao fundo, não tão distante, estava calmo e a felicidade expressa em seu sorriso era imensa e podia ser apreciada por todos que o olhavam.

Saindo do mar, uma mulher negra descalça com uma pequena trança de palhas-da-costa enrolada em seu tornozelo caminhava de encontro à multidão e a cada passo se viam suas pernas com a saia branca, de um pano fino que se espalhava pelo contorno de suas coxas e subia pela cintura como um vestido que a cobrisse até os seios colado ao corpo pela água, e os mamilos um pouco proeminentes tomavam forma pela transparência da vestimenta encharcada.

Parava de tocar enquanto a avistava e o som continuava a ser executado, mesmo que suas mãos não tocassem o couro. As pessoas não percebiam a figura que se aproximava e, à claridade, seu rosto não podia ser revelado, a face estava coberta pelos fios de miçangas aperoladas que desciam de uma tiara em seus cabelos negros. Aquele corpo lindo andava elegantemente em sua direção e, ao parar perto da multidão que se abria para sua passagem sem perceber o que estava acontecendo, um sorriso podia ser notado entre aqueles adornos que obstruíam a visão de quem a contemplasse.

Dava-lhe as costas e tornava a caminhar para o mar e, ao descer dos *atabaques* em direção à formosa mulher que despertara sua atenção, as pessoas se misturavam novamente e atrapalhavam seu andar, desvencilhava-se uma a uma enquanto podia vê-la retornar chegando já perto das águas. Corria desesperadamente tentando gritar para que o esperasse, porém as palavras estavam bloqueadas em sua boca e não conseguia fazer com que saíssem. O corpo estava coberto até a cintura pelas ondas calmas quando se voltou a ele fazendo-o parar. O luar refletia nas lágrimas que escorriam entre as miçangas e o deixavam perceber a angústia que era sentida. A mão direita foi levada lentamente ao peito esquerdo e, dando-lhe as costas novamente, mergulhava entre a espuma. Sumiu em direção ao horizonte.

A passos lentos tentava ir em sua direção e as ondas cobriram-lhe os pés. Olhava o próprio reflexo na água e enxergava sua verdadeira figura, o homem que havia se tornado. Ao tentar encontrar qualquer sinal de quem havia rumado ao mar, olhando em frente, via a grande onda que o tomava, fazendo com que acordasse encharcado em suor nos lençóis de sua cama.

O candeeiro aceso o revelava sentado na lateral da cama com as pernas entreabertas e as mãos levadas ao rosto. Lágrimas escorriam como se o entendimento que havia tido sobre as imagens que acabara de ver o entristecesse. Até um breve suspiro podia ser ouvido antes que o silêncio tomasse conta do lugar e seus olhos voltassem ao teto como na tentativa de enxergar o céu e as lágrimas fossem enxugadas pelas mãos calejadas de um músico apaixonado.

O galo anunciava o novo dia que começava com a luz do sol invadindo o quarto pelas arestas da janela. A claridade desvendava um corpo nu que se levantava entre os lençóis rumando à bacia de ágata, onde as mãos eram mergulhadas trazendo a água para lavar o rosto e levar as impurezas acumuladas durante o sono. Do chuveiro descia a água que refrescava o corpo que amanheceu suado e dele levava a sujeira junto com o sabão, purificando-o para que estivesse pronto para se ocupar durante o dia anunciado.

Ao se levantar sentiu uma imensa vontade de fazer algo de mais útil para sua casa de *Axé,* e para lá caminhou carregando algumas economias. Ainda cedo, poucas pessoas o viram chegar. Tomou para si um carretel com um cordão e com ele mediu cuidadosamente um grande espaço ao redor da árvore ancestral, demarcações foram feitas com pequenas estacas e logo visitou a loja de materiais de construção. À tarde, depois do almoço, o suor escorria de sua fronte enquanto media e serrava as madeiras que haviam sido encomendadas. Passou o dia todo desenhando e serrando sem ajuda de qualquer outra pessoa. Ao anoitecer, as madeiras todas foram empilhadas em um canto e cobertas para ser protegidas do tempo.

A noite trazia o samba de roda, que por ele já era pouco visitado; a alegria das pessoas em estarem perto de um homem que cantava e tocava de uma maneira que as alegrava ainda mais era percebida por todos. A festa não parava, os amores eram revistos, as comadres e os compadres o recebiam bem com seus sorrisos, beijos e abraços. As danças não cessavam e toda a brincadeira o relaxava.

Dormia intensamente o corpo fatigado pelo trabalho do dia e a farra noturna. Pela manhã iniciava novamente a labuta e agora os buracos eram cavados e neles as colunas de madeira enterradas. Alinhava e martelava sem ajuda e, no término do dia, o primeiro lado da cerca estava montado. Em cinco dias de trabalho incessante havia cercado toda a árvore com um grande espaço dentro da estrutura para que abrigasse todas as pessoas que ali entrassem, e no sexto dia as madeiras lixadas recebiam a cor branca que destacava o pé da grande árvore. Um portão havia sido fabricado com a madeira utilizada e dobradiças simples de metal foram colocadas. Toda aquela obra o deixava satisfeito.

Os membros da sociedade ficaram muito felizes em ver o que foi executado, havia recolhido diversas mudas de plantas utilizadas dentro do *Axé* e as colocado em toda a volta da cerca, esse era seu presente à árvore ancestral. Temia que o *Orixá* que nela morava pensasse que estava sendo preso entre aquelas grades, porém fazia aquilo tudo com amor e os outros sabiam que seria entendido, que a cerca serviria para protegê-la dos mal-intencionados de fora e, mesmo assim, o portão estaria sempre aberto para que tanto *Orixás* como pessoas tivessem acesso àquele local sagrado. A altura da cerca era baixa, da maneira que tudo que ali dentro estivesse fosse visto por quem passasse pelos arredores.

Em um raio de alguns metros do tronco da árvore ele ergueu uma fiada de tijolos em toda a sua volta, utilizando-se da própria terra como argamassa e dentro desse espaço nivelou a terra, onde colocou os velhos itens sagrados que compunham toda a representação daquele *Orixá, Iroko*.[144] E a areia fina era espalhada daquela fiada de tijolos até a cerca, circundando as mudas que estavam brotando, tornando a visão daquele espaço magnífica.

Dias depois do término de todo o trabalho, muitos filhos da casa estavam lá reunidos. O dia começava cedo com o som dos *atabaques* que executavam o louvor a cada *Orixá*. As pessoas acordavam de suas esteiras no barracão e não proferiam uma só palavra. Cada um caminhava em direção à fonte sagrada, onde faziam seus sinais de respeito e depois, com a água retirada de dentro, despachavam a porta e em seguida purificavam seus corpos e o interior de sua boca.

---

144. *Òrìṣà* do panteão *Yorùbá*. Ver glossário.

As grandes latas cheias eram carregadas na cabeça até seus destinos e se viam as gotas transbordarem até o chão. Da terceira viagem daqueles mais novos que recebiam santo em seu corpo, ao passarem pelo portão da árvore ancestral, dormiam o sono profundo do iniciado dando lugar ao divino que chegava para executar seus atos. Enquanto os preparados limpavam os assentamentos dos *Orixás*, outros se encarregavam de preparar os animais que seriam oferecidos. Alguns se encarregavam de cuidar das divindades que tomavam conta dos portões de todo o território e outros buscavam as folhas sagradas enquanto o horário permitisse que o encanto escondido nelas não se corrompesse.

O *Olobé*[145] preparava o veículo que possibilitaria o transporte da energia vital até o *Orixá*, encantava com destreza e sabedoria as lâminas para que não causassem nenhum sofrimento ou dor aos bichos. Os temperos que seriam utilizados no término do ritual eram colocados em seus frascos pelo próprio *ogan* responsável pelo ato sagrado, o *Axogum*.[146] Terminavam todos de desempenhar suas funções. Era hora de encher as quartinhas e os quartilhões com a água da fonte sagrada e tudo estaria pronto para se iniciar o sacrifício aos *Orixás*. As esteiras eram colocadas sobre a areia em volta da grande árvore e os *atabaques*, trazidos com seu banco para perto.

O pai de santo ajoelhou em frente ao local onde o animal seria oferecido e partiu o *obi*, que foi arremessado ao chão depois de longas preces em sua língua litúrgica. Após ouvirem a notícia sobre a boa aceitação do ato que seria realizado, todos respondiam com suas breves preces e movimentavam os braços agradecendo à divindade. O velho mestre vinha caminhando com dificuldade e iniciava o canto do *Sassain;* as pessoas dançavam com os animais de penas em suas mãos, e ele cantava uma música atrás da outra emendando sequências até parar e ceder a vez aos outros presentes, que cantavam de acordo com suas idades, sempre do mais velho para o mais novo – sendo primeiro os *ogans* e depois as *equedes*, para que na sequência viessem os feitos de santo.

Ao término, o velho tomava a palavra novamente e louvava os *Orixás* mais velhos, cantava para que as pessoas fizessem os sinais de respeito ao mamífero de quatro patas que seria imolado e todos sem exceção o faziam. Do próximo cântico, a figura dirigente do terreiro executava um ato em particular no animal, que era conduzido por um novo cântico a dar voltas junto com uma das iniciadas em torno da árvore, ao passo que na sequência a cantiga mudava novamente e o *Olobé* colocava ramos de

---
145. Posto dado a *Ọ̀gá* dentro do *Candomblé* brasileiro. Ver glossário.
146. Posto dado a *Ọ̀gá* dentro do *Candomblé* brasileiro. Ver glossário.

folhagens próprias para aquele ato na boca do animal. Enquanto o bicho mastigava as folhas, a boca foi amarrada com voltas e o arremate feito entre os chifres com a corda que estava em seu pescoço. Um novo cântico dava sinal para que os *ogans* que ali auxiliavam carregassem o animal de maneira litúrgica ao lugar onde seria oferecido.

Os iniciados deitavam-se nas esteiras prostrados com a cabeça baixa e olhando para o chão com os punhos cerrados um sobre o outro e a testa sobre eles, sem que pudessem visualizar o que ocorreria, e os mais velhos tomavam seus lugares sentados em seus banquinhos de onde participariam de todo o ato. Todas as divindades a quem seria feito sacrifício antes da árvore ancestral já haviam recebido anteriormente a energia dos animais que lhes foram destinados. O grande mestre, o mais velho iniciava outro cântico, o que dava início ao sacrifício. Os *atabaques* conduziam a música e o animal já em posição era imolado pelo *Axogum,* enquanto o sacerdote do terreiro chacoalhava um objeto característico do culto àquele *Orixá* e recitava suas saudações. Ao toque da primeira gota do líquido vital que escorria pela faca com o chão, o êxtase tomava conta dos iniciados e a manifestação de suas energias era ouvida mediante seus *Ilás*.

Ao término, os homens compartilharam da bebida sagrada preparada para aquele *Orixá,* enquanto as mulheres enrolavam o pano no tronco da árvore e faziam um grande laço em sua frente. A música não parava. Os *Orixás* presentes dançavam e um *candomblé* era feito ali naquele espaço. Todo o segredo contido dentro dos receptáculos em torno do tronco da árvore haviam recebido o que lhes era de direito e aqueles que estivessem acordados faziam festa junto do sagrado ali presente.

A tarde foi de trabalho árduo com as mulheres depenando os bichos e preparando sua carne, os *Axés* que seriam oferecidos aos *Orixás* consagrados e as comidas que seriam servidas à noite durante a festa. Os homens retiravam o couro dos animais e separavam as partes que também seriam oferecidas ao santo. A carne foi levada para ser compartilhada no banquete e assim todos os elementos seriam utilizados e compartilhados entre as pessoas, não havendo desperdícios.

A festa foi majestosa e homenageava os *Orixás* ligados às plantas, às matas. Não existiam tantos iniciados àquelas divindades e por isso vinham pessoas de todos os lugares para estarem na presença desses ancestrais. O povo de outras nações também estava presente e puderam louvar o *Orixá Iroko* à sua maneira e os de casa puderam aprender novos cânticos que foram entoados em nome do *Vodun Loko*[147] pelos

---

147. Correspondente ao *Òrìṣà Iroko* na cultura religiosa *Jeje* do antigo *Dahomé*.

representantes da nação *Jeje*. Podia-se ter a certeza de que o santo estava feliz com tudo que havia sido realizado, tudo transcorreu na mais perfeita ordem e harmonia; nos dias seguintes à festa, os atos referentes ao término de todo o preceito foram feitos. Todos que participaram do início se fizeram presentes em todas as etapas.

 Sentia-se muito orgulhoso de ter preparado o espaço sagrado a tempo das obrigações, e no decorrer dos dias trabalhava e dava destino em sua vida de maneira normal. Sempre que podia, visitava aquele banco onde se sentava e observava o mar. Gostava particularmente do fim de tarde, quando o sol se punha e os pássaros enfeitavam o horizonte avermelhado; ficava com a ideia na cabeça de que aquela mulher misteriosa de seu sonho pudesse emergir e vir lhe falar alguma coisa.

 Enquanto o tempo o tornava cada vez mais velho, a lembrança de seu amor proibido era mais forte em sua mente. Às vezes fechava os olhos e quase podia sentir a textura de seus cabelos em suas mãos, a fina e macia pele contra seu corpo e a voz que alimentava seu desejo em seus ouvidos. Ao recobrar a realidade, somente escutava o som do mar, mas não se decepcionava, pois a lembrança era viva dentro de si.

 O pensamento vinha forte antes que fosse tomado pelo sono e seus olhos se abriam diante de uma linda floresta de um verde mais vivo. Caminhava entre as folhagens admirando as belas árvores e podia sentir o calor do sol que iluminava toda a paisagem. Chegava perto de um riacho e podia observar as belas pedras que formavam a pequena cachoeira de onde a água descia e logo abaixo via aquela magnífica mulher nua, sentada à beira do riacho lavando seus cabelos com carinho e amor enquanto sussurrava alguma canção.

 Percebia que a tiara estava em cima de uma grande pedra, porém estava de costas e não podia ver sua face. Ao tentar se aproximar por outro ângulo, foi percebido e discretamente ela recolocou a tiara e o som de seu sorriso podia ser ouvido enquanto se levantava e o olhava por cima dos ombros. Antes que pudesse se aproximar, pôde ver o brilho de sua pulseira submergindo junto ao corpo nas águas que se movimentavam no meio do rio. Sumia novamente.

 Sentado sobre a pedra, vislumbrava o fundo quando resolveu mergulhar e novamente acordou no aconchego de sua cama. O candeeiro era aceso novamente junto ao suspiro que trazia a lágrima no canto dos olhos e todo aquele sentimento expresso durante a madrugada o fazia sorrir e desejar que a mulher que ele tanto amava estivesse bem aconchegada naquela noite quente e triste para ele.

Capítulo XXIV

Enfrentando a Lei dos Homens

Os homens se dispersavam em seu cotidiano simplório e sem muitas ambições, as mulheres eram tão trabalhadoras e guerreiras como seus pares. Todos seguiam com suas vidas e poucos deles reclamavam, ao invés disso faziam festa sempre que possível e a coletividade era regada de alegrias entre aqueles que se conheciam havia tanto tempo. Assim ele observava e refletia acerca da vida ao seu redor. A felicidade rondava todos que conhecia. Percebia que mesmo alguns que tinham vários problemas não esmoreciam. Credores a ser pagos e mesmo problemas de saúde não tiravam daquelas pessoas o espírito perseverante. Onde quer que fosse, os que eram de seu tempo e alguns mais novos estavam sempre com suas companheiras. Àquela altura da vida gostaria muito que toda a sua caminhada fosse diferente, que tivesse ao seu lado uma mulher para compartilhar da felicidade que os dois pudessem construir.

Seus sonhos o deixavam cada vez mais pensativo e mesmo assim seguia com a vida em suas rotinas. Já experiente, sabia o que desejava para si, e as mulheres com quem se relacionava apenas lhe traziam a saciedade aos seus instintos masculinos. Passava muitas horas no quintal do terreiro de *Candomblé* analisando os aspectos de sua religião. Sentado com seu mestre, os tempos de perseguição eram relembrados.

Quando ainda era criança, via seu culto marginalizado e perseguido até pela polícia. Em dado momento no qual ainda era considerado contravenção, os dirigentes das casas tinham de procurar os delegados de sua área para ser emitido algum tipo de alvará a fim de que pudessem tocar suas festas. Em outro momento, foi criminalizado e não foram poucas as vezes que presenciou o corre-corre das pessoas que se apressavam a esconder as crianças e elementos que demonstrassem que o recinto era destinado ao culto afro. Havia altares em que os santos católicos eram dispostos e da chegada dos agentes da lei tudo se modificava e tomava um ar de louvação cristã. Eram obrigados a sincretizar suas divindades, passavam a chamar *Ogum* de São Jorge, *Oyá* de Santa Bárbara e assim por diante. Após a saída dos policiais tudo voltava ao normal e, mesmo assim, não foram poucas as prisões dos membros dos terreiros durante as batidas policiais.

O senhor relembrava de uma passagem que não foi vista por seu discípulo. Após a celebração dos ritos litúrgicos que precedem o *Olubajé*, festa em homenagem a *Omolú*, enquanto as pessoas se ocupavam de seus afazeres, atravessavam os policiais em uma comissão pelos portões de madeira do terreiro, diziam que tinham recebido a denúncia de que havia culto de *Candomblé* naquele lugar. As mulheres corriam, assim como os homens, e as crianças eram protegidas pelos mais velhos.

A ordem era para que os praticantes fossem presos e as representações materiais dos *Orixás*, destruídas. O chefe de polícia era pessoa rude e cheia de ignorância, preconceituoso, não tolerava a cultura dos negros e defendia que eram inferiores, além de desmerecer totalmente e não respeitar suas crenças. Energicamente defendia que seus subordinados se utilizassem da força para cumprir com suas ordens e mesmo assim a maioria deles não se sentia à vontade invadindo o espaço sagrado para tantas pessoas humildes e que ali depositavam toda a sua fé.

Diante da casa de *Omolú*, fazia um discurso mal-humorado e cheio de palavras que ofendiam os membros daquela sociedade. Findava suas últimas frases e mandava que os homens armados colocassem a humilde morada do *Orixá* abaixo. Estavam relutantes, porém mesmo assim o fizeram e, da última pedra que caiu junto com as lágrimas dos iniciados, o céu limpo que se apresentava com o sol a pino se fechou em nuvens negras como a noite. Os raios desciam do céu e a torrente foi despejada sobre todos.

Parecia que, assim como os outros *Orixás*, *Xangô* aplicaria a justiça divina em socorro àqueles que homenageavam seu irmão naquele momento. Os raios cortavam o céu brilhando forte e, ao encontrarem com o chão, o faziam estremecer em um estrondo enorme.

Os soldados se amedrontavam e falavam em um mal presságio, seu comandante esbravejava que estavam apenas com medo de algo que não existia. O homem desafiava o que não conhecia e recebia a cada escárnio um novo raio que apavorava até mesmo os iniciados.

Diante de tais acontecimentos, apressava-se em conduzir a antiga dirigente do terreiro ao cativeiro. Os *ogans* que eram praticantes da capoeira faziam de tudo para proteger seus irmãos e a matriarca. Por ordem direta da mãe de santo deixaram que a levassem. Aos dias que se passaram, as águas eram incessantes. Da libertação da velha e o retorno para sua casa, os céus tomaram sua coloração azulada novamente e livre das nuvens carregadas de chuva.

Um surto de varíola tomou toda a cidade e as pessoas ficaram doentes da noite para o dia. O sofrimento se alastrou e algumas fatalidades vieram a acontecer. Poucos dias após o início desse martírio, chegava o chefe de polícia aos prantos com uma criança no colo pela entrada do terreiro. Os capoeiristas se apressaram a recebê-lo no portão e, antes que pudessem atacá-lo, eram censurados pela matriarca, que mandou que trouxessem o homem e a criança para o interior da casa.

Dizia a ele que sabia de sua chegada e gostaria de ouvir de sua própria boca o motivo da visita. Assim, falava-lhe que seu único filho havia sido vítima da varíola e que, desenganado pelos melhores médicos que pôde consultar, resolveu engolir todo o seu preconceito e orgulho a fim de recorrer ao último recurso. Faria agora o que fosse preciso para que sua criança fosse poupada. A velha, mesmo comovida pelas palavras do homem que fizera desfeita tão grande aos *Orixás* de sua casa, se mantinha indiferente. Após um breve silêncio mandou que entregasse a criança aos braços de um *ogan* e o mestre, que era jovem naquele tempo, carregou-a até o quarto de santo.

O filho foi recolhido e passado por todo o processo da iniciação, sendo confirmado para *Obaluaê*;[148] de sua apresentação aos demais, não havia nenhum sinal de que um dia houvesse carregado as chagas da doença. A alegria do pai foi imensa ao ver o filho em plena saúde e ficou arrependido de seus atos, com suas próprias mãos reconstruiu a morada daquele santo. Passava a ter uma outra postura em relação àquela religião. Da mesma forma como a doença havia chegado da noite para o dia, havia sido levada.

A saúde retornava aos habitantes da cidade e cada um creditava isso à sua crença e as preces ao seu Deus eram feitas, a fim de que os poupasse da doença que os assolava misteriosamente. Todos os que presenciaram os acontecimentos no terreiro acreditavam em suas próprias verdades e sabiam em seus corações que *Obaluaê* havia punido os homens por pensarem que poderiam ser mais poderosos que Deus. Depois daquele tempo a informação das batidas policiais nos terreiros chegava quase sempre com antecedência, o que facilitava ao povo de santo uma maneira melhor de camuflarem sua fé e fugirem das leis dos homens. Mesmo que injusta, deveria ser cumprida e esse subterfúgio pôde conferir a resistência do *Candomblé* durante todos aqueles amargos anos.

---

148. *Òrìṣà* do panteão *Yorùbá*. Ver glossário.

Pedia a bênção ao seu mais velho depois de um novo ensinamento, depois de ouvir as palavras que provavam que toda ação geraria uma reação. Acreditava ainda mais que *Orixá* era vivo e estava de olho em todas as atitudes dos homens e muitas vezes os castigava e em outras trazia algum benefício em retribuição aos seus atos. Nada era por acaso e tudo acontecia da maneira que o divino queria. Novamente repensava todos os seus atos e sabia que em muitos momentos havia agido de maneira que talvez gerasse o descontentamento do santo. Fazia um questionamento a seu mestre, perguntava se era possível que o fato de ele não poder estar junto da pessoa amada fosse punição por ter cometido algum erro durante sua vida.

O velho lhe falava que a resposta dessa pergunta não cabia a ele, mas poderia consolá-lo dizendo que muitas vezes os erros eram inconscientes, fruto da inocência, e o santo enxergava tudo isso. Pedia a ele que se lembrasse de uma das rezas que entoavam logo após o término dos atos sagrados e se apegasse à sua tradução, que dizia que eram crianças pequenas que não tinham noção do significado de suas atitudes, mesmo assim tudo que faziam era com amor e fé na intenção de praticar o correto. A comoção daquele momento foi grande e repetia o ato de pedir para ser abençoado pelo mais velho, que sorria ao desejar que *Oxalá* o abençoasse, e os ouvidos mais atentos daqueles que os rodeavam, prestando atenção nas palavras do sábio homem, recebiam o mesmo ensinamento e estes também lhe solicitavam sua bênção, que era correspondida e logo após a censura pela intromissão chegava por parte do mais velho, que também indagava se as pessoas não tinham afazeres a cumprir.

As pessoas passavam muito tempo após sua iniciação dentro do terreiro, não podiam sair enquanto não fossem completados os ritos que poderiam levar até mesmo um ano, gradativamente a liberdade seria alcançada. Mesmo durante alguns preceitos e obrigações, alguns não podiam deixar de frequentar seus empregos. Os *Orixás* pareciam entender as pessoas e sempre davam condições para que suas iniciações fossem feitas corretamente e obedecessem aos períodos necessários.

Situações inexplicáveis aconteciam. Alguns se recolhiam e acreditavam que seriam demitidos após passarem um bom tempo afastados, e a surpresa era grande ao retornarem como se nada houvesse ocorrido. Alguns chegavam a ser demitidos e em pouco espaço de tempo encontravam um emprego ainda melhor; durante o tempo que permaneciam ociosos eram ajudados por seus irmãos de santo. Com o tempo, o temor das pessoas foi se tornando maior e alguns deixavam ir embora um pouco da fé que tinham. Talvez o receio em perder adeptos do *Candomblé* fizesse com que algumas pessoas ignorassem o senso de ética e diminuísse por conta própria o tempo necessário para as obrigações de alguns. Não era prática adotada pelas casas mais tradicionais, eram uns poucos que estavam começando seu sacerdócio naquele tempo e talvez acreditassem que iniciar muitas pessoas fosse sinônimo de prosperidade de suas casas, que ainda eram tão novas e precisavam se autoafirmar de alguma forma.

O *ogan* percebia essas práticas em alguns poucos *candomblés* que visitava e passava a imaginar que talvez no futuro muito mais pessoas se apegassem a essas práticas e muito da vivência do *Iaô* fosse prejudicada. Os sacerdotes pensariam mais no benefício deles do que no dos que iniciavam. Às vezes entrava nesse assunto com seu mestre, que lhe trazia boas palavras. Dizia que, mesmo em seu tempo, o culto já era diferente e, no tempo antes do dele, mais diferente ainda.

A pedra fundamental, o essencial do culto aos *Orixás* havia se mantido, mas o *Candomblé* era uma religião dinâmica que se modificava com os anos. Os antigos primavam por manter o máximo das tradições, mas a cada geração que chegava, alguma coisa – mesmo que pouca – era modificada. A língua já começava a sofrer alterações havia muito tempo, era passada de maneira oral e a pronúncia dos africanos não era, por vezes, compreendida pelos mais novos, que acabavam modificando a entonação das palavras e, com o tempo, até mesmo os significados iriam ficar perdidos.

Já naquele tempo, poucos eram os *ogans* ou mesmo sacerdotes que tinham conhecimento real do significado das coisas. Muito já entrava meio que no automático, na repetição. Como eram de uma casa antiga – uma matriz de outras casas –, preocupavam-se em manter suas práticas mais fiéis à sua tradição e talvez a privação de conhecimento que muita gente passava a ter os levasse a não cumprir corretamente com os ensinamentos da casa. Nas épocas mais remotas ninguém era sagrado sacerdote com o direito de iniciar outras pessoas se não tivesse a vivência necessária, se não aprendesse o *Candomblé*. Deveria ser escolhido pelo santo para esse propósito. Já no tempo em que viviam, algumas pessoas de todas as casas passavam a se intitular sacerdotes e iniciar suas famílias de *Axé* após suas obrigações de sete anos.

O velho lhe dizia que chegaria um tempo em que alguns se iniciariam pelos motivos errados, a vaidade pessoal tomaria conta deles e os princípios do *Candomblé* seriam levados a sério por poucas pessoas. Já se via tanta coisa errada acontecendo pelos arredores das cidades e muitas mais aconteceriam ao passo que o *Candomblé* se tornasse uma religião mais popular e o acesso de pessoas que visassem a transformar a fé de adeptos em benefício material inevitavelmente chegaria. Infelizmente aquela religião ancestral não estaria livre de charlatões que veriam o amor incondicional das pessoas e a carência de uma religiosidade. Esses fariam com que muitos se desenganassem, com atos dos mais mirabolantes subtrairiam seus bens e recursos utilizando-se de práticas advindas de sua criatividade, e atribuiriam tudo aos *Orixás*. O sucesso casual faria com que os maravilhados entregassem seus bens sem questionamento e a falha os levaria a denegrir ainda mais a religião que já era tão malvista por alguns leigos.

Lembrava a seu discípulo quantas e quantas vezes ele mesmo teve de acompanhar pessoas que estavam sob obrigação religiosa pela cidade. Vestidas de branco e em trajes típicos de iniciados que necessitavam caminhar até algum local, eram agredidos verbal e até fisicamente por outras pessoas e precisavam da presença dos *ogans* que os acompanhavam em proteção à sua integridade física. O velho pensava que talvez chegasse um tempo em que a discriminação fosse ainda pior. A humildade fazia com que se calassem diante de seus agressores, por estarem sob os preceitos não podiam demonstrar nenhuma atitude agressiva. Já os *ogans* que os acompanhavam, com suas feições nada simpáticas intimidavam aqueles que, porventura, se dirigissem com palavras de baixo calão aos *Iaôs*, e mesmo acontecia de às vezes entrarem em vias de fato.

A integridade era mantida e esses iniciados se sentiam protegidos sendo acompanhados de seus defensores. Mesmo quando não havia a possibilidade de alguém os conduzir, os *Orixás* não os desamparavam. Em algum momento de sua caminhada, sempre encontravam um iniciado de outra casa ou mesmo de outra nação que os reconhecia como pessoas do *Candomblé* e era de costume que desviassem sua rota, abandonando seus afazeres, e acompanhassem aquela pessoa. Muitas vezes nenhuma palavra era dita, somente havia o pedido da bênção em agradecimento na chegada ao destino.

Enquanto conversavam sobre esse assunto, confidenciava a seu mestre um momento no qual durante o trabalho avistou uma *Iaô* caminhando sozinha, era moça jovem e muito bonita. Acompanhou-a por algumas horas em uma caminhada silenciosa até a casa de sua mãe e na chegada foram todos apresentados. Durante poucos meses até o término de seu preceito ele a acompanhava e nutria o desejo por terminar seu preceito para que pudesse cortejá-la. Sorria enquanto contava a história que acabou por virar uma grande amizade no final. Todas as pessoas que o viam acompanhá-la durante os dias de sua caminhada acreditavam que, depois de ela ser liberada de suas obrigações com o sagrado, seriam um casal de namorados.

A moça era da nação de *Angola* e seus preceitos eram um pouco diferentes do que estava acostumado. Passavam horas conversando e todas essas horas formaram uma grande amizade, e ele nunca teve a coragem de utilizar seu charme para seduzir a garota. Os olhares maldosos dos outros eram desferidos aos dois, que se divertiam com a ideia que faziam a respeito de seu relacionamento. O respeito era grande e não deixava que os comentários maliciosos chegassem aos seus ouvidos, mesmo assim eles faziam ideia do que falavam entre si. O mestre se divertia com a história e indagava se realmente ele nunca a tivesse tido como mulher em sua cama, e a resposta sincera fazia com que acreditasse em suas palavras.

Pôde acompanhar todo o desenvolvimento da *Iaô* até sua maturidade dentro da religião; graças a essa grande amizade teve um contato maior com a nação de *Angola* e pôde fazer um intercâmbio muito bom com os *ogans* daquela casa. Eles o ensinaram a cuidar de seus caboclos, as divindades das terras brasileiras que eram cultuadas por aquele povo.

Dentro de sua casa havia o assentamento de caboclos, que seriam índios que se destacaram espiritualmente e ganharam *status* e direito ao culto do povo de *Angola*. Graças aos laços mais antigos que os antigos dirigentes da casa tinham com essas pessoas de outra nação, consagraram essa representação das energias desse povo brasileiro dentro daquele terreiro. Só cuidavam daquele assentamento. Os caboclos não se manifestavam dentro daquele espaço em respeito às tradições *Nago* que carregavam. Mas eram respeitados pelos membros daquele *Ebé* da mesma forma que todas as outras divindades. Assim procediam também com todas as entidades dos cultos de Umbanda, em que as pessoas incorporavam seus *Exus*, Pombagiras e Pretos-Velhos. Dentro de seu terreiro eram respeitados, mas essas entidades não incorporavam as pessoas lá.

Seu mestre dizia que cada qual recebia seu espaço, não devia desacreditar dessas entidades mesmo que não as cultuasse; deveriam ser respeitadas e ainda mais quando estivessem dentro dos locais onde fossem cultuadas. Em muitos momentos eram elas que socorreriam outras pessoas ou eles mesmos quando mais precisassem. O sobrenatural estava em todos os cantos e nada podia ser desmerecido. Toda aquela conversa o deixava com vontade de ver essas entidades, e resolveu aceitar o convite de um mais novo que sempre visitava todo tipo de culto afro.

Disse a seu mestre que iria ver essas entidades naquela noite e o ancião se divertia fazendo brincadeiras acerca de que tomasse cuidado para não se embriagar, ou mesmo se apaixonar por alguma *Lebara*.[149]

À noite, bateram em sua porta os *ogans* mais novos que se satisfaziam por irem a uma festa de *Exus* e Pombagiras com seu mais velho. Sabia muitos cânticos de *caboclos* que foram aprendidos no terreiro de *Angola* e pouco sabia cantar para essas outras entidades, não estava habituado. Chegaram no recinto e foram recebidos pelos homens da casa que lhes deram local de destaque. Já no meio da festa, olhava à sua volta e percebia toda a diversidade. Um ambiente com menos luzes que o costumeiro, as mulheres incorporadas e vestidas com certo luxo e os homens incorporados com seus *Exus* e vestidos de terno, alguns usavam até cartola. O preto e o vermelho estavam muito presentes na decoração e nas roupas dos que faziam de seu corpo receptáculo para aquelas entidades. Os mais novos apontavam e diferenciavam os *Exus* e *Pombagiras* por seus nomes, "Exu Meia-noite", "Sete Encruzilhadas", "Maria Padilha" e outros.

Tudo era meio que novidade àquele *ogan*, seus mais novos insistiam para que tocasse e ele recusava, querendo apreciar a festa. Diferentemente de tudo que alguns pregavam, que haveria bagunça e pessoas embriagadas, ele percebia que o ambiente era de respeito. Ficava calado em seu lugar apenas observando e, em determinado momento, uma das entidades iniciava um canto, um sotaque em tom de total escárnio dirigido ao *ogan*. A entidade da mãe de santo do terreiro deu seu pitaco antes do término, que foi sucedido de um discurso moralista. Dizia que aquele local era ambiente familiar e de respeito, que embora a "Maria Padilha", que era quem estava incorporada na senhora, sabia que o homem não gostava muito de tais entidades, estava ali com o maior respeito e deveria ser respeitado também. Qualquer um que fosse que tomasse aquele lugar para ofender os presentes, que fosse embora, pois ali não seria bem-vindo, sendo *Exu*, Pombagira ou qualquer outro que fosse.

No corpo forte daquela senhora, o vestido torneava-lhe as curvas, deixando-as todas destacadas, e após o acontecido, durante o intervalo que foi feito, ela caminhava elegantemente com uma taça de alguma bebida em direção ao *ogan*. Pedia-lhe desculpas pelo ocorrido e, antes que ele pudesse responder de alguma forma, pedia licença pelas próximas palavras.

---
149. Uma das denominações da entidade feminina "Pombagira", que é cultuada na Umbanda, ou mesmo cultuada de outra forma no culto de Angola.

Sua atenção fora despertada nos dizeres da "Maria Padilha", ela parecia ler seu coração e pedia que se acalmasse. Existiam várias formas de se amar um ser humano e mesmo que nesta vida ou em outra não fosse possível compartilhar de uma história, em consolo, muitas vidas com destinos diferentes poderiam ser compartilhadas. As frases o deixavam confuso e ela completava que em breve seu coração se alegraria novamente, porém haveria sofrimento por outro lado e uma nova lição a ser aprendida, e após isso a certeza de que um dia toda a sua fé e obediência seriam recompensadas.

Ele agradecia e retribuía o abraço caloroso que lhe foi dado. O caminhar para a casa foi em tom de alegria e os meninos relembravam passagens engraçadas da festa. Todos riam e se divertiam. Pararam em algum botequim e compartilharam da cerveja enquanto seu mais velho pensava a respeito do que a mulher falava.

Fazia várias noites que seus sonhos não eram habitados pela figura misteriosa e ele dormia confortavelmente, descansando seu corpo para a rotina do outro dia.

Capítulo XXV

Frustrações

Um homem já naquela fase da vida se sentia muito mais maduro e experiente do que seus mais novos. Vivia sempre rodeado de amigos e as pessoas que lhe eram apresentadas. A admiração pelas palavras e a postura que apresentava eram muito grandes. Na roda do samba que frequentava esporadicamente era sempre recebido como a celebridade que havia se tornado com o tempo; o carinho e atenção que conquistou no passar dos anos eram demonstrados por aquelas pessoas que acompanharam o desenrolar dos anos, em que sua musicalidade se desenvolveu de tal forma que os momentos nos quais brindava os presentes com o som emitido naqueles instrumentos profanos deleitavam os ouvidos dos músicos mais apurados.

Enquanto estava sentado em seu lugar de honra no centro da roda, acompanhado de outros de seu tempo que compartilhavam do prestígio dos demais, uma jovem negra de longos cabelos trançados abaixo dos ombros remexia a pélvis com graça e perfeição. Arrebatava os olhares tanto dos homens compromissados quanto o das mulheres que se enciumavam da perícia que ela apresentava. Aquele sorriso malicioso no canto dos lábios encantava a todos que apreciavam suas belas curvas e seus olhos puxados; entre um rebolar e outro fitava todos os mais velhos. O cair do vestido entre as pernas enquanto seu corpo descendia com as mãos apoiadas na cabeça e na cintura ocultava o alvo de desejo que grande parte dos expectadores objetivava alcançar.

Os cânticos levavam tom de duplo entendimento e abordavam temas que brincavam com os atributos físicos e sensuais daquela pessoa que exibia seu gingado no meio da roda. Durante alguns minutos, a jovem bailava seu corpo escultural diante dos olhos atentos de alguns homens, que recebiam cutucões de suas acompanhantes, e outros solteiros que sorriam alegremente durante o espetáculo.

De todos com quem poderia utilizar suas armas de sedução, escolhia o *ogan* sentado no local de maior destaque da roda; ele sorria e batia palmas na cadência do samba enquanto ela se aproximava e dançava à sua frente. Como não fazia há muito tempo, levantou-se rapidamente e os dois dançaram como que coreografados, naqueles gracejos herdados da umbigada se faziam aproximações e gestos sensuais um com o outro; por mais que a dança tivesse um ligeiro tipo de conotação sexual, o respeito entre as partes envolvidas era notado, não havia um contato físico muito próximo. Outras pessoas tomavam lugar ao centro e interagiam na dança umas com as outras. Discretamente, aproveitando-se da atenção aos participantes, ele acenou com a cabeça indicando uma direção. A jovem sorria maliciosamente outra vez e dava as costas a todos caminhando para certa distância, e ele seguia pelo caminho apontado cheio da certeza de que seria acompanhado.

Alguns minutos depois os dois já trocavam palavras em local reservado e longe dos olhares curiosos. Notadamente era bem mais nova que ele e demonstrava ar de menina levada que lhe despertava a vontade de descobrir seus segredos mais íntimos. A conversa era em tom de brincadeiras, dengosa; jogava todo o seu charme para o homem experiente que a desejava em todos os sentidos. A intensidade do beijo foi tamanha que os corpos se uniram fortemente e as mãos sentiam um ao outro. Quem passasse ao redor e mantivesse seus olhos sobre os dois certamente não poderia negar que a paixão estava ali presente, e se encheria da mesma vontade, e se colocaria a procurar um par com quem pudesse vivenciar a mesma situação.

Encontravam-se regularmente. A cada noite que compartilhavam se sentia mais atraído pela moça que se utilizava de toda a sua criatividade para que não caíssem em uma rotina. As outras mulheres com quem tinha contato demonstravam todo seu ciúme e não podiam encontrá-la onde fosse que as faíscas escapavam aos olhares e algumas delas, que possuíam um espírito mais selvagem, desferiam palavras de baixo calão a respeito de sua índole. Ela as ignorava e continuava andando, sorrindo como se nada acontecesse. Outras vezes ainda se fazia de vítima aos olhos dos expectadores, que não podiam deixar de querer auxiliar a bela com ar de inocente e censuravam as que lhe agrediam com palavras.

Passeavam os dois com as mãos dadas por todo o canto e chamavam a atenção dos demais, a diferença de idade era percebida realmente e não havia homem que não o invejasse. Parecia enfeitiçado pelos encantos da moça, encantos que encobriam os flertes que ela entregava a outros homens discretamente. Não se podia saber por qual motivo, mas ela não perdia a oportunidade de deixar no ar intenções não confirmadas a outros rapazes, alguns ainda bem mais jovens do que seu par.

A todo instante que algum pensamento de que pudesse vir a ser traído chegava, ela o percebia e se fazia de vítima, e a meiguice de seus carinhos, o tom de voz e aqueles lindos olhos ligeiramente puxados ornavam com o sorriso malicioso que o faziam esquecer de tudo.

Às vezes a surpreendia conversando com outros homens de maneira mais descontraída, não demonstrava ciúmes mas achava muito estranho que houvesse ainda tanto contato com o sexo oposto. Sempre a justificativa de que a moça jovem deveria se relacionar com outros de idade próxima à dela o confortavam de certa forma e passava a fazer mais parte do ciclo de amizades da pessoa com quem resolveu namorar.

O povo não ficava de fora e havia muitos comentários a respeito da fidelidade de sua companheira; ele se fazia de desentendido, não queria julgar sem que tivesse provas reais de algum fato que, porventura, tivesse ocorrido. Ela frequentava uma escola de teatro e os amigos do curso lhe pareciam um tanto estranhos, nos trejeitos, no comportamento que apresentavam diante uns dos outros, e a confiança na mulher por quem se apaixonou era grande, ambos tinham suas rotinas diárias a serem cumpridas e, mesmo nas noites em que não se encontravam, iria para seus *candomblés* certo de que ela estaria no seio familiar, longe de qualquer visão dos fofoqueiros que se prontificassem a querer acompanhar sua vida.

Seus velhos amigos não perdiam a oportunidade de brincar com sua situação; no local reservado para os *ogans* no término das festas, em meio a vários assuntos faziam graça a respeito da diferença de idade, falavam de um possível caráter e fidelidade duvidosos, brincavam até a respeito da virilidade de seu amigo; até mesmo seu velho mestre, quando presente, entrava na brincadeira. De nada se zangava e as gargalhadas eram constantes entre todos, rebatia cada argumento com passagens e situações engraçadas das mais diversas a respeito dos que apontavam aqueles detalhes de sua vida. Dizia a respeito de sua virilidade, que a atribuía ao calor de seu santo e também ao vinho preparado de *Ossâin*,[150] que o deixava a cada dia mais fogoso e aumentava seu apetite sexual.

Se alguém os visse sem conhecer a relação de amizade sincera que possuíam, certamente imaginaria que estivessem se ofendendo uns aos outros e pudessem até chegar às vias de fato, porém o laço já era antigo

---

150. *Òrìṣà* do panteão *Yorùbá*. Ver glossário.

e as brincadeiras, mesmo as de tom mais pesado, eram feitas aos risos e não havia confusão.

Retornava à sua casa ainda relembrando de todo o ocorrido entre os amigos e sorrindo da ousadia de seus companheiros; o que mais ressoava em sua mente era o fato de brincarem sobre sua virilidade, realmente já não era mais aquele jovem moço a quem várias mulheres visitavam constantemente, porém ainda não estava tão velho, estava em uma idade de maturidade e exibindo muito vigor e saúde. No fundo de sua consciência, parava para pensar se poderia estar sendo enganado realmente e preferia deixar a cargo do tempo as respostas para essa pergunta.

Em uma passagem por uma avenida grande e movimentada, deixava que um ajudante se aperfeiçoasse ao volante do caminhão. Conversavam sobre vários assuntos correlatos à empresa e, perto de um hotel onde ficavam hospedados vários turistas, saindo pela porta, a figura de uma mulher que ele reconhecia. Não queria acreditar e achava várias justificativas para que não fosse sua jovem namorada que estivesse de mãos dadas com um rapaz branco, alto e de cabelos loiros. Era horário do curso de teatro e o mesmo rapaz se parecia com um dos alunos que a acompanhavam na classe.

O caminhão havia passado com certa rapidez e por isso não houve a confirmação, mas seu olhar havia ficado estarrecido e intrigado. Terminou o dia ponderando a respeito do que poderia ou não ter visto e, durante seu encontro à noite, indagava sobre como teria sido o curso. Ela respondia que tudo ocorrera de maneira normal e nada que quebrasse a rotina havia acontecido. Deixou o assunto para trás e continuavam enamorados, compartilhavam de seus carinhos e atenção pelos momentos que estivessem juntos.

Seu sono foi perturbado pelo questionamento do que poderia acontecer se algo lhe houvesse sido ocultado. Pela manhã, enquanto cumpria com seu trabalho, resolveu parar na escola de teatro e sondar por algumas respostas. Tão grande foi sua surpresa em saber que realmente seus temores pudessem ser confirmados. Não houvera naquela ocasião as aulas do dia, os professores dispensaram a classe para poderem resolver questões a respeito das condições do espaço físico onde lecionavam. Havia inúmeros problemas com a manutenção das instalações e cancelaram as aulas daqueles dias para poderem se reunir com a direção do local.

Ficava confuso e sem saber de que forma proceder; como era experiente preferia se manter calado e apenas dar mais atenção às atitudes da moça. Acompanhados um do outro continuavam suas idas aos locais de encontro da massa, tornava-se mais frequente ao lado da moça. Olhava-a atenciosa e discretamente sem que fosse percebido e reparava nas atitudes que ela tinha para com os demais. Percebia alguns gestos e toques correspondidos, até mesmo sinais e aquele sorriso malicioso, que até então imaginava que só ele recebia.

Antes que a deixasse na casa de seus pais perguntou-lhe se alguma vez havia sido traído, ela respondia de forma natural que jamais teria coragem de fazer isso com o homem que amava, que jamais mentiria, e seu sorriso de anjo lhe conferia a credibilidade, que para ele já era duvidosa. Certo dia, deixou de cumprir com suas obrigações profissionais; como era já funcionário de muitos anos na empresa, conhecido e respeitado por sua responsabilidade, não questionavam nem descontavam suas faltas.

Vigiou a entrada do curso sem ser notado. A distância e em meio à multidão, pôde ver com seus próprios olhos que a maioria daqueles que frequentavam a classe era mais próxima do que se imaginava e acompanhou sua jovem namorada sair de mãos dadas com o rapaz dos cabelos dourados. Entraram em um táxi que foi seguido a distância e pôde ver a entrada dos dois aos beijos pelo saguão de um hotel. A surpresa foi grande quando sua chegada foi percebida. Os dois o olhavam de maneira desesperada e foram cortados por poucas palavras de decepção. Não era o fato de estar se deitando com outro homem que o incomodava, sabia que era possível que um dia ela encontrasse outro alguém cuja atração fosse maior do que os dois sentiam, mas a mentira, o engodo era o que magoava.

Ela se desculpou descaradamente ainda querendo se fazer vitimada pela situação, como se fosse um pequeno deslize digno de perdão, e ele demonstrava total desprezo; antes que fosse embora ainda foi obrigado a ouvir da boca da menina que era da natureza dela, que não tinha culpa de ser assim. Dizia-lhe que realmente ela talvez jamais traísse uma pessoa a quem amava, mas o que ela tinha por ele não era amor, e o que ele passava a ter por ela se tornara pena, por ser uma criança que demoraria a acordar para a realidade do mundo.

Era noite de ensaio do *afoxé* e resolveu estar no meio dos amigos compartilhando a cerveja e fazendo pouco caso de sua própria situação, todos riam e o consolavam dizendo que não deveria se preocupar, falavam de quantas e quantas vezes ele mesmo já havia sido infiel. Concordava em partes. Sorrindo, retrucava que nunca havia magoado mulher alguma daquele jeito, que tudo que fazia jamais chegava aos ouvidos de quem estivesse com ele e talvez, vivendo na ignorância dos fatos, vivessem felizes. Mentia para si mesmo, relembrava silenciosamente que uma única vez havia magoado uma mulher que teve um triste fim.

Por instantes a tristeza também lhe tomou conta, mas logo se envolvia com os demais naquele ambiente de alegria, deixando o resto para trás. Os amigos continuavam a brincadeira do *afoxé* ao som dos *atabaques* não consagrados e as mulheres dançavam com eles espalhando-se pelo salão. Apenas uma nova paixão curaria as feridas de uma velha paixão, mas já não se sentia na disposição de flertar naquela noite e preferia cantar e tocar, colocando tudo o que sentia no couro dos *atabaques*.

Capítulo XXVI

O Poder da Promessa

Já chegava a época do ano em que cumpriria com a promessa que fez de viajar e auxiliar na festa do santo de sua irmã. A viagem era extensa, mas sentado naquele banco de ônibus pôde fazer amizade com várias outras pessoas, mães com seus filhos, jovens e idosos que compartilhavam dos dias pela estrada. Ajudava as mães a trocar as fraldas das crianças e ainda contava histórias para meninos e meninas que mantinham sua atenção sobre ele. O caminho foi tão prazeroso que nem mesmo se deu conta dos poucos dias que passaram a bordo.

Foi recebido com muita alegria na rodoviária e se despediu dos novos amigos de estrada com tristeza; desejava que tivessem boa sorte em suas novas jornadas e mesmo na vida que a maioria reiniciaria em um novo estado.

Alguns poucos *ogans* da casa de sua irmã vieram buscá-lo em um carro bem simples e acondicionaram suas poucas malas no bagageiro – não paravam de falar durante o trajeto. Sentiu certo medo ao fazerem uma curva acentuada e uma das portas do veículo se abrir fazendo com que um dos passageiros quase fosse arremessado para fora. Ele berrava pelo nervoso enquanto os outros riam e aproveitavam a velocidade que diminuía para amarrar a porta com o cinto de segurança.

Depois de instantes, mantinha-se quieto apenas ouvindo os outros, e de sua chegada não queria atrapalhar nos preparativos das coisas, encontrou um local onde pudesse descansar para os dias que se seguiriam e assim repousava seu corpo e mente no colchão forrado por lençóis limpos. A casa simples ficou em polvorosa, todas as pessoas que lá estavam para ajudar nas obrigações falavam do seu tio de santo que viera da matriz para cuidar das coisas da irmã.

As notícias se espalhavam pela cidade e logo toda aquela "elite" que se formava no *Candomblé* daquelas terras já especulava quem poderia estar presente. Queriam vir à festa e até mesmo alguns que possuíam menos afinidade com a senhora viriam para a obrigação. Os que receberam a notícia tempos antes já tinham se antecipado em preparar as melhores roupas que pudessem usar na ocasião e outros, com menos tempo, atazanavam a vida de seus costureiros para que fizessem as suas a tempo. A correria em busca da luxuosidade era grande, queriam dar a impressão de que a prosperidade demonstrada nas cores vibrantes dos panos que vestiriam estava não só na materialidade, e sim era também decorrente dos frutos advindos do saber que tinham adquirido com o tempo.

Levantou-se após o descanso e já procurando algum afazer. Os *ogans* da casa não queriam deixá-lo executar nenhuma atividade e acabavam por fazer com que ficasse estressado por tantas perguntas e pelo ócio de não ajudar em nada. Desvencilhava-se discretamente e colocava as mãos na massa e o corpo na luta.

Analisou o horário e se juntou de um ou outro que se mantinha mais calado e pediu que arrumassem um pouco de vinho e fumo de corda, além de outras poucas coisas. Queria que o levassem até a mata e caminharam silenciosamente por horas vestidos de branco e com os pés no chão. Acompanhados de um facão e um saco grande, adentraram ao verde. Ele chamava pelo dono daquele lugar em sua língua nativa – sem que os outros percebessem, recitava algum tipo de oração e ia espalhando um pouco do fumo aqui e ali. Quando se deram conta, até mesmo o conteúdo da garrafa de vinho que estava em suas mãos já havia sumido. Andaram por horas e o olhar atento do *ogan* que vinha de longe identificava uma ou outra folha, uma erva ou muda que ele retirava com as mãos e mandava que os outros guardassem dentro do saco.

Chegaram a um local em que havia muitos dendezeiros, e nem mesmo aqueles que já tinham entrado tantas vezes naquela região sabiam de sua existência. Durante os anos, por causa da dificuldade em se encontrar alguns elementos necessários à prática do *Candomblé*, não era incomum substituir algumas coisas por outras, e utilizar-se de palhas de coqueiro comum desfiadas para se substituir os *mariôs* não seria nenhum absurdo. Ele os ensinou como retirar as palhas do dendê e eles levaram muitas delas com eles. Os sacos que traziam já estavam cheios de diversas folhas que ajudariam na obrigação e muitas delas, talvez a grande maioria, não era conhecida por parte daqueles que o acompanhavam.

Antes de sua saída das matas, agradeceu à divindade responsável por aquele local e, longe dos olhares dos outros, arremessava várias moedas para todos os lados, e seus sobrinhos de santo ouviam o tilintar ao seu redor e se amedrontavam sem saber o que de fato ocorria.

Ensinou-lhes a tomar cuidado quando entrassem no meio do mato, não deveriam jamais falar em cobras, pois atrairia a presença das mesmas, e deveriam sempre pedir licença para entrar naquilo que seria a morada de divindades e ancestrais. Não era bom que conversassem muito, pois a falta de atenção os faria se perder; não seria estranho se *Ossâin* resolvesse brincar com os presentes e criasse situações que os retirasse das trilhas, deixando-os perdidos por horas na mata.

Deveriam sempre levar algum agrado ou pagamento simbólico em retribuição ao que seria retirado da floresta. Assim eles começavam a ter um pequeno entendimento a respeito do motivo de ter trazido aqueles objetos, que não viram ser depositados na mata. A garrafa foi deixada em algum cesto de lixo pelo caminho e ele chamou a atenção de seus acompanhantes dizendo que a floresta era para eles um local sagrado e não deveriam agredi-la nunca, não deveriam deixar nenhum objeto que causasse dano à natureza e nem mesmo machucar os animais. Se algum animal aparecesse e se sentissem em perigo, deveriam evitar cruzar seu caminho não havendo a possibilidade de recolocá-lo em outro canto. Nenhum bicho devia ser morto se não fosse com a finalidade de se tornar alimento.

Dizia que, mesmo quando fossem entregar qualquer coisa no mar, rios e lagoas, que colocassem apenas o conteúdo dos recipientes. Não deveriam colocar objetos de louça ou mesmo garrafas de vidro; além de agredir o meio ambiente, eles mesmos poderiam se tornar vítimas de um caco de vidro ou uma lasca de louça que os machucaria ao pisarem naquele local. Todos os poucos *ogans* que se embrenharam naquele verde intenso se sentiam satisfeitos pelo aprendizado e se impressionavam com o saber daquele homem, imaginavam como poderia ser possível entrar em uma mata que nunca havia visto e encontrar com tanta destreza tantos tipos de vegetação diferente e que servissem para os propósitos da obrigação que seria feita. Com sua maneira mais reservada, foram brindados por um saber antigo que só era passado para pessoas de confiança e a mentalidade de repassar aquele conhecimento foi a de que, em sua falta, alguém deveria dar continuidade na manutenção do *Axé* daquela casa.

O espanto com a chegada de seus filhos acompanhados do irmão foi grande. Nem imaginava que já havia se levantado, quanto mais ter se prontificado a buscar as folhas para o *Axé*. Ela mesmo separou no quintal todos os tipos de folhas frescas com a ajuda de uma pessoa de confiança a quem ensinou seus nomes em iorubá, à medida que escolhia um lugar para cada uma e mandava que tomassem destinos diferentes. Os *mariôs* foram entregues às pessoas de direito e elas os desfiavam e retiravam os talos que seriam, por eles, jogados fora. Seu tio de santo mandou que guardassem aqueles talos e sua irmã o observava sorrindo e concordando com a cabeça, como se trocassem sinais secretos em que haveria algum significado e as outras pessoas não saberiam. Os afazeres não paravam, eram poucas pessoas para muito trabalho e já começavam bem antes para que não houvesse nenhum contratempo.

Pela manhã acordou bem cedo, fazia as reverências ao novo dia que o galo anunciava e depois retirava as *Iaôs* mais novas de seu sono. Eram trazidas para o barracão e as folhas que já estavam prontas na esteira começavam a ser maceradas por elas enquanto cantava baixo um *sassain* diferente para cada folha. Elas respondiam e quebravam aquelas folhas com as mãos na bacia com água e o sumo formava aquele líquido de um verde-escuro. Outras folhas eram socadas em um pilão de madeira e ele, apenas sentado em seu banquinho, cantava e tocava baixo o *agogô*.

Mudava o cântico e apontava com o próprio instrumento qual seria a folha a ser macerada, elas o acompanhavam e continuavam seu trabalho. Em uma ou outra folha, sem parar de cantar, colocava o *agogô* de lado e retirava suas flores, colocando-as de lado e enfatizando silenciosamente para as meninas que elas não deveriam ser misturadas; entendiam e continuavam a executar o serviço até que todas as bacias estivessem cheias. Em certa etapa, mandou que trouxessem água limpa e lavassem o pilão e o socador. Com a varinha que tocava o *agogô*, pegou um pouco de outras folhas que estavam separadas e, depois de as encharcar em água, colocou dentro do pilão que ele mesmo batia.

Tudo foi depositado em seu devido lugar, encheram baldes com os banhos que deveriam ser tomados para purificar as pessoas, outras bacias levaram seu líquido para ser coado e misturado com o conteúdo dos porrões que ficavam enterrados pela metade no fundo da casa. Uma ou outra bacia foi guardada em separado, com as instruções de que ninguém colocasse as mãos ali, e eram obedecidas.

Alguns mais curiosos tentavam dar um jeito de saber do que se tratava todas aquelas folhas que haviam sido maceradas, quais seriam suas finalidades; e recebiam como resposta um sorriso no canto do rosto e a orientação para que perguntassem à mãe de santo, o que eles não faziam, pois não receberiam resposta alguma que não fosse talvez uma advertência de que, conforme seu tempo ia chegando, as respostas para todas as suas perguntas também viessem. Sabia que podia confiar plenamente em seu irmão e o deixava à vontade para fazer o que fosse necessário. Era levado para comprar os bichos que faltavam para a obrigação, e um problema passava a existir: estavam sem nenhum veículo que pudesse carregá-los.

Quando o desânimo parecia se abater naqueles que pensavam em uma solução, uma pessoa amiga da casa, um *ogan* de outro *Ilê Axé*, mas que era tratado como se fosse da mesma família, havia chegado para visitar a mãe de santo. Chegou em seu veículo de trabalho, uma viatura policial, e diante da dificuldade foi convencido a socorrê-los naquele momento. Sua parceira de trabalho não era habituada ao meio daquela religião, mesmo assim, a confiança e a amizade fizeram com que não se sentisse mal por auxiliar. Chegaram todos ao local onde os animais eram vendidos, escolheram os bichos de pena e os bodes que comporiam todos os atos litúrgicos. Mesmo assim ainda não se agradava com os bodes que foram comprados, sentia que *Ogum* merecia um animal maior, mais forte e vigoroso.

Retornavam com os animais comprados. Já perto da casa de sua irmã, pediu que parassem o camburão e olhava um sítio por cima de uma cerca, no qual viu um bode parrudo e com grandes chifres. Da curiosidade do policial em conferir a integridade dos animais que se encontravam na parte traseira da viatura, alguns galos escaparam e tentaram fugir pela estrada. Sua parceira correu junto das outras duas mulheres vestidas com suas roupas de ração e os *torços* na cabeça. Os dois homens tentavam ajudar a pegar os bichos, até que conseguiram amarrá-los novamente e, depois de muitas risadas, continuaram pelo caminho. Os recursos eram limitados e nenhum animal poderia ser perdido.

Ao anoitecer, chamou dois *ogans* que pareciam ser de mais atitude entre os outros e caminharam durante horas pela estrada de terra em meio à escuridão. Encontraram novamente aquele bode e os rapazes indagavam sobre o que iriam fazer. Mandou que um deles ficasse de olho nos arredores, para o caso de aparecer alguma pessoa, e, munido de um pedaço grande de corda de sisal, ele e o outro pularam a cerca cuidadosamente e se jogaram em cima do animal, seguraram-lhe os chifres e a boca, que foi amarrada. O restante da corda foi usado para prender as patas, não antes de receberem alguns coices e chifradas. Deixou um pequeno montante em moedas, que ele havia passado no corpo, em cima de uma grande pedra chata perto do local em que o bode estava. Depois de certa dificuldade, a adrenalina os fortaleceu na atividade de carregar aquele animal enquanto tentavam não ser percebidos.

Caminhavam às pressas e silenciosamente. Depois de algum tempo, todos os três riam. O bode foi escondido no fundo da casa e de lá não sairia até o início do ato. Justificava-se, em tom de brincadeira, com seus companheiros dizendo que um animal surrupiado tinha mais *Axé* e todos riam do que havia sido feito. Ele sabia que era apenas brincadeira, mas que provavelmente *Ogum* queria aquele bicho e por isso o havia chamado atenção durante o caminho. Não falou nada para os rapazes, mas o intuito de ter deixado as moedas foi o de que fosse um pagamento simbólico e que trouxesse muita sorte ao dono do animal que levaram. Saíram furtivamente da casa em direção ao bar que ainda estava aberto no fim da rua. Lá eles beberam cerveja e diziam que mereciam depois de tanto trabalho. Os laços de amizade se estreitavam ainda mais. Todos foram dormir esperando o próximo dia que seguiria, quando começariam os atos da casa.

À noite, já estava tudo devidamente preparado e começava o ritual do *bori*. A confiança da irmã era tão grande que ele foi escolhido para presidir o ato, a ela só caberia colocar a energia necessária na cabeça de seus filhos e, a seu irmão, o cantar e sacrificar os animais. A mãe de santo já havia viajado naquele ano e feito suas obrigações em sua casa de origem, o que a dispensaria de passar novamente por tal ato, que nem poderia ser realizado sem a presença de seu zelador. Os filhos de santo da casa que receberiam a obrigação estavam preparados e tudo ocorreu como era esperado. Após o término houve ainda alguma função, pois os *Axés* dos bichos de pena utilizados deveriam ser preparados e aqueles que não participariam dessa etapa se encaminharam novamente para o descanso.

Os primeiros raios de sol nasciam no horizonte e com eles se iniciariam os preceitos. Acordou e purificou seu corpo, lavando-se com a água e o banho de folhas frescas. Era seguido pelos outros *ogans* que se preocupavam em seguir seu exemplo, mesmo não entendendo totalmente o que fariam. Todos vestiam suas roupas brancas limpas e se encaminharam para o barracão, começaram a saudar a casa. Os que habitavam aquele espaço sagrado iam acordando lentamente, uns depois os outros, e também purificaram seus corpos e começaram a acertar os poucos detalhes que faltavam para o início da obrigação.

Aqueles que passaram pelo ato do *bori* foram chamados pela mãe criadeira da casa e foram alimentados. Com ela, rezaram todos os *kuhans*[151] de sua raiz – as preces em sua língua ancestral –, enquanto os outros exerciam outras atividades. Tudo seguia normalmente como de

---

151. São rezas de origem *Jeje* do antigo *Dahomé*.

costume. Os *Exus* da porta eram alimentados com o sacrifício animal e o café da manhã requintado foi servido a todos, logo depois.

O almoço começava a ser preparado e o *orô* principal a ser ajeitado. Mais pessoas iam chegando e sendo bem recebidas. Todos aqueles de boa vontade poderiam participar dos atos sagrados, sendo que dentro do quarto de santo somente aqueles de confiança deveriam entrar.

Muitas pessoas chegavam com suas malas de roupas e, devido ao pouco espaço da casa humilde, nem todos encontravam lugar para guardar seus pertences, e aqueles que vinham de carro abrigavam as coisas de seus amigos. Tomavam seus banhos e ficavam vestidos com suas roupas de ração esperando no quintal de frente com a morada de *Ogum*. Alguns chegavam e davam a entender que queriam se aproximar aos poucos e tomar lugar perto de onde as coisas aconteceriam.

As folhas que ficariam debaixo das representações físicas dos *Orixás*, forrando seus assentamentos para que não ficassem em contato direto com o chão ou os bancos de madeira, já estavam sendo colocadas e tudo já estava preparado. O *sassain* foi cantado e a ordem das pessoas que cantariam foi devidamente obedecida, os mais velhos primeiro, logo após os primeiros cânticos serem entoados por seu tio de santo.

O animal era reverenciado por todos e depois recebia as folhas de aroeira na boca, a única planta que não conseguiu encontrar nas matas foi justamente a que era comum de se usar nesse ato em sua casa, mesmo assim a aroeira correspondia a ela e, como havia muitas dessas árvores por lá, utilizaram seus galhos. As cordas que prendiam a boca do animal terminavam de ser amarradas nos grandes chifres.

A mãe de santo se ajoelhou para rezar o *obi*, que serviria para se comunicar com a divindade e saber se tudo seria aceito. Foi acompanhada pelos demais, que se abaixavam para o momento solene. Tudo indicava que o *Orixá* estava contente e a partir daí se iniciaria o ato sagrado.

Acompanhado pelos *ogans*, adentrou no pequeno quarto munido da faca. Após a chegada do animal, os que vieram de fora foram barrados da entrada e a mãe de santo permanecia ajoelhada no chão de frente à porta e de cabeça baixa, com os cotovelos sobre um banquinho de madeira, enquanto suas *equedes* faziam presença às suas laterais.

Os *Iaôs* permaneciam deitados em suas esteiras com a cabeça abaixada, sem visão do que aconteceria. Algumas das pessoas que não pertenciam àquela sociedade talvez se julgassem mais merecedoras de saber e permaneciam sentadas ou mesmo de pé em algum canto de onde tentavam visualizar o que acontecia lá dentro.

Grande parte dos presentes se frustrava por não poder espiar com sucesso o que ocorria além dos batentes da porta. O *ogan* começou a cantar e, antes que eles percebessem, a primeira gota da energia oferecida que tocou o chão em respeito à terra, a *Onilé*[152] e aos ancestrais; *Ogum* se manifestou no corpo da *Ialorixá*, que foi seguida por todos os filhos de santo preparados para ser receptáculos das divindades.

Os *atabaques* tocavam incessantemente desde o início, e aqueles que permaneceram acordados reverenciavam a divindade que recebeu todas as honras cabíveis. Ele fez a consagração de todos os *Orixás* que deveriam ser cuidados. Os *ogans* olhavam admirados pela destreza daquele homem, suas roupas saíam do mesmo jeito que quando havia entrado no quarto, alvas e limpas. Nenhum dos animais havia sofrido e sua essência vital fora toda derramada nos locais corretos de acordo com as orientações de seu tio de santo.

Sua felicidade pelo sucesso da obrigação era grande e foi reverenciado pelos santos mais velhos da casa antes que pudesse caminhar sorrindo até os *atabaques* e desse uma pequena demonstração de suas habilidades. Todos se impressionavam em ver o *Orixá* da mãe de santo acompanhando perfeitamente suas passagens no *Hun*. Os *ogans* que vieram de outras casas e possuíam a avidez pelo instrumento somente observavam, sem ao menos dar uma só palavra ou quererem continuar depois da pessoa que havia assumido.

Ele e os *ogans* da casa que o tinham acompanhado na busca pelo animal oferecido a *Ogum* se reuniram no momento de tirar o couro e as partes necessárias para compor o *Axé* oferecido ao *Orixá*. Os outros observavam de longe e nem mesmo podiam perceber a cuia de cachaça que estava escondida no meio das plantas próximas de onde eles estavam. Revezavam-se enquanto escarnavam o animal e discretamente dividiam goles do líquido contido na cuia.

Da última vez que havia participado daquele ato naquela casa, percebeu que retiravam as partes do animal de outra forma diversa da que aprendeu em sua casa e os ensinou como deveriam fazer corretamente.

Aqueles filhos mais curiosos puderam aprender como se utilizaria a cana, que foi trazida do mato junto com as folhas, e como ela seria preparada para ser oferecida no quarto de santo.

As obrigações dos homens já estavam todas cumpridas, restava apenas às mulheres que terminassem de cumprir com as suas. Enquanto as visitas que haviam chegado se preparavam tomando seus banhos

---

152. Do original em *Yorùbá*, *Onílẹ̀*. É o senhor da terra, divindade cultuada por todos os adeptos do culto aos *Òrìṣàs*, tanto no *Candomblé* brasileiro como na África *Yorùbá*.

e se aprontavam para o *candomblé*, aqueles homens saíram sem que ninguém percebesse e juntos tomaram cerveja no bar do final da rua. Diziam que *Ogum* gostava mesmo era de festa e jamais os censuraria por estarem bebendo depois de cumprirem com seus afazeres.

Alertava aos mais novos que chegavam de vez em quando, vinham bisbilhotar o que estavam fazendo e escutavam que se bebessem deveriam manter a compostura, não deveriam cometer exageros, mas, se algo acontecesse, simplesmente encontrassem um lugar discreto para dormir e ao acordarem para a festa tomassem um bom banho frio e de folhas, para recolocar as ideias no lugar.

A festa havia sido muito bonita. Alguns pais de santo que estavam presentes se frustraram por ser barrados de dançarem no *Xirê*. Educadamente eram instruídos da maneira a se portarem e muitos aceitavam de pronto, assim como outros faziam questionamentos, mas no final todos respeitavam.

Ogans de fora da casa não podiam tocar, aqueles que eram mais conhecidos de um ou de outro eram convidados pelos de lá a tomarem um rápido banho de folhas que purificasse qualquer ato que, porventura, tivessem cometido dos portões para fora da casa. Outros que eles sabiam ser mais tradicionais e que teriam a postura de jamais desrespeitar uma casa de *Candomblé* eram convidados a tocar sem que fossem convidados a tomar o banho.

Estava vestido de maneira simples, calças *jeans* e camisa verde de botões. Os outros da casa que já o haviam observado em outra oportunidade não mais vestiam o habitual branco. Já não era a primeira vez que vinha ajudar sua irmã, porém foi dessa vez que se estreitou a amizade com a maioria dos membros da casa.

Algumas pessoas que se julgavam ilustres dentro do *Candomblé* daquele estado se exibiam com seus grandes fios de contas e as roupas brilhosas que portavam. Não gostava de ver pessoas do sexo masculino utilizando pano na cabeça, mas já havia quebrado alguns de seus paradigmas anteriormente e os respeitava. Houve apenas um momento constrangedor, quando um dos pais de santo presentes aproveitou a oportunidade do intervalo de uma cantiga e outra, iníciou um cântico e foi parado.

Referiu-se ao sacerdote com educação ao dizer que um *ogan* estava fazendo o *candomblé* e deveria ser respeitado em sua função – mesmo se a palavra fosse dada àquele que interrompeu, seria barrado novamente, pois havia iniciado o cantar de forma errada, as palavras trocadas mudavam totalmente seu significado e ficariam palavras desconexas compondo uma frase sem sentido. Todos o olharam atentamente e a vergonha tomou conta de si, fazendo com que desse as costas e partisse para a rua levando seus poucos filhos de santo embora.

A festa continuou da mesma forma e nem mesmo notariam sua falta e de uma ou duas pessoas em virtude da grande quantidade de presentes. Mal se andava dentro do barracão. Muita gente estava manifestada com *Orixás* e muitas outras acompanhando seus movimentos e zelando por sua presença no barracão. Acabou somente ao amanhecer e o samba o encerraria, e a maioria dos presentes já havia deixado o recinto ou encontrado um local para descansar.

Ainda ficou alguns dias na presença de sua irmã terminando todos os atos necessários depois do *Orô* e do *candomblé* antes de retornar para sua terra natal. Seus mais novos amigos o levavam a lugares onde poderia comprar lembranças para seus irmãos e os mais próximos a bom preço.

Era levado para conhecer outros *candomblés* no fim de semana que se seguiu e mesmo passear pelos pontos turísticos da cidade. Via de perto alguns parques e locais históricos, os estádios de futebol mais conhecidos e até mesmo o zoológico que, infelizmente, pela falta de tempo, não puderam visitar mais profundamente.

Antes que viajasse, procurou secretamente o dono do animal que havia subtraído. Explicou-lhe que o havia surrupiado por uma necessidade maior, o que não foi recebido muito bem. Descobriu que na verdade o animal levado havia matado alguns cachorros a chifradas na propriedade e atacado também os filhos do homem e por isso estava em local destacado, o dono não possuía coragem para sacrificá-lo e confessou que seu sumiço foi a melhor coisa que poderia ter ocorrido, mesmo assim se desculpou e tentou pagar-lhe o justo pelo bode, porém o dono recusou-se a receber e somente pediu que jamais fizesse novamente ato igual.

Chegava a despedida e os agradecimentos por tudo que havia sido feito. A mãe de santo tentava lhe dar algum dinheiro em agradecimento. Pedia-lhe que guardasse junto às suas economias e que o maior pagamento que podia receber seria vê-la novamente com saúde e prosperidade nos próximos anos. Alguns mais emotivos derramavam lágrimas e outros lhe davam promessas de que visitariam sua terra em breve, e todos recebiam o carinho e a atenção daquele homem humilde.

O ônibus saiu da rodoviária carregado de pessoas e no caminho, na primeira noite de sono desconfortável no leito que não reclinava de maneira satisfatória, mais um sonho confuso tomou conta de sua história. Aquela figura da mulher, que já fazia tanto tempo que não o visitava em sonhos, apareceu da mesma forma que antes. Seu rosto parcialmente coberto demonstrava um amargor nos lábios e ele a observava de longe, enquanto ela, em pé na margem de um largo rio, parecia olhar para para o horizonte.

Um arco-íris se formava naquela tarde que escurecia sobre o rio e ele podia ver uma de suas extremidades, para onde ela apontava e depois com um movimento da cabeça acompanhava o resto do arco que sumia. Ela percebia a presença do homem, que viu poucas gotas de lágrimas escorrerem pelos contornos de sua face, e enquanto ele as acompanhava tocarem o chão, ela mergulhava sumindo nas águas. Acordou com o amanhecer perturbado pelo significado que poderia haver no sonho. Não existiam claras respostas e ele continuava observando a paisagem pela janela.

Capítulo XXVII

A Esperança de um Novo Início

As lembranças foram entregues aos entes queridos. Sempre existia aquele clima de festa quando se matava a saudade dos que viajavam e ficavam longe por algum tempo. Todos queriam notícias dos queridos irmãos e irmãs que haviam se estabelecido longe. Alegravam-se em saber que as pessoas estavam progredindo e conquistando uma vida melhor. Mesmo que a falta que sentissem fosse grande, não podiam nutrir outro sentimento que não fosse a alegria ou satisfação por quem tivesse a coragem de se afastar de tudo o que conhecia, que amava, na busca pelo crescimento material e uma melhor condição de vida para sua família. Os que porventura não obtivessem êxito na jornada, ao retornarem encontrariam sempre as portas abertas para recomeçar.

Poucos dias após sua chegada, enquanto conversava com seus irmãos de santo, reparava que a casa estava em silêncio, a brisa era fraca e o ambiente se encontrava com uma coloração opaca por causa das nuvens que escondiam o sol durante o crepúsculo. Chegou uma pessoa conhecida, uma *ebomi* de outra grande casa e que era muito popular na maioria dos terreiros daquela cidade. Apressava-se em solicitar a uma das *Iaôs*, uma que se empenhava na limpeza do quintal, que entregasse um recado aos mais velhos da casa.

A notícia surpreendeu a todos. Uma grande *Ialorixá*, mulher antiga e considerada de muitos, havia falecido. O *ogan* tentava se informar sobre a casa em que a senhora era sacerdotisa, porém a pessoa que recebeu a notícia e repassou aos que conversavam não sabia responder precisamente. Aqueles que a conheciam ainda não haviam assimilado totalmente o fato e não se preocupavam em correlacionar o nome da *Ialorixá* ao seu local de culto, estavam apenas tristes por uma pessoa tão conceituada ter partido.

Estavam todos em um clima de tristeza, mesmo aqueles adeptos que não a conheciam pessoalmente sentiam, pois era uma pessoa da religião que deixava de viver. Ficavam apreensivos esperando que alguém comunicasse o início das obrigações fúnebres. Deixou o convívio de seus irmãos e retornou para casa esperando maiores detalhes. Pela notoriedade que essa pessoa possuía, provavelmente seu mestre fosse requisitado para as cerimônias fúnebres e o convocasse para participar.

Seu mestre não aparentava, mas a idade já era bem avançada e havia a dificuldade de locomoção, mesmo assim seria encarregado de presidir os ritos do *Axexê* – a certeza que todos tinham de que a essência de um iniciado retornaria para seu local de origem, o mundo espiritual. Como esperado, um *ogan* suspenso bateu em sua porta e trazia o recado. Deveria se preparar para acompanhar o término do velório e o sepultamento. Seguiriam depois para o terreiro da senhora a fim de dar início aos atos sagrados.

Já havia participado muitas vezes desse tipo de ritual, ou mesmo o presidido, porém não havia comparecido nem no enterro de sua falecida mãe. Achava muito triste toda a cerimônia e se limitava apenas a ir ao velório de entes queridos, reservando-se o direito de não colocar os pés no cemitério. Não podia recusar as orientações do homem que havia ensinado tudo o que sabia, e algum sentimento o perturbava dizendo que deveria mesmo ir.

Chegou a madrugada. A água parecia mais fria do que de costume e arrepiava todo seu corpo enquanto caía. O sabão da costa parecia não fazer a espuma, o que alongava ainda mais aquele sofrimento, tremia enquanto enchia a cuia a despejava sobre a cabeça. Colocou o *ikan*, o fio trançado de palhas, no local destinado para que seu corpo estivesse protegido de qualquer coisa negativa. O discreto *Brevi*,[153] símbolo de seu posto no culto dos ancestrais, lhe adornava o peito e, somente após se imbuir desses elementos, vestiu as roupas e os sapatos brancos. Separou outras roupas para as demais noites de ritual e as colocou em uma pequena mala junto com seus objetos de asseio pessoal.

A boina branca de costume foi substituída pelo *filá* também branco. Colocou o frasco contendo os *Atarês*[154] no bolso e, antes de sair, preparou a quartinha com água que ficaria na porta de entrada. Deixou o *Aruá*[155] já com o gengibre ralado e a água descansando, e derretendo a rapadura, em cima da mesa. Partiu junto de seus irmãos e amigos mais próximos até o terreiro onde a pessoa estaria sendo velada.

---
153. Objeto sagrado particular do culto *Egúngún*.
154. Do *original em Yorùbá, Atare*. É a pimenta-da-costa, pimenta de origem africana.
155. Um preparado de alguns ingredientes que pode ser utilizado também para os banhos dos adeptos do *Candomblé* brasileiro.

A surpresa foi tamanha quando da chegada à frente do barracão. Seu coração disparou. Nutria ainda uma esperança, ao mesmo tempo que pensava ser melhor que a mulher a quem um dia amou não tivesse aceitado seu destino e abandonado o lugar há muito tempo. Por mais que jamais tivesse pisado naquele lugar, sabia quem eram as pessoas que pertenciam àquela casa de *Candomblé*.

A casa estava cheia e muitos vieram dar seus préstimos. Grandes *Ialorixás* e *Babalorixás*, velhos *ogans* e *Ojés* do culto dos ancestrais. Pessoas ilustres do meio artístico e político também estavam presentes. Anônimos que talvez tivessem sido clientes daquela mulher lotavam o barracão e as dependências externas do terreiro. Em meio ao grande contingente de pessoas, caminhou até seu mestre, que o mandou ir ver a mulher deitada no caixão.

Caminhava lentamente mastigando a pimenta-da-costa, e chegando perto as pessoas abriam caminho. Encontrava-se perto de sua face e, entre as lamentações e o pranto à sua volta, proferiu palavras em iorubá junto ao ouvido daquela que jamais lhe responderia, as palavras do último adeus, desejando que estivesse em bom lugar.

Os primeiros ritos de antes do início do velório haviam sido executados com maestria pelos iniciados mais velhos daquele terreiro. Preferiu aguardar mais distante até que as outras etapas se seguissem e assim o fazia junto de seus amigos. O tempo ia passando até que todos se despedissem da sua maneira. A manhã já estava pela metade quando uma senhora daquele terreiro olhava as horas e dava sinal para que o ancião que havia vindo gentilmente de outra casa iniciasse os cânticos. As pessoas respondiam cantando com forte emoção enquanto os homens que se dispuseram a carregar o féretro seguravam as alças firmemente e levantavam o caixão na altura de seus ombros.

A procissão seguiu pela rua até a entrada do cemitério em uma caminhada morosa, onde aqueles que carregavam o corpo davam alguns passos adiante e outros para trás. A comitiva era enorme e a grande maioria das pessoas estava vestida de branco, algumas carregando grandes potes com flores e outras com arranjos nas mãos. Crianças estavam nos colos de suas mães e todos entoavam as canções, que passavam a ser puxadas pelo maior discípulo do velho.

Caminhava entre os que andavam na frente abrindo caminho, às vezes olhava para trás e visualizava a imensidão dos iniciados vestidos de branco. Os *ogans* mais novos empunhavam bastões enormes ao lado do féretro, que sustentava o pano branco que o protegia do sol. Policiais que passavam por perto reconheceram um de seus irmãos de farda empunhando uma das alças do caixão e, sem falarem nada, tomaram a dianteira e administraram o trânsito para que o cortejo seguisse sem interrupções.

Estavam diante da entrada do cemitério e o *ogan* dava instruções aos ouvidos daqueles homens, para que, antes de passarem pela entrada do local, erguessem o caixão algumas vezes acima da cabeça em respeito a *Exu* e aos ancestrais. Há poucos metros havia uma pequena capela e diante dela uma mesa onde repousaram o receptáculo e ele ali permaneceu coberto pelo grande pano branco acima dos mastros, enquanto os mais velhos presentes entoavam alguns cânticos dando adeus à pessoa que tanto amavam e respeitavam.

Podia-se ver a manifestação do sagrado em grande parte dos filhos de santo daquela senhora, e os *Orixás* chegavam sem expressar seus *Ilás*. Naquele silêncio, eram amparados pelas *equedes* e junto delas vinham dar suas reverências diante do caixão. Novamente os mesmos homens o erguiam pelas alças na altura de seus ombros e partiam em direção à última morada da porção física daquele ser. Alguns passos à frente e outros poucos atrás. As pessoas caminhavam lentamente acompanhando a procissão até que fosse colocado em posição para ser baixado na cova.

Fazia-se silêncio enquanto um padre católico dava suas bênçãos e preces. Um breve sermão sobre a morte e a vida eterna, logo depois, um representante de uma comunidade evangélica próxima ao terreiro pediu licença para expressar seu respeito pela falecida *Ialorixá*. Dizia que, mesmo diante de toda a diversidade, independentemente de religião ou credo, a simpatia que havia sido criada pelos anos de convivência o deixava à vontade para expressar seu apreço e fazer, uma oração ecumênica que pedia pela alma daquela senhora, e suas palavras eram repetidas por grande parte das pessoas. Pedia a Deus pela remissão de todos os pecados daquela filha que se encaminhava para seu reino, que desse aos que neste mundo ficavam, conforto e compreensão, para que aceitassem sua partida e dessem prosseguimento em suas vidas.

As pessoas fizeram um minuto de silêncio ouvindo apenas os ventos que carregavam as folhas de amoreiras abundantes naquele terreno. Começava a cantar novamente e dava sinal para que os funcionários daquele local baixassem o caixão. O pranto, quase geral, vinha forte e a maioria das pessoas comovidas e emocionadas deixava as lágrimas romperem a fortaleza de seus corações e vertia mais lágrimas de seus olhos, junto com o suspiro de uns e outros que se amparavam nos ombros de quem estivesse próximo.

Os coveiros retiravam as cordas e, antes que começassem a despejar a terra para cobrir o buraco, retiravam seus chapéus de palha e faziam o sinal da cruz em seu corpo em respeito à falecida. A *ebomi* mais velha, irmã de santo da senhora que partiu, pegou com as mãos o primeiro punhado de terra e em prantos a jogava no buraco sendo seguida por todos. Munidos de suas pás, os trabalhadores terminavam de encher o buraco e o cobriam com os arranjos de flores trazidos pelos iniciados.

Seguindo o cântico entoado, as pessoas davam as costas à nova morada do corpo daquela mulher e faziam sinais com as mãos sobre suas cabeças, e caminhavam para fora do cemitério limpando a terra de seus pés antes de saírem.

Antes que entrassem novamente no terreiro, acompanhava um pequeno grupo chefiado pelos velhos *ogans* até um boteco onde entraram. O velho mestre e seu amigo irmão de santo da falecida pediam uma dose de cachaça. Tomavam um gole e colocavam o copo sobre o balcão antes de irem para o lado de fora, seguindo a ordem de suas idades, vinha outro e tomava mais um gole até que, antes de o copo se esvaziar, fosse completado novamente e os mais novos de confirmação acabavam por ser os penúltimos. O mais velho voltou e bebeu o que havia sobrado. Era talvez um sinal de respeito pela mulher que havia partido e eles o faziam com muito pesar.

Partiram até o terreiro onde a porta foi despachada pelo mais velho antes que entrassem. Seguindo as orientações do ancião da casa, tudo havia sido preparado durante o dia e, ao anoitecer, as pessoas se aprontavam para o início dos ritos. Aqueles que iam chegando despachavam a porta e em seguida caminhavam até o alguidar próximo dos batentes da entrada e lavavam as mãos com a água que nele estava contido, passavam as mãos molhadas pelo rosto e em outras partes do corpo antes de entrarem.

Todos os enfeites do salão haviam sido retirados e os quadros, *atabaques* e outros adornos, assim como o *Axé* do barracão, haviam sido cobertos com panos brancos. A única iluminação que havia era a da vela acesa perto da entrada, junto dos elementos que foram dispostos no chão e seriam utilizados no ritual. Os filhos de santo da casa estavam todos sentados nas esteiras no chão ao fundo, os mais velhos e visitantes de outras casas se encontravam em uma lateral, sentados em bancos. Os *ogans*, tanto os da casa como os visitantes, se sentavam também em bancos no lado oposto aos *elegúns* mais velhos e as *equedes*.

Havia um banco maior próximo à entrada na lateral dos objetos que estavam arriados, onde os *ogans* que presidiam o ritual estavam estabelecidos. Tomava seu lugar sentado no banquinho acompanhado de outro *ogan* da casa, que se sentava em outro a seu lado e ambos atrás dos elementos dispostos. Iniciavam-se os cânticos do *Ipadê*. O velho mestre cantava e as mulheres de costas para a porta dançavam diante dos dois *ogans* que tocavam as cabaças. Ao contrário do que muita gente pensava, aquele senhor possuía o posto necessário que lhe permitia cantar aquela cerimônia.

A cabaça que seu discípulo tocava tinha a boca aberta e era tocada com as mãos, era apoiada em cima do pano dobrado sobre a ponta dianteira do banco entre suas pernas. Executava o som com tal maestria que lembrava o emitido pelo *atabaque Hun*. O *ogan* da casa tocava com duas varinhas sobre uma grande cabaça emborcada em um alguidar no chão e as mulheres dançavam conforme o que era pedido nos cânticos em sua língua litúrgica. Nem todas as pessoas sabiam os significados das cantigas, os mais velhos respondiam e eram acompanhados pelos mais novos.

A irmã de santo da senhora permanecia ajoelhada ao lado dos músicos com os cotovelos sobre outro banquinho e enchia uma cuia com alguns elementos, de acordo com o que era mencionado nos cânticos do velho mestre. Todos aqueles que não possuíam idade avançada ficavam ajoelhados durante aquele momento, cada vez que a cuia era preenchida pela velha, a *Iamorô*[156] da casa a tomava nas mãos, dançava mais um pouco e saía do barracão para dar destino àqueles elementos acompanhada das outras mulheres, que tinham o posto necessário para a execução do ritual.

Ninguém poderia ficar do lado de fora nem presenciar o local onde seriam depositados, era um segredo que deveria ser respeitado por todos. Naqueles instantes, acreditavam que os ancestrais estavam andando pelas dependências do local e tinham por finalidade cientificar algumas entidades que o rito do *Axexê* estava a ser praticado.

Ao término, todos retornavam aos seus lugares e as primeiras cantigas eram entoadas; aquela senhora que era a mais velha da casa dançava primeiro. Reverenciava a porta, os *Axés* que estavam arriados no chão e todos os mais velhos. Enquanto dançava, as pessoas vinham até ela e lhe davam moedas nas mãos. Conforme suas mãos se enchiam, ela despejava dentro de outra cabaça aberta longitudinalmente, que ficava ao canto próximo da vela. Os outros cânticos eram seguidos por outras pessoas, as mais velhas daquela ou de outras casas e, conforme o tempo ia passando, cada um encontrava sua hora certa de dançar.

---

156. Posto feminino dentro do *Candomblé* brasileiro.

Enquanto tocava a cabaça naquele ambiente escuro rodeado por lamentações e pela despedida, por um breve momento seu coração travou e se preencheu de sentimento. Com o tempo já havia aprendido a dominar melhor suas emoções e, por mais difícil que fosse, não as externar. Mesmo assim, ao ver sua amada dançando o *Axexê* à sua frente, procurava se concentrar nas batidas mais belas em homenagem à mãe daquela a quem amou, sem errar. Como que em um gesto de compaixão grande pela perda, sorriu ligeiramente e assentiu com a cabeça para ela. Eram unidos pela distância daquele ato sagrado, pensava o quanto deveria tê-la procurado entre a multidão na cerimônia de corpo presente, em que talvez pudesse pelo menos tê-la amparado com inocência, amor e fé durante o velório e o enterro. A primeira noite de *Axexê* seguiu assim. Não trocaram uma palavra sequer, apenas olhares. Apenas vontades caladas por algum respeito, dúvida ou talvez medo.

O velho lhe entregava a palavra na hora de cantar para os *Babá Eguns* e ele começava com cânticos que pediam licença aos donos e aos ancestrais da casa. Os *Ojés* que estavam presentes o respeitavam e acompanhavam respondendo, dançavam juntos as cantigas que pediam a necessidade ou possibilidade de um *Ojé* dançar. As mulheres que estavam mais habituadas ao culto dos *Eguns*, assim como os *Ojés*, gritavam os *tiós*[157] no barracão.

O salão estava lotado, água era distribuída aos que participavam a fim de que pudessem se hidratar. Após o pedido de licença, começava a cantar para os *Babá Eguns* mais antigos e, depois de entoar vários louvores a esses ancestrais, passava a palavra aos *Ojés* mais velhos. A primeira noite foi longa e demorada. Muitos *ogans* velhos recebiam a palavra para cantarem em suas nações e, por fim, todas as nações do *Candomblé* brasileiro haviam sido cantadas e reverenciadas.

Durante o ato, as pessoas que tinham mais conhecimento do ritual se ausentavam do barracão por alguns instantes; alguns se encontravam e bebiam discretamente um pouco de cerveja ou mesmo qualquer outra bebida alcoólica. Todo iniciado que participasse do ritual deveria beber alguma coisa, mesmo os que fossem abstêmios deveriam ao menos molhar os lábios em respeito aos mortos. Esses eram os ensinamentos dos bem mais velhos e assim se fazia até o término do rito. Deveriam estar sempre de olho, sempre zelando para que ninguém se excedesse e faltasse com o respeito durante aquele ato. Todos se fiscalizavam para que alguns, que talvez encontrassem um consolo momentâneo na embriaguez, não o fizessem.

---

157. Reverências verbais aos ancestrais.

Aqueles que não fossem iniciados, pelo correto não deveriam participar, mas todos tinham a compreensão de que gostariam de homenagear uma pessoa querida, eram vistos com inocência, e não tinham a obrigatoriedade de seguir com todas as doutrinas, apenas as fundamentais, como se vestir de branco e manter a cabeça coberta. Após serem louvadas todas as nações, o velho retomava a palavra e começava a cantar para todos os *Orixás* em uma sequência específica. Todos ficaram com as cabeças descobertas durante aquele tempo.

Antes do encerramento ele fazia uma louvação a *Oxosse*, que tinha o significado de pedir que as mortes fossem cessadas. Aqueles que iniciaram o rito retomavam seus lugares nas cabaças e se encerrava a primeira noite com todos os elementos no chão sendo cobertos com o pano branco que amparava a cabaça tocada sobre o banquinho, e de maneira ritualística pelos *ogans*. Àqueles que participaram era servida a comida. Peixe e comidas leves eram acompanhadas do *Aruá* que bebiam. Aos poucos as pessoas retornavam para suas casas e a cada nova noite das sete que compunham o ritual a casa se enchia de mais gente.

A sexta noite havia sido a mais emocionante, deveriam estar presentes as mesmas pessoas que iniciaram o *Axexê* e vestirem as roupas utilizadas durante a primeira. Algumas pessoas faziam confusão e achavam que deveriam vestir a mesma roupa durante todas as noites do ritual, do início até o fim, e isso descontraía alguns, que se divertiam com o fato sem nada explicarem a elas.

Os ânimos estavam bem exaltados. Foi a noite mais extensa, em que o rito se iniciou conforme as noites anteriores, houve os toques e os cânticos e, por fim, o ato sagrado no *Ilé Ibó Aku*, a casa dos ancestrais. Presidiu esse *Orô* acompanhado de seu mestre, que apenas cantava seus elementos; outro *Ojé* que era o mais velho dos que estavam presentes e outros *ogans* da casa que possuíam o saber acerca daquele rito tão perigoso de ser executado, e que não se podia errar, o acompanhavam.

O *obi* foi partido pelo *Ojé* e lançado. Com a caída dele veio a certeza de que todo o rito havia sido executado de maneira satisfatória. Transmitia a todos, de maneira muito direta, a notícia de que tudo havia sido muito bem feito e bem aceito, provavelmente o espírito da mãe de santo falecida havia se alegrado por ter recebido suas honras necessárias. Há quem diga ter presenciado a materialização da senhora falecida, ou mesmo de outras pessoas que já se encontravam no mundo espiritual, vagando pela casa durante aqueles momentos. Muito do sobrenatural estava no ar e aumentando o receio dos presentes que acompanhavam de fora da casa, onde se empenhavam em cuidar dos antepassados.

Aqueles homens retiravam suas camisas antes de começarem as obrigações na casa onde morava o mistério e exibiam seus fios de conta, quem possuía exibia seu *brevi*. As cabeças estavam cobertas e os pés descalços. Os cânticos sendo respondidos por todos e, após a conclusão daquele momento litúrgico, todos os elementos utilizados no ritual desde o início eram trazidos e acondicionados de maneira especial em grandes balaios.

Saía a procissão com os *ogans* mais novos e vigorosos carregando os grandes e pesados cestos acompanhados daqueles que executaram os atos necessários. Quem era preparado e podia, portava o *Ixan*, único instrumento que os *Eguns* respeitavam, a vara retirada das árvores ancestrais que só podia ser portada e utilizada por aqueles que eram membros do culto dos ancestrais. Alguns *Orixás* específicos que estavam manifestados nas pessoas acompanhavam os homens, e as mulheres que não estivessem incorporadas não podiam participar, a incumbência da realização daquelas etapas do *axexê* pertencia apenas aos do sexo masculino.

A caminhada era longa e os carregadores iam se revezando até a chegada no local. Às margens do grande lago os balaios eram depositados. A margem era rasa e a lama pegajosa; os homens eram obrigados a entrar com a água pela cintura para que pudessem empurrar os cestos até um ponto em que eles tomassem um local de maior profundidade e afundassem nas águas.

Houve um descuido de um dos jovens enquanto se empenhava em empurrar as coisas mais para longe. Estava afundando e a água começava a cobrir-lhe a cabeça. Tentava gritar por socorro, porém já não conseguia falar e, quando se desesperou imaginando seu triste fim, uma mão atravessou a superfície da água e o apanhou pelas costas segurando firme pelo cinto das calças e o retirou de uma vez. Arremessado à margem, olhava seu salvador e muito demorou até que entendesse a situação. Todos já haviam se distanciado alguns metros de onde estava; *Ogum* vinha andando lentamente em sua direção sem emitir nenhum som. Aquela velha senhora negra, franzina e com seu corpo fatigado pelo tempo, abrigava o *Orixá* que o havia retirado do fundo do lago de uma só vez. Continuaram acompanhando os outros sem proferir nenhuma palavra e poucas foram as pessoas a quem narrou o acontecido.

Após regressarem, retomavam seus postos no barracão lotado e iniciavam o *ebó* da casa, onde vários elementos foram passados em todos os cômodos e depois na frente do barracão, depositados em local específico onde seriam apanhados pelas pessoas determinadas para essa função e despachados. Os *Orixás* manifestados aguardavam as pessoas que pegavam as outras comidas do *ebó* destinado ao povo, estavam dispostas no chão em grandes cestos ou alguidares e, de acordo com suas idades de iniciados, seguiam até o *Orixá* que passava aqueles elementos em seus corpos e em seguida jogavam tudo dentro de outro balaio. Por fim chegavam próximos a outros *Orixás* que batiam folhas em seus corpos. Retiravam os banhos de folhas frescas e encontravam lugar onde poderiam se purificar e mudar de roupas.

Nenhum dos presentes poderia ir embora e locais preparados já continham as esteiras ou mesmo alguns poucos colchões para abrigar aquele povo. O café da manhã e o almoço faziam parte do ritual e, no fim da tarde, assim que escurecia, começava o arremate. Era a sétima noite do *Axexê* e ocorreria tudo na mesma ordem que as outras noites antes do *Orô*, porém seria tocado agora com os *atabaques*. Os dois trocavam as primeiras palavras depois de muitos anos. A maturidade já havia sido alcançada por eles havia um bom tempo, ela agradecia por tudo que havia sido feito e ele tentava dar alguma boa palavra que a consolasse pelo falecimento de sua mãe de santo. Falaram poucas palavras a respeito da passagem de suas vidas e outros comentários sobre o transcorrer desses anos todos que haviam se passado, sem que se vissem ou tivessem notícias um do outro. Apresentou-lhe suas filhas, que lhe tomaram a bênção da maneira correta, e depois as elogiou comparando sua beleza à da mãe.

Ao chegar em casa, despachou a porta jogando a água da quartinha nos pontos específicos da rua e, antes de entrar, lágrimas silenciosas começavam a escorrer. O reencontro havia sido tão bom, talvez melhor se em outra circunstância que não o falecimento de uma pessoa querida pela mulher. Tomou seu banho com o *Aruá* e tentou dormir em seguida.

As filhas queriam consolar a mãe enquanto chorava sentada na beira da cama, falavam sobre a mãe de santo achando que era somente a saudade dela que a entristecia; não podiam imaginar o outro real motivo que lhe arrancava o pranto. Sofria novamente pelo reencontro com seu amor proibido.

De tempos em tempos, durante os *Axexês* que deveriam ser executados periodicamente, a dor foi grande, mas o contato que tinham um com o outro nesses períodos fazia com que a amizade aumentasse e tornasse a convivência entre ambos uma coisa menos sofrida e mais conformada.

Capítulo XXVIII

O Encanto do Mar

Todo um ciclo de longos anos havia se passado, o tempo necessário. A cada *Axexê* realizado naquela casa, a quantidade de pessoas aumentava e também a expectativa em se confirmar algo que todos já sabiam. Alguns meses depois do rito de sete anos após o falecimento da *Ialorixá*, chegou um senhor de idade bem avançada vindo de longe. Ninguém fazia ideia de sua real idade cronológica, já era velho quando os mais velhos da casa ainda eram novos. Alguns diziam que ele havia presenciado os tempos finais da escravidão no Brasil e aprendido a essência do *Candomblé* com os primeiros sacerdotes que estruturaram o culto aos *Orixás* no formato brasileiro.

Chegava em uma comissão de poucas mulheres e alguns homens que zelavam por sua saúde frágil. Era tratado quase como uma divindade em virtude de sua grande importância. Haviam preparado o melhor quarto da casa, mesmo que bem humilde, mas era do maior conforto que poderiam proporcionar. Preferiu que lhe fizessem uma cama de esteiras no chão, forradas com folhas que seus acompanhantes, instruídos por ele, traziam frescas e eram trocadas todos os dias. Deixava a cama grande de colchão confortável para que as mulheres que vieram em sua comitiva dividissem e pudessem encontrar bom repouso para seus corpos.

Era acostumado com a simplicidade por mais de uma centena de anos e fazia questão de demonstrar toda a educação que recebera. Não se sentava à cabeceira da mesa mesmo que lhe insistissem, nem começava a comer antes da presença dos mais velhos da casa. Durante alguns dias, os habitantes daquela sociedade religiosa aguardavam impacientemente que aquele homem realizasse logo os trabalhos, os quais havia se prontificado em cumprir por causa do respeito e da amizade por uma falecida mãe de santo a quem teve o prazer de ver ainda criança nos anos em que desfrutava a simpatia e o convívio de seus pais.

Algumas pessoas encontravam naquela oportunidade um meio de tentar se projetar e se autoafirmar, e vinham com notícias de que já haviam desvendado os mistérios que rondavam a casa naquela época. O velho a tudo via e ouvia. Eram pessoas que se aproveitavam da febre de novos conhecimentos que estavam sendo trazidos da África por estudiosos e dos que alguns africanos que chegavam ao Brasil também traziam e ensinavam a qualquer pessoa que demonstrasse interesse e uma boa quantia em dinheiro.

Silenciosamente escutava as histórias que contavam e assentia com a cabeça a cada ensinamento que seus bem mais novos, ávidos pela necessidade de demonstrarem saber, despejavam em seus ouvidos. Falavam sobre *Orixás, Voduns* e *N'kises,* que eram pouco, ou nem cultuados no Brasil – ou quem sabe fossem, mas de uma forma diferente, que não deixasse nenhum fundamento ser perdido e somente os mais velhos ainda soubessem os verdadeiros motivos de cada ato que muita gente repetia, sem se preocupar com seu significado e finalidade.

Ficava admirado com a vontade que tinham em se aperfeiçoar, mas guardava para si o julgamento de que eram vontades por propósitos errados. Se antes a necessidade era cultuar e ajudar seus irmãos e sua comunidade, iniciava-se uma fase em que as pessoas começariam a guerrear por conhecimento. Uma guerra que só tinha um objetivo, a ostentação e o luxo.

Costumava dizer às pessoas que lhe eram mais chegadas que o dinheiro que antes era necessário se esforçar para ganhar trabalhando em diversas atividades árduas, para que se pudesse comprar a liberdade dos escravos e propiciar a batalha pela igualdade, pela resistência da cultura do povo de santo, agora era explorado por aqueles que viam na fé das pessoas um veículo que o trouxesse em larga escala. Muitos pagariam pela riqueza de sacerdotes, para que pudessem abandonar seus ofícios e se dedicarem a fazer da religião, que tantos lutaram para manter a chama viva, uma profissão.

O sorriso com os lábios cerrados era habitual durante tais conversas, parecia demonstrar interesse, e aquelas pessoas acreditavam realmente que tudo aquilo que lhes era novo também era novidade importante para o velho. Naquele dia no barracão, estavam dispostos alguns elementos que foram solicitados pelo senhor aos que o acompanhavam. Aqueles que passaram alguns dias a brindá-lo com suas novas doutrinas metiam-se a organizar tudo da forma como achavam que sabiam e ficavam dando explicações sobre a representação de cada objeto que havia sido colocado na esteira no chão. Afirmavam que já conheciam todo o enunciado e que tinham se certificado de que tudo já estivesse ali.

O homem os olhava e ainda assentia com a cabeça, indicava a real localização de cada objeto que depois foi organizado por ele mesmo e se sentou no chão com as pernas abertas e solicitando que seus acompanhantes trouxessem mais um ou outro elemento que faltava, fazendo com que aqueles que demonstravam tanto saber corassem de vergonha.

Falava muito baixo e de maneira serena. Sussurrou aos ouvidos de uma mulher, que logo depois solicitou apenas a presença dos mais velhos iniciados da casa no barracão. Aos que vieram de outros lugares e ali posteriormente deram suas obrigações, era pedido educadamente que ficassem do lado de fora junto com os outros curiosos, os que vieram assuntar sobre tudo que seria feito e também aquelas pessoas que passaram os últimos dias demonstrando toda a sua sabedoria.

Dizia que aquelas pessoas não precisariam ficar ali, pois já sabiam tudo e provavelmente não veriam nada que já não tivessem visto. Saíam a contragosto e com o rosto sem expressão, estavam decepcionados por não participarem do ato e talvez olhassem para dentro de si e percebessem o quanto foram inconvenientes, tentando ensinar algo em vez de se calarem para aprender com aquele velho.

Após muitos momentos de orações e rezas na língua de seus ancestrais, consultava o oráculo de *Ifá* por meio de seus instrumentos sagrados. Com um pequeno bastão esculpido chamado de *Irokê*,[158] batia repetidas vezes na tábua à sua frente e chacoalhava os fios do *Opelé Ifá*,[159] composto de seus *ikins*, as nozes de dendê. Os fios de palha trançada com as nozes eram lançados ao chão e logo depois desenhava os signos naquele pó de cor clara, o *Iorosun*,[160] que ficava sobre o *Opón Ifá*,[161] a tábua de madeira ancestral. Seus dedos faziam pequenos riscos que ele interpretava.

Dava as mensagens trazidas no jogo divinatório a todos os presentes. *Iemanjá* se manifestou em sua filha naquele instante, sacramentando as palavras do *Babalaô*, o pai do segredo. Começariam agora os preparativos para a cerimônia na qual aquela moça, que um dia foi uma jovem que gostaria de viver uma vida feliz ao lado do homem que amava, seria sentada na cadeira de *Ialorixá* como dirigente do terreiro, sucedendo sua finada mãe de santo na liderança daquele *Ebé*. Horas

---

158. Do original em *Yorùbá, Irọkẹ*. Instrumento utilizado pelo *Babáláwo* na consulta ao oráculo de Ifá.
159. Do original em *Yorùbá, Ọ̀pèlè Ifá*. Instrumento utilizado pelo *Babáláwo* na consulta ao oráculo de Ifá.
160. Do original em *Yorùbá, Iyẹrẹosun*. Pó de uma semente, utilizado pelo *Babáláwo* na consulta ao oráculo de Ifá.
161. Do original em *Yorùbá, Ọpọ́n Ifá*. Instrumento utilizado pelo *Babáláwo* na consulta ao oráculo de Ifá.

depois, acompanhada do velho *Babalaô* – que talvez fosse o último brasileiro que possuía todos os segredos do oráculo ainda vivo – e da senhora de *Oxumarê,* a moça relembrava, naquele fim de tarde quente com uma leve brisa que os refrescava, os tempos em que era jovem e arredia ao destino que viria a cumprir.

 Havia pessoas que a enxergavam com olhar de desaprovação; em contrapartida, outros a olhavam com contentamento. Sabiam que, além da vontade da antiga *Ialorixá*, havia também a vontade dos *Orixás* e ancestrais da casa. O velho, junto de pouquíssimas pessoas da maior confiança, lhe fez alguns *ebós* para que a fortalecessem e protegessem dos maus olhos e da inveja que pairava na cabeça dos descontentes. Iniciaram na data proposta os ritos que antecederiam a festa para *Iemanjá*, onde seria consagrada mãe de santo de fato e de direito, recebendo seus direitos pelas mãos daquela senhora, que agora seria a pessoa que zelaria por ela mantendo toda a tradicionalidade daquele povo dentro de sua família de santo.

 O rito interno havia sido muito bonito e presidido pela orientação do saber mais que centenário daquele homem. Todos os filhos e filhas da casa tiveram suas cabeças lavadas pela nova mãe de santo e a ela renderiam a mesma dedicação e obediência com a qual serviram sua antecessora.

 Um convite chegou em papel de carta muito bem confeccionado em alguma gráfica da cidade, muitos dias antes. O *ogan* observava os dizeres sobre a reabertura daquele *Ilê Axé* sob os cuidados da nova sacerdotisa que seria empossada e aguardava ansiosamente para participar. Em dado momento, pensou em não sair de sua casa para encontrar novamente a mulher que mantinha a chama do amor viva em seu coração, porém no fundo mal podia esperar por mais uma oportunidade em que teria a chance de sentir despejada em seus olhos a bela figura que o cativava.

 Desde o reencontro, na ocasião do falecimento da mãe de santo daquele lugar, estava confuso. Os anos já haviam se passado, o sentimento era ainda intenso de ambos os lados, porém não havia mais como reatar o calor da juventude e a chance de ficarem juntos. Um turbilhão de pensamentos passava por sua cabeça durante todos os dias de espera e resolvia ser melhor aconselhar-se com seu velho mentor; teria talvez uma boa palavra para aplacar seus sentimentos sobre a altura em que sua vida se encontrava.

 Dizia ao seu aluno que muita coisa já havia se passado. Ambos tinham filhos e prezavam por sua instrução, o bom estudo de seus jovens e o encaminhamento para uma vida adulta que fosse menos sofrida do que a dos antepassados. Já não era mais nada como antigamente, quando os filhos acompanhavam seus pais. Somente poderiam fazer com que tivessem acesso aos subsídios necessários para o dia a dia de um cidadão comum e, se um dia fosse chegado o chamado dos *Orixás*, encaminhá-los corretamente à sua religião, se assim fosse de sua vontade.

Os dois construíram cada um sua história e com pesados tijolos. Nem tudo foi como gostariam, ao menos uma grande amizade poderia florescer entre os dois. Já haviam ficado solitários por tempos demais. A tristeza por se apaixonar pelas estrelas era grande, pois elas nunca poderiam ser alcançadas. Mas estariam no céu toda noite e poderiam ser adoradas eternamente na esperança de um dia se juntar a elas. E o mestre ainda dizia que deveria dar importância à vida das pessoas que estivesse em suas mãos; os desígnios dos *Orixás* nem sempre seriam claros, mas nada aconteceria se não fosse por sua vontade.

Havia tanto tempo que não olhava para as estrelas e naquela noite, antes de sair, as admirou por horas imaginando que talvez um dia estivesse realmente junto delas. Saiu para o *candomblé* com as pessoas que costumavam ser suas companhias nos tempos em que ainda era aquele jovem, que tanto amava e sonhava ser regente da linda orquestra que conduzia a harmonia para a dança dos *Orixás*. Chegando à festa, foi muito bem recebido como de costume. Todos os sinais de respeito foram prestados.

O *candomblé* foi entregue a seu mestre, que sorria enquanto dizia a todos que a festa não poderia ser cantada por ninguém além dele. A seu discípulo foi dada a honra de conduzir os cânticos e os toques, enquanto os mais velhos presentes apenas respondiam sentados em seus lugares de honra.

Na hora anunciada, da entrada do *Orixá* reverenciado na festa, a emoção se fez no ar. *Iemanjá* entrava no barracão. Há quem dissesse que naquele momento o próprio *Orixá* estivesse em terra, e não sua energia no corpo da sacerdotisa. Olhava-a como se fosse a primeira vez que tivesse visto aquele santo. Cantava com o coração aberto e as pessoas respondiam em uníssono, formando o coral mais belo que já havia escutado. Muitas mesuras foram direcionados pelas pessoas mais importantes dentro do *Candomblé* que ali estavam presentes. O *Orixá* entrou e fez todas as reverências aos mais antigos e aos ancestrais da casa.

Não tocava mais o *Hun* com tanta frequência que antigamente. Ali em pé, com amor ele entoou os mais lindos cânticos que conhecia. Exauriu todo seu conhecimento em louvor àquele *Orixá*. Todos se emocionaram e sentiram a intensidade das coisas que estavam à mostra no barracão; viam-se lágrimas escorrendo por todos os lados e a força daquele ato era imensa, tão grande que trazia os *Orixás* da maioria dos iniciados para comparecerem à festa. Seu mestre, com o coração cheio de compaixão pela história do aluno, tomou a palavra para si e, quando todos pensaram que já haviam ouvido todas as músicas conhecidas em homenagem àquele *Orixá*, cantou cânticos que os mais novos e talvez muitos daqueles que nasceram em seu tempo de juventude nunca tivessem ouvido e somente os bem mais velhos conheciam, porém já nem mais lembravam como eram lindas aquelas palavras e respondiam com alguma dificuldade no começo, e se acertava a cada volta das cantigas.

O rapaz subiu no *Hun* e parecia uma criança em lágrimas silenciosas enquanto aprendia os cânticos e tocava com a maior habilidade que possuía, fazendo daquele um momento único que seria com toda a certeza narrado por anos aos novos iniciados. Ele observava as lindas roupas e a coroa que usava com a tiara de miçangas aperoladas que escondiam seu rosto. Ao acompanhar sua dança, seus olhos seguiam seus passos pelo salão e tanto ele como muitos dos outros podiam visualizar a trança de palhas da costa enroladas em seu tornozelo no momento em que girava e a barra das saias e anáguas subiam junto com o calçolão.

Orixás chegavam a todo instante, pessoas bolavam no santo e eram recolhidas para um local específico. Vertiam rios de lágrimas emocionadas pelos olhos dos que realmente amavam os santos do *Candomblé*. Vários eram os *Ilás* dos *Orixás,* que permaneciam parados de lado dando espaço para *Iemanjá* no corpo da nova matriarca bailar de frente aos *atabaques* – dizia-se que foi um momento para se guardar na memória daqueles que jamais iriam ter outra oportunidade de vislumbrar acontecimento igual.

As *equedes* estavam muito atarefadas aparando e cuidado dos *Orixás* e da recepção das pessoas. Os *ogans* mais novos ficavam todos extasiados com o acontecimento e não queriam perder um só momento ausentando-se do barracão, como já começava a ser de costume naquela época. Os turistas, os visitantes e os *abians* se admiravam com tudo e faziam com que a fé ali expressada só aumentasse.

O contentamento era visto nos olhos daquelas poucas pessoas que viveram um *Candomblé* de muito antigamente, participavam de uma festa que não deixava nada a desejar e os remetia às festas de seu tempo. A simplicidade do sagrado tornava aquela casa mais humilde, no lugar que mais poderia representar toda a perfeição da comunhão com a natureza entre os homens e as divindades.

Voltava consciente e seria investida do cargo que ocuparia. Foi sentada na cadeira pela senhora de *Oxumarê*, com a ajuda do *Babalaô* e, a cada ato, olhava para o retrato a óleo da imagem de sua mãe de santo na parede, com os olhos em um pranto sutil, depois encarava seu amor com um sorriso no rosto e um breve suspiro pelo contentamento em vê--lo presente em um dos momentos de maior importância em sua vida.

As pessoas gritavam homenagens a *Iemanjá* e, enquanto o cântico que ambientava todo aquele ato era executado, os filhos de santo da casa vinham e alguns se prostravam a seus pés enquanto que outros ajoelhavam e colocavam apenas a cabeça no chão e em seguida tomavam-lhe a bênção. Assim também prosseguiam os mais novos de santo das outras casas, os filhos dos filhos de santo de sua falecida mãe e também seus ascendentes.

Cantou o *Jiká* em homenagem a *Iemanjá* e a nova *Ialorixá* dançou em frente aos *atabaques* sozinha. Seguia uma sequência muito bonita, em que cada um a acompanhava na dança, de acordo com suas idades e os postos que eram louvados a cada novo cântico. Por fim louvaram *Oxosse*, o senhor da nação *Ketu* do *Candomblé,* e todos os iniciados foram convidados a dançarem em comunhão. Chegava *Oxalá* acompanhado de *Oxaguian* seu protetor e foram recebidos com mais cantigas direcionadas a eles. *Oxaguian* era reverenciado como o general que teria a responsabilidade de proteger o velho *Irunmolé,* ao longo dos tempos, de qualquer intempérie que o acompanhasse no mundo místico e mítico da história dos *Orixás.*

Aqueles que haviam iniciado o *Xirê* assumiam o toque. Assim como em todos os atos dentro daquela religião, quem havia começado terminaria a festa. E o encerramento havia de ser tão belo quanto jamais qualquer outro teria sido antes daquele. Depois que todos os *Orixás* foram recolhidos para o quarto grande, para que as pessoas pudessem se recompor, foi tocada a *Hamunha* mais perfeita que já se ouviu.

A nova *Ialorixá,* seguida das *ebomis* mais velhas de sua casa, tomou o barracão e juntas dançaram as passagens mais complexas daquele toque composto por 16 variações, que representavam a presença de cada um dos principais *Orixás* cultuados. Somente esses passos eram dançados, deixando o resto dos outros cinco pertencentes à dança específica de *Iroko* e outros *Voduns* e lado.

Aquele que um dia foi o menino apaixonado pelo conjunto de sons executava o segredo dos tocadores do *Candomblé*. As mulheres só faziam acompanhá-lo, enquanto o seguiam em uma sequência que comandava seus movimentos pelo barracão. A beleza daquele momento poderia ter sido registrada, mas a pureza da religião estava em se guardar certas coisas apenas na lembrança. Havia muitos anos não se presenciava a execução dos movimentos todos em uma festa de *Candomblé,* e somente os que puderam presenciar poderiam narrar um dia para seus mais novos a riqueza de conhecimento e dedicação que fora ali despejada.

Os agradecimentos vieram com um rápido discurso no término, um bom discurso em que a mais nova *Ialorixá* dizia que ainda era uma criança, que muito tinha a aprender, e a responsabilidade que lhe havia sido entregue seria honrada por seus esforços, mas sem a ajuda e a união, a fé das outras pessoas, nada poderia fazer sozinha. *Candomblé* era religião de resistência, de união, de irmandade, e todos deveriam lutar para que assim fosse preservado, pois, no dia em que se tornasse profissão, tudo estaria rumando para o fim.

A confraternização chegava e todos aqueles presentes a felicitavam novamente, conversavam uns com os outros comentando a importância daquela cerimônia. Os dois corações que um dia foram tão próximos se alinharam novamente. Na conversa reservada que tiveram, não tentaram relembrar nada, apenas disseram o quanto o pesar dos anos tinha sido doloroso, porém ambos tiveram uma vida boa, sem mágoas, sem arrependimento, repleta de aventuras e desventuras. Viveram, fizeram muitas coisas e, mesmo estando longe, foram unidos pela fé e por um amor em comum. E o amor que sentiam um pelo outro jamais acabaria e poderia talvez ultrapassar aquela vida e, talvez em uma próxima vida, quem sabe fossem presenteados pela fé que tiveram e assim sua união fosse mais completa como gostariam.

A chuva fina começava a cair e os refrescava. O som do trovão era forte como se o raio da justiça caísse próximo de onde estavam, seu eco percorria toda a casa e era ouvido por todos. Não sabiam exatamente o porquê, mas enquanto ele afagava seus cabelos e a encarava, seus olhos sorriam reciprocamente e sua mão tocava a dele. O sorriso de lábios cerrados era doce e anunciava a despedida que fora celada com seu pedido de bênção. Ela pedia que todos os *Orixás* abençoassem sua vida e lhe trouxessem saúde e paz de espírito. Quando pedia a bênção do *ogan* em troca, ele rogava que *Iemanjá* e *Xangô* lhe abençoassem e dessem uma vida longa e de mais felicidade.

O momento poderia ter sido narrado de uma forma mais poética por aqueles que o presenciaram. A lágrima solitária que descia dos cantos opostos de seus olhos talvez pudesse emocionar o mais duro dos corações. Assim partia o *ogan*, deixando a *ebomi* a quem tanto amava. E o silêncio só era quebrado pelo som do mar que percorria todo espaço próximo deles, abafando os falatórios e as risadas das pessoas.

Era observado por seu mestre enquanto olhava atentamente as crianças brincando de fazer *candomblé* no quintal do terreiro. Os antigos *atabaques* nas mãos dos meninos que em tudo batucavam e as meninas que dançavam desajeitadas. As mulheres mais velhas, aquelas meninas dos tempos antigos, olhavam emocionadas. Todos eram remetidos aos muitos anos antes, quando eles mesmos faziam aquela algazarra. Era algo tão lindo aos seus olhos e mesmo os toques descompassados o impressionavam.

Caminhou vagarosamente sem ser notado até os meninos e, chegando bem próximo, sentiu a vontade de gritar como já haviam feito com ele no passado. Mesmo assim, ele se manteve firme e, ao perceberem que olhava sério para o garotinho que tentava dobrar o *Hun*, pararam.

Apossou-se silenciosamente da pequena vara nas mãos do menino e depois lhe disse que estava errado. Calmamente ameaçou sorrir e, olhando em seus olhos, iniciou o toque da caça que eles tanto tentavam tocar. As crianças se atrapalharam no começo por causa da excitação que sentiam, mas depois as batidas mais simples dos iniciantes o acompanhavam e ele tocava as passagens mais comuns de um toque antigo e cheio da graça. As mulheres de seu tempo iam chegando vagarosamente até a roda de seus mais novos e a eles ensinavam a dançar.

Aprendia uma nova lição enquanto estava rodeado por aquelas crianças vendo sua simplicidade e o coração puro, entendia que não precisava procurar entender as coisas ao seu redor: bastava vivê-las. O velho observava de seu canto e se sentia feliz, pois via em seu aluno, naquele momento, a pureza de seus tempos de moleque. Ficava feliz em saber que seu aluno havia conhecido uma nova lição sozinho. Mestre não era quem sempre ensinava, mas quem de repente aprendia.

Se fosse olhado atentamente, era possível enxergar uma pequena lágrima escorrendo de seus olhos já avermelhados. Antes que alguém notasse, retornou para o seio de seu lar, deixando que as novas gerações tivessem seu próprio mestre. O garoto se emocionava ao receber a varinha das mãos de um novo professor, suas mãos suadas tremiam e teve certa dificuldade em acertar as primeiras passagens. Ao invés de receber varadas, palavras de incentivo o forçavam a querer tocar de forma correta.

Orgulhava-se em ver o menino tocando de forma natural as poucas passagens que havia lhe ensinado e os outros ansiavam por ter a mesma oportunidade. Um a um, ele pegava os *aguidavis* e mostrava como se executava o toque repetitivo. A certa altura o som fluía compassado sem nenhum floreio e as meninas já desenvolviam sua dança acompanhadas daquelas mulheres de branco, com o torço prendendo os cabelos e as saias e camisas sujas pela lida na roça de *Candomblé*.

Era uma aula totalmente diferente de todas as outras que já havia dado; dessa vez não era técnico, não ficaria parado com os *atabaques* nas mãos tentando explicar como seriam os toques e depois se desgastando repetitivamente, tentando fazer com que seus alunos entendessem as passagens mais acrobáticas. Simplesmente tocava e mostrava às pequenas pessoas como deveria ser a base do som e imprimia em suas mentes a música que elas praticamente nasceram ouvindo e naquele momento elas somente deixavam fluir sua criatividade.

A individualidade de cada um traria uma gama enorme de floreios e passagens que seriam apreciadas no futuro sem que a base, a raiz de seu aprendizado fosse perdida. Não havia nenhuma pretensão naquela hora, mas a satisfação de ver outros seguindo seus passos era imensa e fazia com que se emocionasse.

Ao longo dos dias, sempre que tinha a oportunidade de estar novamente em seu terreiro, ele cobria aquelas crianças com as histórias antigas que lhe foram passadas um dia. As mesmas crianças se admiravam, assim como um dia ele mesmo já havia se sentido. Não só as histórias dos *Orixás* eram contadas, falava o que sabia sobre o tempo dos mais velhos e, com toda essa composição, ensinava lições às crianças.

Alguns disseram que, na última noite de seu *axexê*, avistaram uma linda mulher negra, descalça e com uma pequena trança de palhas da costa enrolada em seu tornozelo, caminhando pelo quintal. A cada passo se viam suas pernas, com uma saia branca de pano fino se espalhando pelo contorno de suas coxas e subindo pela cintura como um vestido que cobrisse seus seios, colado ao corpo molhado, e os mamilos um pouco proeminentes tomavam forma pela transparência da vestimenta encharcada. A face era coberta pelos fios de miçangas aperoladas que desciam de uma tiara em seus cabelos negros esvoaçantes e ela caminhava em direção à árvore ancestral. O brilho da lua podia ser refletido nas lágrimas que escorriam de seus olhos antes que sumisse com o clarão do raio que brilhava no horizonte.

Todos ouviam o som do mar reverberando pelo salão e, se o velho mestre daquele *ogan*, que um dia foi um jovem apaixonado pelos *Orixás*, ainda estivesse vivo, ele talvez dissesse que *Xangô* fez do pilão seu trono e foi dono de todas as suas vontades, mesmo as que deixou partir. Amar talvez estivesse verdadeiramente em deixar, e não em possuir.

Com o tempo, aqueles que um dia foram crianças se lembravam que certa vez, sentados todos aos pés de uma grande árvore, um velho mestre resolveu contar-lhes a história de um amor proibido. Talvez um dia ela chegasse aos ouvidos de pessoas que nunca puderam imaginar a beleza daquele universo chamado *Candomblé*. E aquela história começava com o som do trovão.

Glossário

A

Abikú = Do original em *Yorùbá*, *Àbíkú*. Pessoa que nasce destinada a morrer misteriosamente.

Fala-se que, na cultura dos *Yorùbá*, essas pessoas nasceram destinadas a retornar cedo para o mundo espiritual por causa de um pacto que fizeram com seus amigos antes de irem para o mundo físico – eles chegam com a promessa de virem apenas para testemunhar o que está ocorrendo e logo voltam, vindo a falecer ainda jovens e de maneiras misteriosas; porém, por meio de trabalhos, *Ẹbọ* ou mesmo a iniciação, feitos depois que um sacerdote detecta através do *Merindinlogun*, o jogo de búzios, sua real condição e executam esses trabalhos para os manterem entre nosso convívio.

Essa condição é muito discriminada entre os grupos étnicos, que ainda nos dias de hoje mantêm práticas condenáveis por nossa cultura, chegando a fraturar um osso dessa criança e a mesma, ao renascer novamente na mesma família, retorna com o sinal ou deformidade que lhe foi praticada na vida anterior. Costumam acreditar que o *Àbíkú* vem para envergonhar a família e acaba morrendo em um momento festivo ou de reunião de pessoas, trazendo a vergonha.

A figura do *Babáláwo* pode detectar essa condição da criança ainda no útero materno, o que facilita o tratamento de sua condição; depois do nascimento tudo se torna de uma maneira mais difícil.

Acarajé = Do original em *Yorùbá*, *Àkàrà(jẹ)*. O alimento acarajé, que se tornou popular dentro da culinária afro-brasileira, na verdade possui seu nome da aglutinação de duas palavras: *Àkàrà* + *jẹ*.

Àkàrà é o próprio bolinho feito de massa de feijão-fradinho, e *jẹ*, o verbo comer, sendo *Àkàràjẹ* uma corruptela da frase "comer *Àkàrà*", que permaneceu entre o popular brasileiro.

Adahun = Toque do *Candomblé* brasileiro, com um ritmo que se inicia com um toque de *Hamunha* e, em certa altura, o atabaque *Hun* executa passagem específica e os outros dois o acompanham em uma sequência repetitiva, que intercala momentos de um andamento lento com outro mais rápido. Toque de origem nas tradições do antigo *Dahomé* e corresponde ao *Vodun Besén/Òrìṣà Òṣùmàrè*.

Existem estudos antropológicos que atribuem a característica do transe dos iniciados (quase que em sua totalidade) presentes no ambiente em que é executado aos toques repetitivos que elevam o êxtase das pessoas culminando na possessão de seus corpos pela energia das divindades.

Os mesmos estudos apontam para o *Ilé Aṣé Òṣùmàrè Araká Ogódó*, Salvador-Bahia, como a única casa que manteve a perfeição na execução desse toque ao longo dos séculos.

Adê = Do original em *Yorùbá, Adé*. É a coroa. Dentro do *Candomblé* brasileiro, representa o capacete que o *Òrìṣà* usa; no caso das divindades femininas, carrega uma esteira de fios de contas em sua fronte, escondendo-lhe o rosto.

Afoxé = Do original em *Yorùbá, Afọṣẹ*. Um ritmo musical do *Candomblé*, não litúrgico. Toque no ritmo do *Ijẹṣá*, ou *Ijexá* na forma aportuguesada, que é executado apenas com as mãos percutindo sobre o couro do atabaque e as músicas cantadas contam histórias relacionadas ao *Candomblé*; pode ser cantado em português, tanto como em *Yorùbá*.

Agogô = *Agogô* é um instrumento metálico com duas "bocas", ou aberturas em suas extremidades. Pode ser no formato de dois cones metálicos unidos por uma pequena haste de metal curvo, ficando um cone em cima do outro, sendo o maior na parte de baixo. Toca-se com uma varinha.

Agueré = Do original em *Yorùbá, Àgẹ̀rẹ̀*. Toque característico dos *Ọdẹ*, com seus cânticos próprios, sendo também em território *Yorùbá* um instrumento específico do culto aos caçadores. É reconhecido por ser cadenciado, é executado pelos três atabaques utilizando-se de varinhas e o atabaque *Hun* com o auxílio de uma das mãos livres.

Aiê = Do original em *Yorùbá, Òde Ayé* ou *Ilé-Ayé*. Pode ser entendido como o mundo físico habitado por todos os homens e os seres criados por *Elédùmarè*.

Airá = Corruptela da palavra original em *Yorùbá*, *Àrá*. Dentro do *Candomblé* brasileiro, é conhecido com *Òrìṣà* distinto, ou mesmo uma faceta do *Òrìṣà Ṣàngó*. De acordo com as tradições que foram trazidas pelos grupos étnicos *Yorùbá* que chegaram ao Brasil na época da escravidão, *Airá* ou *Àrá* é um tipo de *Ṣàngó* que tem apenas uma peculiaridade, veste-se de branco.

Segundo a tradição oral dos *Yorùbás*, em uma passagem de *Ṣàngó* por determinando território, ele ficou conhecido por utilizar-se dos raios (*Àrá*) como armas de guerra e passou a ser denominado como *Ṣàngó Àrá*, sendo o mesmo *Òrìṣà*, mas recebendo algo como um título honorífico.

Ajô = Do original em *Yorùbá, Àjọ*. Na sociedade dos *Yorùbás*, tem a função de um banco comunitário, em que uma pessoa é escolhida como responsável por guardar as economias das pessoas que contribuem e, de acordo com a necessidade e o montante que está disponível, tem o direito de resgatar o valor total ou mesmo uma quantia maior do que a já depositada, com a promessa de que será devolvido em data prefixada. Tudo funciona com base na confiança que os *Yorùbás* têm entre eles. Dentro da cultura desse povo, o *Ìwà Pẹlẹ* (bom caráter) é ensinado desde os primeiros momentos de vida do indivíduo e sua palavra passa a ter o valor de uma verdadeira chancela, que se for quebrada envergonhará não somente a ele, como a todos os seus ancestrais. Dentro do *Candomblé* brasileiro, *o Àjọ* permaneceu como um símbolo desse bom caráter e da união dos membros dessa religião, e ao longo dos tempos os iniciados perderam o entendimento real dessa palavra e guardaram para si apenas o significado de união entre as pessoas, deixando a profundeza de seus pormenores.

Alabá = Do original em *Yorùbá, Alàgbá*. Posto do *Lẹsẹ́ Egún*, referente ao mais antigo dos sacerdotes, como sendo o último estágio alcançado pelos *Òjè*; segundo a tradição dos *Yorùbá*, é um posto único em um território.

Alabê = No *Candomblé* brasileiro, é o posto dado aos tocadores de instrumentos. Em uma casa, além do *Alagbé* propriamente dito, pode haver o *Òsì Alagbé* e *Òtún Alagbé* (*Alagbé* da esquerda e *Alagbé* da direita), e se tornam nessa mesma escala de importância os responsáveis pelos toques e manutenção dos instrumentos, chefiados pelo *Alagbé*. Originalmente no território da Nigéria *Yorùbá*, é um posto/cargo pertencente àquele que é encarregado de confeccionar as marcas étnicas ou mesmo relacionadas a ritos de passagens e iniciáticos na pele das pessoas.

Alapiní = Do original em *Yorùbá, Alápíni*. Posto do *Lẹsẹ́ Egún*, referente ao supremo sacerdote do culto, segundo a tradição dos *Yorùbá*, é um posto único em um território e tem sua importância equivalente ao *Alàgbá* entre os *Òjè*.

Alujá = Do original em *Yorùbá, Alùjá*. Toque característico do *Òrìṣà Ṣàngó*, com seus cânticos próprios. É reconhecido por sua cadência rápida de execução do atabaque principal com o uso somente das mãos e os outros dois com varinhas.

Amalá = Do original em *Yorùbá, Àmàlà*. Comida preparada, a princípio, para o *Òrìṣà Ṣàngó*, porém pode ser oferecida a outros *Òrìṣàs*. No *Candomblé* brasileiro é colocado em uma gamela forrada com um pirão de farinha de mandioca ou de inhame e coberta por um cozido de quiabos e outros elementos que fazem parte dessa comida litúrgica, porém, entre os *Yorùbás*, o *Àmàlà* é apenas esse pirão que é usado para forrar a gamela e serve de acompanhamento à comida preparada com os quiabos.

Amuixan = Do original em *Yorùbá, Ọmọiṣan*. Posto iniciático do *Lẹsẹ́ Egún*. Estágio do iniciado, onde em um primeiro momento ele é apenas suspenso, ou apontado, por um *Babá Egún* e depois se torna confirmado por rito próprio do culto e em próximo estágio será confirmado como *Òjè*.

Axexê = Do original em *Yorùbá, Aṣèṣè*. É o ato fúnebre dividido em etapas, que tem o início antes da preparação para o velório, onde o corpo do iniciado falecido passa por atos litúrgicos semelhantes aos da iniciação. Depois do velório, que possui também elementos litúrgicos, é passado ao sepultamento que entre os *Yorùbás* é conhecido como *Ìsìnkú*, os ritos de morte. Somente após o sepultamento serão iniciados os dias do *Aṣèṣè*, que possui toda uma simbologia e ritualística própria com a função de que, com o ato praticado, a essência espiritual do iniciado seja encaminhada para seu local de direito.

Axogum = Do original em *Yorùbá, Aṣògún*. Tem a tradução de "Vestido para Ògún". É o *Ọgan* responsável pela imolação dos animais para os *Òrìṣàs*, esse posto possui seus *Òsì e Òtún* e tem essa incumbência na falta do posto equivalente próprio do rito do santo que será consagrado, a exemplo do *Aṣọbá*, que é o posto do *Ọgan* responsável pelo culto ao *Òrìṣà Ọbáluayé*.

Ele deve ser o especialista nesses ritos, sabendo todos os cânticos que são entoados no ato, assim como a ordem das ações e os objetos que serão empregados.

Tecnicamente, tanto as mulheres como os iniciados rodantes não devem fazer uso da faca para oferecer a energia vital dos animais aos *Òrìṣàs,* isso tanto na cultura religiosa do *Candomblé* antigo como no território da África *Yorùbá.* Cabe essa obrigação apenas ao *Ọgan* confirmado, graças ao fato de ele não ter possuído alguns elementos em sua iniciação que são próprios dos *Elégùns,* e principalmente pelo fato de o mesmo não receber o santo em seu corpo.

Originalmente, ao receber o sangue do animal em sua representação física, as energias do *Òrìṣà* se manifestam e pode haver a possessão das pessoas que estiverem próximas e, por esse motivo, além de outros motivos, a pessoa a se utilizar da faca para esses atos, assim como os que irão segurar os animais, não podem ser rodantes.

Na África *Yorùbá,* cada culto possui seu posto específico para cada ato que será realizado, e cada pessoa que possui esse posto é preparada para exercê-lo.

Até mesmo os cultos de exclusividade feminina possuem a figura de um homem que terá a responsabilidade de fazer seus sacrifícios, que serão realizados em local especial e predeterminado, e o conteúdo a ser ofertado sobre as representações físicas daquelas divindades será colocado em seu devido lugar pelas mãos de mulheres.

B

Babalaô = *Do original em Yorùbá, Babáláwo.* É o sacerdote do culto de *Ifá*. Conhecido como Pai do Segredo, é aquele que detém o conhecimento da execução do *Ọ̀pẹ̀lẹ̀ Ifá, Irọkẹ* e outras ferramentas das quais ele se utiliza para consultar os ancestrais por meio do *Oráculo de Ifá.*

Batá = Toque originalmente executado ao *Òrìṣà Ṣàngó,* que dentro do *Candomblé* brasileiro pode ser tocado a outras divindades, com seus cânticos próprios. É reconhecido por sua cadência lenta e a execução do atabaque principal com o uso somente das mãos e os outros dois com varinhas.

Borí = Do original em *Yorùbá, Bọri*. Ritual descrito como "alimentar a cabeça". A cabeça do iniciado é a morada do *Òrìṣà* e a ela são prestadas homenagens e ritos particulares com a finalidade de se fortalecer a energia espiritual do iniciado.

Bravun = Toque do *Candomblé* brasileiro, com um ritmo de andamento rápido e compassado, com o atabaque principal em contratempos. É executado pelos três atabaques utilizando-se de varinhas e o atabaque *Hun* com o auxílio de uma das mãos livres. É originário das Nações *Jeje* do *Candomblé* brasileiro. É semelhante ao *modubí*, porém em um andamento mais rápido e com variações diferentes do outro toque.

D

Daró = Toque do *Candomblé* brasileiro, com um ritmo de andamento rápido e compassado, com o atabaque principal em contratempos. É executado pelos três atabaques utilizando-se de varinhas e o atabaque *Hun* com o auxílio de uma das mãos livres. É um toque típico do *Òrìṣà Ọyá*.

E

Ebó = Do original em *Yorùbá*, *Ẹbọ*. Ato litúrgico realizado com o intuito de limpar o corpo das energias negativas por meio de objetos e alimentos determinados, que são passados pelo corpo da pessoa e "despachados" em locais específicos fora da casa de *Candomblé*.

Ebé = Do original em *Yorùbá*, *Ẹgbẹ́*. É a sociedade dos *Yorùbá*, a coletividade amistosa de pessoas com os mesmos propósitos e que convivem entre si. A palavra *Ẹgbé* também, nesse caso, pode ser utilizada para individualizar um terreiro de *Candomblé,* sendo cada terreiro uma *Ẹgbé*.

Ekeji = Refere-se à posição de "Segunda Pessoa" na língua *Yorùbá*, é o correspondente feminino da figura do *Ọgan*, porém com funções mais limitadas, distintas e adversas.

Elegun = Do original em *Yorùbá*, *Elégùn*. É o iniciado rodante, ou aquele que foi preparado para receber e manifestar as energias do *Òrìṣà*, incorporando-o em terra para que possa fazer parte dos ritos e festejos de seus descendentes.

Esá = Corruptela da palavra grafada corretamente em *Yorùbá Standard*, *Ẹṣá* – tem o significado de ancestrais cultuados postumamente.

Exu = Do original em *Yorùbá*, *Èṣú*. Divindade do panteão *Yorùbá*, conhecida no *Candomblé* brasileiro por ser o mensageiro entre os mundos espiritual e físico. É tido por possuir um aspecto controverso e a maior expressão da ambivalência dos *Òrìṣàs*. Por esse fato e também por apresentar a característica de ser boêmio, ao longo dos tempos a Igreja Católica o correlacionou aos seus demônios, fato que não é tido como verdadeiro para os praticantes do *Candomblé* brasileiro nem pelos *Yorùbá*, haja vista que não existem demônios dentro dessas doutrinas, apenas facetas apresentadas diante da dualidade e ambivalência dos *Òrìṣàs*.

F

Filho de santo = Denominação do iniciado no *Candomblé*, em relação a seu sacerdote ou sua casa de *Candomblé*. Algo como ter um pai/mãe biológico e um pai/mãe dentro da religião, que se torna seu pai/mãe de santo.

G

Gan = Instrumento percussivo metálico com apenas uma "boca". Pode ser como um cone metálico ou mesmo com a forma parecida e achatado. Toca-se com uma varinha. *Gan,* no original *Yorùbá*, também pode ser traduzido como sino.

H

Hamunha = Toque de origem *Jeje*. Executado com varinhas nos três atabaques, sendo o *Hun* com uma das mãos livres. Possui uma gama de passagens características de cada *Vodun* (como são chamadas as divindades no território do atual *Benin,* antigo *Dahomé,* onde são cultuados além do Brasil), sendo que o *Vodun Loko/Òrìṣà Iroko* desempenha, em cantiga determinada, 21 passagens ou passos da dança ao longo do toque, regidas pelo atabaque *Hun*.

Hun = Um dos três tambores que compõem os *atabaques* do *Candomblé*. É o instrumento que difere do toque dos outros dois *atabaques*. Pode ser tocado com as duas mãos livres ou mesmo com uma mão livre e uma varinha na outra, a depender do toque executado. O nome é de origem *Fon*, da língua falada pelos *Jejes*.

Hun-lé = Um dos três tambores que compõem os *atabaques* do *Candomblé*. É o tambor da ponta, que também forma a base para as variações de toques do *atabaque Hun*. Pode ser tocado com as duas mãos livres ou com duas varinhas, e também pode ser tocado de maneira igual ou distinta do *atabaque Hun-pi*, dependendo do toque executado.

Hun-pi = Um dos três tambores que compõem os *atabaques* do *Candomblé*, é o tambor do meio, que forma a base para as variações de toques do *atabaque Hun*. Pode ser tocado com as duas mãos livres ou com duas varinhas e também pode ser tocado de maneira igual ou distinta do *atabaque Hun-lé*, dependendo do toque executado.

I

Iaô = Do original em *Yorùbá*, *Ìyàwo*. Tem o significado de esposa e liturgicamente a mesma classificação de filho de santo, tanto para homens como para mulheres. Representa o laço de responsabilidade que o iniciado passa a ter com *Òrìṣà*, como um casamento mesmo.

No ato do casamento dos *Yorùbás*, *Ìyàwo* são as esposas mais novas seguidas da *Ìyálé*, a esposa mais velha, haja vista que na cultura *Yorùbá* o casamento polígamo é permitido.

Iáebé = Do *original em Yorùbá, Iyaẹ́gbẹ́*. Tem a tradução de "Mãe da Sociedade" e é posto ou cargo dentro do *Candomblé* brasileiro que possui cunho político e representativo entre as diversas sociedades do culto.

Ibá = Corruptela da palavra original em Yorùbá, *Igbá*. Tem o significado de cabaça, dado que muitos dos *Òrìṣàs* na África *Yorùbá* têm os assentamentos de suas representações físicas dentro de cabaças preparadas para tal. No *Candomblé* brasileiro, conveniou-se chamar esses assentamentos de Ibá.

Iemanjá = Do original em *Yorùbá*, *Iyemọjá*. Divindade do panteão *Yorùbá* cultuada dentro do *Candomblé* brasileiro. É associada ao mar, sendo que também pode ser cultuada como a senhora de um grande rio que passa pelo território da Nigéria. É cultuada também como a divindade dona do *Orí*, ou seja, a cabeça do ser humano, onde mora sua individualidade.

Iká = Do original em *Yorùbá*, *Iká Òsì/Ọ̀tún/Dọ̀bálè*: saudações litúrgicas que podem ser executadas tanto para *Òrìṣà* como para pessoas mais velhas iniciadas no culto. *Iká Òsì/Ọ̀tún* tem sua execução com a prostração do indivíduo com o corpo totalmente ao chão e voltando-se lateralmente da esquerda para a direita (costuma-se dizer assim, talvez pela sonoridade da frase, porém o correto é rolar o corpo da direita para a esquerda) e *dọ̀bálè* somente com a prostração do indivíduo ao chão com os braços estendidos e as mãos voltadas para cima.

Ijexá = Do original em *Yorùbá*, *Ijẹṣá*. É executado apenas com as mãos percutindo sobre o couro dos três *atabaques*.

Iroko = É cultuado no *Candomblé* brasileiro como uma divindade do panteão *Yorùbá*, é a árvore sagrada para todos os *Ọmọ Òrìṣà*. Na tradição da África *Yorùbá, Iroko* tem um outro significado, sendo cultuado de outra forma dentro de algumas das sociedades secretas dos *Yorùbá,* não visto como *Òrìṣà,* porém sendo respeitado dessa forma por ter sido divinizado no culto brasileiro como um *Òrìṣà* jovem, um menino guerreiro. Dentro da cultura *Jeje* originária do antigo *Dahomé*, é cultuado como o *Vodun Loko* e tem suas equivalências.

Iyabá = Tem a tradução de rainha. A maioria dos *Òrìṣàs* femininos, as que dentro da história dos *Òrìṣàs* ocuparam o posto de rainha de uma nação ou culto. Dentro do *Candomblé* brasileiro, todas as divindades femininas são consideradas *Iyabá*.

J

Jiká = Toque do *Candomblé* brasileiro, com um ritmo de andamento lento e compassado. É executado pelos três atabaques utilizando-se de varinhas e o atabaque *Hun* com o auxílio de uma das mãos livres. Nesse ritmo, tanto podem ser entoados cânticos que reverenciam, como os sotaques de escárnio longe da presença dos *Òrìṣàs*.

K

Ketu = Do original em *Yorùbá*, *Kẹtu*. Esse é um assunto muito delicado de ser abordado.

Dentro da cultura do *Candomblé* brasileiro, *Kẹtu* é uma nação, instituída com a congregação de ritos oriundos de diversos *Òrìṣà*. Formado em território brasileiro sob a supervisão dos antigos que vieram da África trazendo as características e os atos sagrados acerca dos *Òrìṣà* que cultuavam.

Elegeram por algum motivo especial o *Òrìṣà Ọṣọ́ọ̀sì* como líder ou senhor da nação *Kẹtu* do *Candomblé*.

No saber dos africanos de origem *Yorùbá*, *Kẹtu* fica no território nigeriano e possui uma cidade-estado homônima no território do antigo *Dahomé*, ou atual *Benin*.

Conta-se que, em uma desavença entre alguns *Òrìṣà*, *Orí* começou a arremessá-los para longe e *Èṣú* foi arremessado para *Kẹtu*, onde se tornou seu soberano.

O *Òrìṣà Èṣú* passa a ser chamado de *Alákẹtu*, título também dado ao *Òrìṣà Ọṣọ́ọ̀sì* dentro do *Candomblé* brasileiro.

L

Logum Edé = Do original em *Yorùbá*, *Logun Ẹ̀dẹ́*. Divindade do panteão *Yorùbá*, conhecida no *Candomblé* brasileiro por ser filho do *Òrìṣà Ọṣọ́ọ̀sì* e *Ọ̀ṣun*. É um *Òrìṣà* da riqueza e da fartura e no culto originário da África Yorùbá, é tido como um Òrìṣà padroeiro da caça submarina e da pesca.

M

Modubí = Toque do *Candomblé* brasileiro, com um ritmo de andamento lento e compassado, com o atabaque principal em contratempos. É executado pelos três atabaques utilizando-se de varinhas e o atabaque *Hun* com o auxílio de uma das mãos livres. É originário das nações *Jeje* do *Candomblé* brasileiro.

N

Nagô = Segundo o dicionário *Houaiss* de língua portuguesa; 1.indivíduo dos nagôs, designação de qualquer negro escravizado, comerciado na antiga Costa dos Escravos e que falava o iorubá. 2.m.q. ***Iorubá*** 3.relativo a nagô (acp. 1 e 2) ou próprio desse grupo.

Etimologia = *jeje* anago, nagôr, denominação atribuída pelos falantes dessa língua aos de língua iorubá tomados coletivamente, e que se generalizou no Brasil, anota Olga Cacciatore.

Originalmente, seriam os *Nagó* todos os descendentes de *Odùduwà*. Uma nomenclatura adotada pelos negros que já viviam em território brasileiro antes da chegada dos *Yorùbás* no final do período da escravidão.

O

Obaluaê = Do *original em Yorùbá, Ọbáluayé*. Usando o Yorùbá profundo, pode-se chegar à tradução de "Rei e Senhor da Terra". Dentro do *Candomblé* brasileiro é cultuado como uma forma jovem do Òrìṣà *Ọmọ́lú*, graças à proximidade de suas características.

Odun Ijê = Do original em *Yorùbá, Ọdún Ìjé*. Obrigação dos sete anos, que não necessariamente ratifica os direitos de sacerdote dados a um iniciado por seu "zelador". Tem o significado de que o iniciado recebeu a maioridade dentro do *Candomblé*. Só pode ser realizada após a conclusão das outras obrigações periódicas anteriores, as obrigações de um e três anos. Não precisa ser realizada necessariamente quando se atinge a idade cronológica de sete anos de iniciado, pode ser realizada posteriormente.

Ogan = Do original em *Yorùbá, Ọ̀gá*. Palavra que significa "Senhor", no sentido de uma soberania limitada, e sua figura corresponde à do homem iniciado no *Candomblé*, que não manifesta/incorpora *Òrìṣà*, tendo outras funções distintas dentro da sua, ou mesmo de qualquer outra *Ẹgbé*.

Ogan/Ekeji Confirmados = Um *Ọ̀gá,* assim como uma *Ekeji*, passam por um processo iniciático completo, sendo em primeiro estágio suspensos ou apontados por determinado *Òrìṣà* e, em seguida, após o rito iniciático propriamente dito, se tornam confirmados no posto ou cargo.

Uma das várias divindades pertencentes à casa de *Candomblé* escolhe e aponta uma determinada pessoa. Essa pessoa passa a se tornar apontado e futuramente será suspenso e pode ocorrer de o *Òrìṣà* o escolher e já suspender o indivíduo, se for de sua vontade.

Ele será literalmente suspenso no ar pelos outros *Ọ̀gá* já confirmados, tornando um elo mais forte com o terreiro e com as divindades que nele residem, aguardando apenas para que passe pelos atos iniciáticos que o confirmarão naquela condição.

Ogun = Do original em *Yorùbá, Ògún*. Divindade do panteão *Yorùbá*, conhecido no *Candomblé* brasileiro por ser o *Òrìṣà* responsável pela tecnologia, agricultura, o trabalho com metais e o *Òrìṣà* da guerra.

Ojé = Do original em *Yorùbá, Ọ̀jè*. Posto iniciático do *Lẹsẹ́ Egún*, assim como o *Ọgan* no *Lẹsẹ́ Òrìṣà*.

Olisá = Toque do *Candomblé* brasileiro, que se assemelha em ritmo aos toques executados para o *Òrìṣà Ṣàngó* em território nigeriano com o uso dos *Ilú-bàtá,* que são tambores tocados na horizontal e possuem a cobertura dos couros em ambas as extremidades. É conhecido com esse nome dentro das raízes do *Ilé Aṣẹ́ Oṣùmàrè Araká Ogódó* situado em Salvador-Bahia, casa tradicional reconhecida por manter firmes os ensinamentos acerca dos toques, ritmos e cânticos do *Candomblé* antigo com base nos conhecimentos de Mestre Erenilton Bispo dos Santos, atualmente *Ọ̀gá* mais velho da casa, que também é reconhecida historicamente por ter formado grande parte dos melhores músicos do *Candomblé* brasileiro.

O toque do *Olisá* tem seu nome e significado em origem a ser ainda estudada, pois a palavra possui diversos significados entre os vários grupos étnicos de origem *Yorùbá* e mesmo *Fón* do antigo *Dahome* (atual *Benin*), e sendo a casa onde habitualmente recebe essa denominação, de origem no culto aos *Nagos Voduns*, divindades originárias do antigo *Dahomé*, pode ser que seu significado tenha mais a ver com a língua *Fón* ou *Fón-gbe* faladas nesse território por representantes de seus grupos étnicos.

Possui seus cânticos próprios dependendo do *Òrìṣà* distinto para o qual é tocado. É reconhecido por sua cadência lenta e de execução do *atabaque* principal com o uso de uma das mãos livre e a outra com uma varinha e os outros dois *atabaques* com varinhas.

A mesma base do toque permanece, mudando-se às vezes a cadência acompanhando o *atabaque* principal, e o ritmo tocado pelo *atabaque Hun* pode ter variações diferentes, tornando-se outro toque com nome distinto, tocado para divindades específicas.

Olobé = Do original em *Yorùbá, Ọlọ́bẹ́*. Tem a tradução de "Senhor da Faca". Dentro do *Candomblé* brasileiro ele tem a responsabilidade não só de afiar, mas de encantar as lâminas para as obrigações. As lâminas utilizadas nas obrigações recebem tratamento especial litúrgico que deve ser realizado pelo detentor desse posto antes e após o ato sagrado em que elas forem utilizadas.

É sabido que os animais não podem sofrer na hora do sacrifício, e os segredos de seu ofício proporcionarão tudo para que ocorram satisfatoriamente.

Na falta do *Aṣogun* e de seus respectivos *Òsì* e *Ọ̀tún*, ou do posto específico responsável por cuidar dos atos sagrados do *Òrìṣà* que está sendo consagrado, o *Ọlọ́bẹ́* será também incumbido da responsabilidade de imolar o animal a ser oferecido. Mesmo havendo a presença do *Aṣogun* e/ou seus postos equivalentes, o *Ọlọ́bẹ́* terá a mesma responsabilidade de presidir esses atos quando forem executados para o *Òrìṣà* para o qual foi confirmado.

Na cultura *Yorùbá, Ọlọ́bẹ́* e *Alagbé* têm a mesma função, sendo encarregado de confeccionar as marcas étnicas ou mesmo relacionadas a ritos de passagens e iniciáticos na pele das pessoas. Ele deve ser o especialista no uso e conservação das lâminas, assim como outros objetos utilizados na ritualística do sacrifício dos animais para as divindades.

Omolú = Do *original em Yorùbá, Ọmọlú*. Que, utilizando-se do *Yorùbá* profundo, pode-se ter a tradução de "filho do senhor". Divindade do panteão *Yorùbá*, conhecida no *Candomblé* brasileiro por ser filho de *Oṣalá*. É tido como senhor das moléstias infecciosas assim como sua cura e também tem grande ligação com a morte, *Íkú*.

Opanijé = Do original em *Yorùbá, Ọpanijẹ́*. Toque do *Candomblé* brasileiro, que se assemelha em ritmo aos toques executados para o *Òrìṣà Ọsanyin* (toque chamado de *Áwo* dentro dos ensinamentos do *Ilé Aṣé Ọ̀ṣùmàrè Araká Ogódó*, Salvador-Bahia), sendo que a variação do toque está apenas na execução do *atabaque Hun* e do Agogô, que tocam de maneira diferente dos outros atabaques. Todos os três atabaques tocam com varinhas, sendo o principal auxiliado com o uso de uma das mãos livres.

É tocado originalmente para o Òrìṣà Ọmọlú.

Orô = Do original em *Yorùbá, Orò.* Ato sagrado dentro do culto a Òrìṣà. Dentro do *Candomblé* é comum utilizar essa denominação para ritos particulares do *Ilé Aṣé*, assim como os rituais de sacrifício, *Ìpàdé, ṣirè*, entre outros.

Orún = Do original em *Yorùbá, Òdẹ-Ọ̀run ou Ìkọ̀lé-Ọ̀run* (O mundo infinito). Costuma-se utilizar somente o sufixo *"Ọ̀run"* para ser expressado. Pode ser entendido como o mundo espiritual do culto às divindades de origem *Yorùbá*, que segundo sua crença é habitado também por *Elédùmarè*.

Orunmilá = Do original em *Yorùbá, Ọ̀rúnmìlà*. Divindade do panteão *Yorùbá*, conhecido no *Candomblé* brasileiro por ser o senhor do Oráculo de *Ifá*, o dono da adivinhação.

Ossâin = Do original em *Yorùbá, Ọsanyin*. Divindade do panteão *Yorùbá*, conhecida no *Candomblé* brasileiro por ser o dono das folhas, como um curandeiro que vive na floresta e tem o conhecimento a respeito das propriedades místicas e terapêuticas das plantas.

Oxaguian = Do original em *Yorùbá, Òṣàgyán*. Divindade do panteão *Yorùbá*, conhecida no *Candomblé* brasileiro por ser o general dos exércitos, aquele que acompanha e protege *Oṣalá*.

Oxalá = Do original em *Yorùbá, Oṣalá* – ou como é mais conhecido entre os *Yorùbás, Ọbàtalá*.

É o *Irúnmọlẹ̀* mais antigo e dentro do *Candomblé* brasileiro é considerado como uma representação da existência do próprio "Deus" entre o panteão dos Òrìṣàs, devido talvez às características de seus poderes que são quase absolutos.

Oxosse = Do original em *Yorùbá, Ọ̀ṣọ́ọ́sì*. Divindade do panteão *Yorùbá*, conhecida no *Candomblé* brasileiro por ser um caçador que vive nas matas. Senhor da prosperidade, também é muito reverenciado nos ritos fúnebres e possui grande ligação com o culto *Egúngún*.

Oxum = Do original em *Yorùbá, Ọṣun*. Divindade do panteão *Yorùbá*, conhecida no *Candomblé* brasileiro por ser a senhora da fertilidade e dona do ouro.

Oxumarê = Do *original em Yorùbá, Òṣùmàrè*. Divindade do panteão *Yorùbá*, conhecido no *Candomblé* brasileiro por possuir as características de um ser humano que se correlaciona a uma serpente encantada. Dizem ser também exímio conhecedor do Oráculo através do jogo de búzios. Na tradição do antigo *Dahomé* é correspondente ao *Vodun Besén*.

Oyá = Do original em *Yorùbá, Ọyá*. Divindade do panteão *Yorùbá*, conhecida no *Candomblé* brasileiro por ser a senhora dos ventos e tempestades. É muito respeitada, também, dentro do culto aos ancestrais, com os quais tem muita ligação.

Oyê = Do original em *Yorùbá, Oyè*. Representa o posto ou cargo que é dado a determinada pessoa dentro do *Candomblé* brasileiro. Pode ser dado no ato da confirmação de *Ọ̀gá* ou *Ekeji*, ou mesmo no fechamento do ciclo das obrigações de sete anos de um iniciado rodante. Existem alguns postos ou cargos que são como títulos honoríficos dentro da sociedade do *Candomblé* e podem ser dados a pessoas não iniciadas, mas que possuem grande importância para a casa.

P

Padê = Corruptela da palavra original em *Yorùbá, Ìpàdé*. A palavra que significa "reunião" em língua portuguesa e no *Candomblé* brasileiro é o ato litúrgico realizado dentro do terreiro, com a finalidade de se cientificar os ancestrais mortos da casa, e outras entidades, do ato que será realizado em seguida.

Durante esse ato não há possessão das pessoas pelo *Òrìṣà*, podendo haver no término, após a louvação de todos os postos envolvidos em sua realização e se houver cânticos em homenagens a outros *Òrìṣà*.

R

Rodante = Maneira popular, dentro do *Candomblé*, de se referir a um iniciado que manifesta/incorpora as energias do *Òrìṣà*. Chama-se de rodante pelo fato de costumeiramente dizer que a pessoa "rodou no santo" ou "rodou com o santo" no ato de alguma obrigação religiosa, ou mesmo fora dela.

S

Sassain = Do original em *Yorùbá, Sàsányin* ou *Ọrin Ewé*; ou cântico das folhas. Porém é um rito um pouco mais aprofundado.

O encantamento das folhas pertence ao *Òrìṣà Ọsanyin*, e esse encantamento é obtido por meio dos *Ọrin Ewé*.

Consiste em um ato sagrado, que pode ser de simples cânticos executados na retirada das folhas e em sua maceração, como realizado em conjunto ao ritual do *Orò*.

Dessa última forma, esse ato sagrado tem o intuito de justificar aos *Òrìṣà* o sacrifício animal que será realizado no terreiro. Existe certa controvérsia a respeito desse rito, pois em algumas raízes do *Candomblé* brasileiro ele é realizado antes do sacrifício e as mulheres dançam a roda dos cânticos com os animais vivos em suas mãos e, em outras raízes, é realizado após todo o ato do sacrifício com os animais já mortos.

Satô = Toque do *Candomblé* brasileiro, com um ritmo de andamento compassado, com o atabaque principal acompanhando os movimentos do santo, que dança imitando o rastejar de uma serpente. É executado pelos três atabaques utilizando-se de varinhas e o atabaque *Hun* com o auxílio de uma das mãos livres. É originário das nações *Jeje* do *Candomblé* brasileiro.

Sotaque = Ato de provocação que antigamente era utilizado no *Candomblé* brasileiro com o intuito de se fazer brincadeiras entre aqueles que tocavam e cantavam nas festas, com palavras alteradas dos cânticos originais do *Yorùbá* e que denotavam um escárnio dirigido àqueles que interagiam. Eram feitos em momentos em que os *Òrìṣà* incorporados já não estavam mais presentes na sala, pois os mesmos poderiam se enfurecer com tais brincadeiras. Com o tempo, a capacidade de tradução dos cânticos se perdeu em muito e grande parte das pessoas que aprendeu a cantar *candomblé* com o advento da tecnologia (gravações) não teve a oportunidade da oralidade que direcionava o uso desses cânticos apenas para momentos de descontração e acabam por cantarem essas músicas na presença do *Òrìṣà*.

V

Vasi = Toque do *Candomblé* brasileiro, o mesmo que *Olisá*, porém com as variações do *atabaque hun* tocadas de forma diversa. Pode ser lento como no toque de guerra para o *Òrìṣà Ògún* ou rápido, como no toque de *Vasi* da caça do *Òrìṣà Òṣóòsì*.

X

Xangô = Do original em *Yorùbá*, *Ṣàngó*. Divindade do panteão *Yorùbá*, conhecido no *Candomblé* brasileiro por ser o senhor dos raios e trovões, do fogo e rei de *Oyó* na *Nigéria*, também é muito reverenciado nos ritos fúnebres e possui grande ligação com o culto *Egúngún*.

Xirê = Do *original em Yorùbá, Ṣiré*. É o início das festas, quando se canta uma sequência específica de cânticos destinado às louvações aos 16 a 18 *Òrìṣàs* principais cultuados no *Candomblé* brasileiro. A ordem das divindades reverenciadas é de acordo com algum motivo em especial da casa na qual está sendo realizada, porém inicialmente se seguiam de acordo com os costumes adotados em sua casa matriz.

Xére = Do original em *Yorùbá, Ṣère*. Ferramenta caracterizada por uma haste e uma bola de metal em sua ponta, como um chacoalho.

Dentro está contido algum objeto ritualístico e, ao ser chacoalhado circularmente, o *Ṣère* imita um som de chuva.

Apêndice

Faz-se necessário complementar a obra para que os não iniciados tenham um entendimento e uma visão maior do mundo místico de *Òrìṣà* e, para isso, baseado no conhecimento oral recebido pelo autor ao longo dos anos e nas obras escritas de alguns poucos autores, cuja importância é de grande relevância para os adeptos, foi elaborado um apêndice que aborda alguns elementos mencionados.

Não será descrito nenhum estudo aprofundado no assunto, apenas algumas palavras a mais que definem aspectos da tradição e história passadas de anos em anos.

Àṣẹ – Essa palavra tem um significado filosófico muito importante. O *Àṣẹ* é a energia cósmica que todo ser possui, inclusive os seres sobrenaturais e divindades.

É por meio dos ritos sagrados do *Candomblé* que se faz a manutenção dessa energia e a troca entre os seres humanos e as divindades.

A palavra *Àṣẹ* tem um significado de muita importância, podendo ser utilizada também para ratificar quaisquer atos, como tendo o significado de "Assim Seja".

Acredita-se que existem o *Àṣẹ* individual de cada ser e o coletivo, sendo este o mais poderoso, invocado em alguns atos sagrados para dar mais força ao que está sendo realizado.

Um ditado *Yorùbá* diz que "Aquilo que a coletividade dos viventes queira, ou ordene, é o que a coletividade dos céus aceita e aprova".

Essa palavra pode ser utilizada na forma do imperativo, como comando ou poder místico que rege o Universo e realiza a vontade do detentor do poder que é externado por seu uso.

É sabido que existem vários tipos de pessoas que manipulam as energias cósmicas dentro de diversos cultos e aqueles que possuem o conhecimento acerca da magia das plantas, das palavras sagradas e de diversos outros artifícios que podem ser utilizados para tal, fazem uso dessa energia, Àṣẹ.

Elédùmarè – *É o ser supremo, Deus Todo-Poderoso* na concepção de Rei Maior ou Senhor do Universo. E é portador de diversos outros nomes – segundo alguns autores, são mais de 6 mil nomes – que lhe são designados entre os *Yorùbás*.

Segundo o professor *Olúmúyiwá Anthony Adékọ̀yà*, em seu livro *Yorùbá: Tradição Oral e História:*

"Como *Elédùmarè* é invisível aos homens, os Yorùbá acreditam que os seres sobrenaturais, tais como as divindades (*Òrìṣà*) e os ancestrais mortos, sabem onde *Elédùmarè* se encontra, e podem, assim, certificar sua vontade. Portanto as divindades são designadas como seres intermediários entre o homem e *Elédùmarè*.

Aos sacerdotes cabe a especificação para cada uma das divindades, o que lhes possibilita o culto apropriado. Essa multiplicação de cultos e divindades pode levar a uma interpretação equivocada: a de que os *Yorùbá* servem a muitos deuses. Tal engano de interpretação encontra-se registrado em várias monografias e escritos difundidos acerca do assunto, quanto à distinção entre divindade e Deus, conferindo-lhes o sentido da visão de mundo ocidental e transferindo-a para as regiões africanas."

Irúnmọlẹ̀ – São as divindades do panteão *Yorùbá*. Essas deidades foram enviadas por *Elédùmarè* diretamente do mundo espiritual para a criação do mundo físico.

Segundo a tradição oral que é mais difundida entre o povo do *Candomblé* brasileiro, e encontra similaridade com a tradição dos versos de *Ejìobè*, esse *Odù-Ifá* trouxe os primeiros *Irúnmọlẹ̀* para a criação do mundo físico, seguindo com a narrativa que consta na página 31 da obra em questão.

Cada um dos *Irúnmọlẹ̀* que foram utilizados no mito da criação chegaram com determinadas missões, que foram cumpridas de acordo com o que era esperado.

A *Ògún* coube a tarefa de abrir o caminho para a chegada das outras divindades por meio do facão, que ele utilizou para formar o caminho, e sendo, dentro de sua doutrina, conhecido como o *Òrìṣà* da tecnologia, foi o primeiro ferreiro, caçador e agricultor, trazendo a oportunidade para a subsistência.

Şàngó trouxe aspectos da virilidade masculina, tanto como Ògún, e foi convocado para ser o responsável pela justiça.

Coube a Òşun representar a força e fertilidade feminina, sendo-lhe atribuída a reprodução.

Oşalá ou Qbàtalá se tornou a representação da pureza de Elédùmarè no mundo e recebeu a incumbência da existência e criação humana.

Òrúnmìlà trouxe o Oráculo de Ifá e com ele o conhecimento para a resolução dos problemas dos homens.

Èşú é o princípio da comunicação entre os mundos e, portanto, o mensageiro entre os Irúnmọlẹ̀ e Elédùmarè, e por essa característica acaba se tornando supervisor das outras cinco divindades diante de Elédùmarè.

Cabe ressaltar que, segundo a tradição oral dos Yorùbá, existem 401 Irúnmọlẹ̀ divididos em grupos distintos; masculino e feminino, direita e esquerda.

Os Yorùbá se dividem entre 22 a 26 grupos étnicos independentes, que cultuam uma ou mais divindades desse panteão formado. Para o Brasil, no período de escravidão, vieram parte de aproximadamente quatro a sete grupos étnicos, trazendo características de sua cultura e culto dos principais Òrìşàs, que inicialmente no Candomblé brasileiro nos moldes da nação Ketu se cultuava em torno de 16 a 21 Òrìşàs.

Cabe salientar que nem todos os Òrìşà são Irúnmọlẹ̀, sendo que existem apenas 200 deles (segundo a tradição Yorùbá) e os Ẹbọra, que são os outros 200 e tendo Èşú completando o número de 401 Òrìşà.

Odùduwà – Existem várias correntes tradicionais que atribuem a Odùduwà a criação do mundo dos homens. Essa figura histórica é vista, ora como homem santo, ora como divindade, mas todas levam para o pensamento de que fora um ancestral em comum aos Yorùbá.

Existem relatos sobre os feitos de um herói fenício conhecido como Nimrod, que teria comandado os Yorùbá em guerras de conquista até a Península Arábica, onde permaneceram até a migração liderada por Odùduwà, como filho de Lamurudu, um dos reis de Meca. Sendo expulso por divergências políticas e continuando sua migração para o leste, encontra Ilé-Ifẹ̀ e tem contato com Agbọnmiregun ou Şetilu, que é considerado tradicionalmente o pai de Ifá. Porém, historiadores afirmam que não existem documentos escritos ou relatos de historiadores árabes relatando um reinado em Meca, por alguém denominado Lamurudu.

Seguindo essa linha histórica da origem dos Yorùbás, alguns autores concebem que esse povo é proveniente do Egito, da Núbia ou de

Meca e essa vertente é ainda aceita nos dias de hoje por muitos dos seguidores dessa teoria.

Em outras teorias, *Odùduwà* aparece como um dos sobreviventes da inundação universal, que desce de seu navio em terra seca no Monte *Ọrá*, entre *Ilé-Ifẹ̀* e *Itagun Modi*, no caminho de *Ifẹ̀-Ìleṣa*, e segue para *Ilé-Ifẹ̀* com seus familiares e seguidores.

É aceito que *Odùduwà* foi o primeiro rei de *Ilé-Ifẹ̀*, tendo estabelecido seu sistema monárquico de governo que trouxe traços de suas características de diversas formas para a sociedade *Yorùbá*.

De acordo com uma das versões do Mito da Criação, *Odùduwà* foi trazido do mundo espiritual a fim de cumprir com as ordens de *Elédùmarè*.

Essa narrativa corresponde à História da Criação narrada na obra e que é mais difundida entre os adeptos do *Candomblé* brasileiro.

Conta-se que *Oṣalá* veio ao mundo físico com a incumbência de criar o mundo dos homens, mas, pouco depois de sua chegada, embebedou-se com *Ẹmu*, o vinho de palma (existem dois tipos de *ẹmu*, o *ẹmu ọpe* e *ẹmu Ògùrọ̀*, sendo que um desses dois se tornou interdito aos iniciados para *Oṣalá* e acredita-se que a fundamentação para tal interdito está baseada nesse conto), e caiu em sono profundo.

Odùduwà então recebe as ordens de *Elédùmarè*, para que assuma a responsabilidade que havia sido dada a *Oṣalá*: ser o criador do mundo dos homens, o que da início à rivalidade entre os dois.

Sendo assim, a única concepção que pode ser atribuída a *Odùduwà* é a de que ele foi um ancestral em comum aos *Yorùbá*, dando origem aos grupos étnicos que tiveram origem no território de *Ilé-Ifẹ̀*. Pode ser visto tanto como homem santo que migrou para aquele território, assumindo um reinado e estabelecendo a organização política daquele povo e sendo excluído das guerras dos *Yorùbá*, assim como divindade trazida do mundo espiritual e tomando seu lugar de destaque, exercendo a mesma função.

Ifá – De acordo com a tradição *Yorùbá*, *Ifá* é um oráculo compreendido por um jogo divinatório.

O berço desse Oráculo é *Ilé-Ifẹ̀*, com seu templo sediado em *Òkètáṣè*, próximo da casa de *Àràbà*, o supremo sacerdote do culto de *Ifá*.

Conforme a mesma tradição, o pai do Oráculo é *Ọ̀rúnmìlà* e seu sistema é composto por 4.096 *Odù-Ifá* (sendo cada *Odù-Ifá* como um capítulo do Oráculo), entre os quais, 16 são os principais.

Desses 16 principais, nascem outros 16 que são Àmúlù ou *Ọmọ-Odù*, para completar os 256 *Odù-Ifá;* de onde nascem outros 16 para integrar os 4.096 *Odù-Ifá*. Cada um desses 4.096 *Odù-Ifá* tem seus *Ẹ̀sẹ̀-Ifá* (que seriam versos), que contêm as mensagens que o Oráculo revela ao sacerdote de *Ifá*.

Ifá testemunhou, ao lado de *Elédùmarè*, a criação das coisas do mundo e dos seres humanos, portanto ele é o regente do mundo espiritual e do mundo dos homens, ciente dos segredos, obstáculos e soluções para os malefícios.

A sabedoria do Oráculo é acessada por alguns instrumentos que o sacerdote utiliza, entre eles o *Ọ̀pẹ̀lẹ̀ Ifá*, *Irọkẹ* e o *Mẹrindinlogun*, que é acessado pelo jogo de búzios, ou *Owoẹyọ* em sua língua original.

Cabe salientar que a manipulação do Oráculo pelo *Ọ̀pẹ̀lẹ̀* Ifá só pode ser feita por homens, sendo um culto próprio; já o *Mẹrindinlogun* ou jogo de búzios pode ser utilizado por mulheres também.

Babá Eegun – Os *Yorùbá* possuem algumas sociedades secretas com culto próprio e particular, mas que influem direta ou indiretamente em outros cultos.

O culto *Egúngún*, ou simplesmente culto a *Eegún*, é um deles, e no Brasil seu maior expoente está nos primeiros terreiros que permanecem na Ilha de Itaparica – Bahia.

Basicamente o culto possui um rito iniciático dividido por etapas, em que o neófito passará por vários estágios até, e depois, de sua iniciação.

A estrutura é como a de uma casa de *Candomblé* comum, possuindo seus locais sagrados e toda a infraestrutura necessária.

É um culto que inicia somente homens, porém, as mulheres possuem papel de destaque e ao longo de sua assiduidade, merecimento e importância para a manutenção do culto, recebem postos honoríficos que elas exercem de acordo com a função específica.

Os *Babá Eegún* são ancestrais dignos de culto e são subdivididos em hierarquias, dos *Aparakás*, que seriam os *Eegúns* ainda em transição ou fase de aperfeiçoamento, até se tornarem *Babá Eegún* de fato.

Esses ancestrais são evocados a participarem dos ritos e festividades em meio aos seus familiares e descendentes, mediante ritos secretos que se realizam no terreiro. Eles são materializados em roupas próprias do culto.

Os sacerdotes e iniciados fazem o uso do *Işan*, a vara retirada das árvores ancestrais que os *Eegúns* respeitam e só pode ser manuseada pelos integrantes do culto.

Os ancestrais invocados fazem uso da língua *Yorùbá* para se comunicar com as pessoas e são traduzidos pelos iniciados, que se encarregam de passar as mensagens para os expectadores, interagindo com o mistério.

Esse culto é baseado totalmente no segredo, sendo que ninguém sabe precisar realmente o que se encontra por debaixo dos panos sagrados e o que se passa dentro dos locais sagrados para o culto, somente seus iniciados podem falar, entre si, a respeito.

Existe uma certa ressalva pelas pessoas que cultuam Òrìṣà no *Candomblé* brasileiro, a de que não se devem misturar os dois cultos, porém diga-se de passagem que um está para o outro em uma espécie de igualdade.

A falta de entendimento a respeito desse culto gera muitas dúvidas em muitas pessoas, o que está se acabando com o tempo, formando uma proximidade maior entre os dois cultos, *Orixá* e *Eegún*.

São diferentes dos *Ẹṣá* cultuados no *Candomblé*, que não são evocados dessa forma, para se materializarem entre os presentes.

Ọdẹ – Dentro da sociedade dos *Yorùbás*, existem várias profissões tradicionais e que, entre as famílias que vivem desses ofícios, alguns *Òrìṣà* são cultuados. O ofício da caça pode ser desempenhado tanto em grupos quanto individualmente.

Basicamente, os caçadores são conhecidos como *Ọdẹ* e podem possuir um grupo chefiado pelo *Olọdẹ*. Esse chefe dos caçadores, em tempos de guerra, pode assumir a função de liderar os guerreiros locais que terão *Ọdẹ* como um grupo de especialistas no uso das armas.

A pesca é considerada caça submarina e seus profissionais se enquadram também como caçadores.

O *Òrìṣà Òṣọ́ọ̀sì*, por exemplo, pode ser atribuído como padroeiro dos caçadores de determinada região, assim como o *Òrìṣà Logun Ẹ̀dẹ́* receber o culto dos pescadores de outra determinada região.

Convencionou-se, dentro do *Candomblé* brasileiro, utilizar característica de *Ọdẹ* do *Òrìṣà Òṣọ́ọ̀sì* como sendo sinônimos um do outro, mas cabe ressaltar que existem outros *Irúnmọlẹ̀* que possuem a característica de *Òrìṣà* caçador.

Candomblé = Segundo o *Dicionário Houaiss de Língua Portuguesa*; 1. religião animista, original da região das atuais Nigéria e Benim, trazida para o Brasil e aqui estabelecida, talvez já no início do século XIX, por africanos apresados pelo tráfico escravagista, e na qual sacerdotes e adeptos encenam, em cerimônias públicas e privadas, uma convivência com forças da natureza e ancestrais Obs.: cf. Orixá Ex.: a primeira referência ao c. no Brasil é da década de 1820 e está ligada às revoltas malês 2. Derivação: por extensão de sentido; qualquer das seitas derivadas do *candomblé* ortodoxo, que sofreram processo de inclusão de heterodoxias (p.ex., elementos de origem banta, do baixo espiritismo, de mitos ameríndios, de personagens criadas pelo Indianismo literário romântico, etc.) Ex.: <os c. angola-congo> <os c. de caboclo> 3. Derivação: por metonímia; local ou construção onde se pratica essa religião ou se cultuam essas seitas Ex.: o teto do c. do Bate-Folha vai ser restaurado 4. Derivação: por metonímia; a liturgia, as cerimônias dessa religião, dessas seitas Ex.: assistir a um c. de grande beleza 5. indivíduo da estrutura dignitária ou crente de um *candomblé* de caboclo.

Locuções c. de caboclo. Rubrica: religião. Regionalismo: Brasil. gênero de *candomblé* de liturgia e panteão de divindades abertos, fruto de uma conversão simplificada do modelo jeje-nagô ortodoxo, com inclusão de elementos de origens diversas (p. ex., idealizações românticas de personagens ameríndios, do espiritismo, do baixo catolicismo, práticas de magia africana e europeia, pajelança, etc.).

Segundo um resumo da tradição oral do *Candomblé*; religião de origem afro-brasileira, fundamentada com a congregação de vários ritos oriundos de diversos cultos distintos a Òrìṣàs do panteão africano. Onde cada um dos antigos que trouxe seu conhecimento da África contribuiu para a organização do *Candomblé* brasileiro.

Atabaque – Segundo o *Dicionário Houaiss de Língua Portuguesa*; 1. pequeno tambor de origem oriental; 2. família de tambores oblongos com pele retesada em uma das extremidades, usado no Brasil em festividades religiosas e etnográficas; curimbó, tabaque, tambaque; **2.1** Rubrica: música, religião nos cultos afro-brasileiros, tambor alto e afunilado, coberto na extremidade mais larga por uma pele, raramente dupla, cuja tensão é obtida com uso de cavilhas ou de cordas e cunhas, e que é percutido com as mãos ou com varetas. Obs.: cf. *Ilu, lé, rum, rumpi.*

Seguindo os ensinamentos da tradição oral do *Candomblé*; tambor confeccionado em madeira, de formato vertical, que pode ser entalhado em um tronco inteiriço ou da união de várias peças de madeira aglomeradas lado a lado dando sua forma. O topo ou "boca" possui uma circunferência maior que a parte inferior ou "fundo" e a parte medial costuma ter uma circunferência pouco maior do que o topo.

A pele ou couro é esticada sobre a "boca" e pode ser presa por aros de metal, que são fixados por tarraxas também de metal ou cunhas de madeira em aros na parte inferior antes do fundo, estes que passam por um emaranhado de cordas que as ligam aos aros da parte superior que abriga o couro. Existem também os *atabaques* de *birro*, que têm seu couro preso por um aro na superfície e esse aro é amarrado por cunhas cilíndricas ou cavilhas pouco abaixo do couro e por toda a volta do instrumento. A função das cunhas, como a dos *birros,* é a de se prender o couro e, mediante a pressão que exercem, dar o tom de afinação. Podem ser percutidos tanto com o uso das mãos, assim como varetas.

Cabe dizer que, segundo a tradição do *Candomblé* brasileiro, os *atabaques* devem ser consagrados em rito específico a uma divindade chamada de Àyàn Àgalú, assim como o *agogô* também deve ser consagrado junto aos *atabaques*, por formarem um conjunto de instrumentos litúrgicos.

Os mesmos devem ser respeitados como os objetos sagrados que são e inclusive, ao longo da história do *Candomblé* brasileiro, sempre foram feitas ressalvas quanto às pessoas que os tocariam.

Algumas delas, por exemplo, de que o tocador estivesse abstêmio de relações sexuais durante algum tempo, ou seja, com o corpo limpo das trocas de fluidos corporais, não estivesse embriagado e mulheres não deveriam tocá-los também.

Todo bom tocador de *atabaque* deve possuir um mestre, que ensinará a ele as diferenças das maiores escolas do instrumento, a Casa de Òṣùmàrè, Casa Branca do Engenho Velho e Gantóis, como são conhecidas popularmente com esses nomes. Cada casa possui algumas diferenças em relações aos toques, suas nomenclaturas e execução em determinadas cantigas.

Bibliografia

ADÉKỌ̀YÀ, Olúmúyiwá Anthony. *Yorùbá: Tradição Oral e História.* São Paulo: Terceira Margem, 1999 – Coleção África.
HOUAISS, Antonio. *Dicionário Houaiss de Língua Portuguesa.* Rio de Janeiro: Objetiva, 2009.